王貽蓀戰時日記

（1944-1945）

The Diaries of Wang Yi-sun, 1944-1945

民國日記｜總序

呂芳上
民國歷史文化學社社長

人是歷史的主體，人性是歷史的內涵。「人事有代謝，往來成古今」（孟浩然），瞭解活生生的「人」，才較能掌握歷史的真相；愈是貼近「人性」的思考，才愈能體會歷史的本質。近代歷史的特色之一是資料閎富而駁雜，由當事人主導、製作而形成的資料，以自傳、回憶錄、口述訪問、函札及日記最為重要，其中日記的完成最即時，描述較能顯現內在的幽微，最受史家重視。

日記本是個人記述每天所見聞、所感思、所作為有選擇的紀錄，雖不必能反映史事整體或各個部分的所有細節，但可以掌握史實發展的一定脈絡。尤其個人日記一方面透露個人單獨親歷之事，補足歷史原貌的闕漏；一方面個人隨時勢變化呈現出不同的心路歷程，對同一史事發為不同的看法和感受，往往會豐富了歷史內容。

中國從宋代以後，開始有更多的讀書人有寫日記的習慣，到近代更是蔚然成風，於是利用日記史料作歷史研究成了近代史學的一大特色。本來不同的史料，各有不同的性質，日記記述形式不一，有的像流水帳，有的生動引人。日記的共同主要特質是自我（self）與私密（privacy），史家是史事的「局外人」，不只注意史實的追尋，更有興趣瞭解歷史如何被體驗和講述，這時對「局內人」所思、所行的掌握和體會，日記便成了十分關鍵的材料。傾聽歷史的聲音，重要的是能聽到「原音」，而非「變音」，日記應屬原音，故價值高。1970年代，在後現代理論影響下，檢驗史料的潛在偏見，成為時尚。論者以為即使親筆日記、函札，亦不必全屬真實。實者，日記記錄可能有偏差，一來自時代政治與社會的制約和氛圍，有清一代文網太密，使讀書人有口難言，或心中自我約束太過。顏李學派李塨死前日記每月後書寫「小心翼翼，俱以終始」八字，心所謂為危，這樣的日記記錄，難暢所欲言，可以想見。二來自人性的弱點，除了「記主」可能自我「美化拔高」之外，主觀、偏私、急功好利、現實等，有意無心的記述或失實、或迴避，例如「胡適日記」於關鍵時刻，不無避實就虛，語焉不詳之處；「閻錫山日記」滿口禮義道德，使用價值略幾近於零，難免令人失望。三來自旁人過度用心的整理、剪裁、甚至「消音」，如「陳誠日記」、「胡宗南日記」，均不免有斧鑿痕跡，不論立意多麼良善，都會是史學研究上難以彌補的損失。史料之於歷史研究，一如「盡信書不如無書」的話語，對證、勘比是個基本功。或謂使用材料多方查證，有如老吏斷獄、法官斷案，取證求其多，追根究柢求其細，庶幾還原案貌，以證據下法理註腳，盡力讓歷史真相水落可石出。是故不同史料對同一史事，記述會有異同，同者互證，異者互勘，於是能逼近史實。而勘比、互證之中，以日記比證日記，或以他人日記，證人物所思所行，亦不失為一良法。

從日記的內容、特質看，研究日記的學者鄒振環，曾將日記概分為記事備忘、工作、學術考據、宗教人生、游歷探險、使行、志感抒情、文藝、戰難、科學、家庭婦女、學生、囚亡、外人在華日記等十四種。事實上，多半的日記是複合型的，柳貽徵說：「國史有日歷，私家有日記，一也。日歷詳一國之事，舉其大而略其細；日記則洪纖必包，無定格，而一身、一家、一地、一國之真史具焉，讀之視日歷有味，且有補於史學。」近代人物如胡適、吳宓、顧頡剛的大部頭日記，大約可被歸為「學人日記」，余英時翻讀《顧頡剛日記》後說，藉日記以窺測顧的內心世界，發現其事業心竟在求知慾上，1930 年代後，顧更接近的是流轉於學、政、商三界的「社會活動家」，在謹厚恂恂君子後邊，還擁有激盪以至浪漫的情感世界。於是活生生多面向的人，因此呈現出來，日記的作用可見。

晚清民國，相對於昔時，是日記留存、出版較多的時期，這可能與識字率提升、媒體、出版事業發達相關。過去日記的面世，撰著人多半是時代舞台上的要角，他們的言行、舉動，動見觀瞻，當然不容小覷。但，相對的芸芸眾生，識字或不識字的「小人物」們，在正史中往往是無名英雄，甚至於是「失蹤者」，他們如何參與近代國家的構建，如何共同締造新社會，不應該被埋沒、被忽略。近代中國中西交會、內外戰事頻仍，傳統走向現代，社會矛盾叢生，如何豐富歷史內涵，需要傾聽社會各階層的「原聲」來補足，更寬闊的歷史視野，需要眾人的紀錄來拓展。開放檔案，公布公家、私人資料，這是近代史學界的迫切期待，也是「民國歷史文化學社」大力倡議出版日記叢書的緣由。

導讀

民國歷史文化學社編輯部

一

日記、書信是研究人物及其時代最重要的一手材料，它不只透露著作者的真性情，而且展露那個時代的訊息。與檔案文書、報刊、方志等資料相比，書信、日記類史料別有意味，利用這兩種特色史料研究近代史，漸成方興未艾之勢。

私人書信，包括與家族成員、親戚、朋友等之間的書信往來，是典型的私人文獻。書信讀起來親切，語言沒有雕飾，意隨筆到，多是坦露衷腸之言。這些信函原本有很強的私密性，只是為了完成即時傳遞資訊的目的，並無公布於眾的考慮。在史家看來，這類「講私房話」的原始文獻，一旦被保存、披露，可信度更高。

私人日記是「排日記事」，一般是當天所寫，也有數日後補寫的，經過逐日、逐月、逐年記錄，累積而成。這種在光陰流轉中逐步形成的編年體文獻，將作者的言行、見聞、思想乃至情緒，隨時定格、固化。日記的「原始性」也因此而與眾不同。

民國歷史文化學社在《關山萬里情：王貽蓀、杜潤枰戰時情書與家信》之後，陸續推出《流離飄萍：杜潤枰戰時日記（1939）》、《王貽蓀戰時日記》，在書信與日記交錯之間，更進一步理解那段顛沛流離的戰時歲月。

二

王貽蓀（1918-2009），江蘇江陰人。1934 年畢業於江陰長涇初中，後入江蘇省公民訓練師資養成所，初任教江陰縣夏五鄉民眾學校，1937 年 1 月調任石莊鎮民眾學校教員，同年 9 月受任校長，從事民眾教育工作。

此時中日戰火已起，江陰行將淪陷，1937 年 11 月 28 日，奉令結束校務，向漢口移動，12 月 30 日，隨父親王仲卿撤抵漢口。隔年 1 月，保送入湖北鄉政幹部人員臨時訓練班受訓一個月，再參加湖北省政府鄉政服務學員特殊訓練半個月，結訓後分發江陵縣擔任鄉政助理員，先後派駐第三區署（岑河口）、第六區署（彌陀寺），輔助鄉政建設工作。1938 年 11 月離職轉往湖南沅陵，擬入軍事委員會戰時工作幹部訓練團第一團，不意錯過考期，只得暫入通信隊接受無線電技術訓練。1939 年 1 月，隨隊移駐瀘溪浦市鎮；4 月，奉令移駐四川綦江，轉徙千里，於 5 月 21 日抵達。

1940 年 1 月考入軍委會戰幹團第一團。6 月 1 日，團內異黨案起，即所謂「綦江事件」。王貽蓀被誣指為共產黨，但未被禁閉。10 月自戰幹團畢業後，奉令分發第六戰區政治部（湖北恩施）見習，派任至軍事委員會特務二團政治指導室。1941 年 3 月，正式赴外河沿從事政工工作，為新兵二連代理連指導員。6 月奉調回第六戰區政治部，委任第四科中尉科員，負責人事行政業務，兼負戰區特別黨部組訓。1942 年 9 月，改至綦江導淮委員會任職。1943 年 5 月，遷往重慶，擔任後方勤務部特別黨部幹事，負責文宣工作。

1945 年，轉調中央黨部組織部軍隊黨務處，隨後又調三民主義青年團中央團部編審室。戰後復員，續在南京三青團中央團部編審室服務，主持《模範青年叢書》出版業務。繼調中國國民黨中央執行委員會青年部幹事，負責學校文化宣傳。

三

目前所得王貽蓀日記，起於 1941 年 1 月 1 日，戰幹一團畢業後分發至湖北恩施見習時，止於 1945 年 6 月 30 日。王貽蓀何時開始書寫日記，無從得知，惟 1941 年日記中有言 「謄寫前月日記來此冊，迄二月十一日。」（2 月 25 日）合理推測 1941 年前至少應有一冊日記。至於 1945 年 7 月以後的日記，亦尚未尋獲。王貽蓀身歷 1940 年的「綦江事件」與 1949 年的「海軍匪諜案」，或許是前後日記隱而未現的原因之一。

細讀王貽蓀的日記，內容極為豐富詳細，包括戰時生活的衣食住行，流離中的努力求生存，各種尋工作、覓調職間的酸甜苦辣。1941 年，王貽蓀在連指導員任內看盡新兵訓練問題，1942 年，在司令長官部政治部主管人事資料，1943 年則調往後方勤務部特別黨部任職。至 1944 年底，後勤部改組的傳聞甚囂塵上，王貽蓀也因而想另尋出路。1944 年也是王貽蓀生命史上重要的一年，是年他與同鄉杜潤枰因緣際會成為筆友，進而萌生愛情。雙方一在重慶一在貴陽，即使相隔關山萬里，魚雁往返依然熱烈。王貽蓀在 1944 年 10 月前往貴陽與杜潤枰訂婚，1945 年，他除了為自己的未來出路煩惱，也多方設法安排未婚妻杜潤枰調職來重慶，以求結婚與成立家庭。「婚姻問題的嚴重，緊迫著在事業、幸福三大問題的連繫上，實費余之苦心思索矣」（1945 年 1 月 26 日），這正反映了戰時青年公私兩煩的苦況。

除了日常所見，王貽蓀在日記中也處處記錄自我充實的過程，例如聆聽演講與訓詞之大意、閱讀報刊時摘錄之內容或心得，對於寄出的書信與親友的來函，或謄寫或摘要，亦詳實記下。另也有生活間的零散資料，如 1941 年的收支帳、私人什物書籍備查表等，1942 年則有工作與讀書摘要、生活檢討等項，均為這段時期後方生活的重要資料。而王貽蓀不僅收藏日記與書信，舉凡人生各階段的學歷證件、人事派令等等，歷經戰亂而保存完整，內容多樣，令人驚嘆。隨著日記的內容，並將此類文物酌採附之，以期圖文參證。

四

在編輯日記與書信的過程中，看到大時代的點點滴滴，有日理萬機的決策過程，有埋頭苦幹的辛勤工作，也有炙熱的戀情與真摯的家庭關愛。如此點點滴滴的經營，終匯聚成歷史研究的洪流，拼湊出各階層的圖像，實值得吾輩繼續挖掘。「王貽蓀日記」提供抗戰時期黨、軍、團的基層工作情況資料，極屬少見、難得，本社獲得這批重要而珍貴的歷史研究材料，自當對王氏家屬致以最高敬意。

編輯凡例

一、本系列將出版王貽蓀先生 1941 年 1 月 1 日至 1945 年 6 月 30 日之日記，本書收錄 1944 年 1 月 1 日至 1945 年 6 月 30 日。

二、本書依原文錄入，錯字、漏字、贅字等均不予更動，異體字、俗寫字一律改為現行字，無法辨識或水損文字則以■表示。

三、原文中以蘇州碼子標記之數字，皆改以阿拉伯數字呈現。

王貽蓀 1937-1943 年行跡

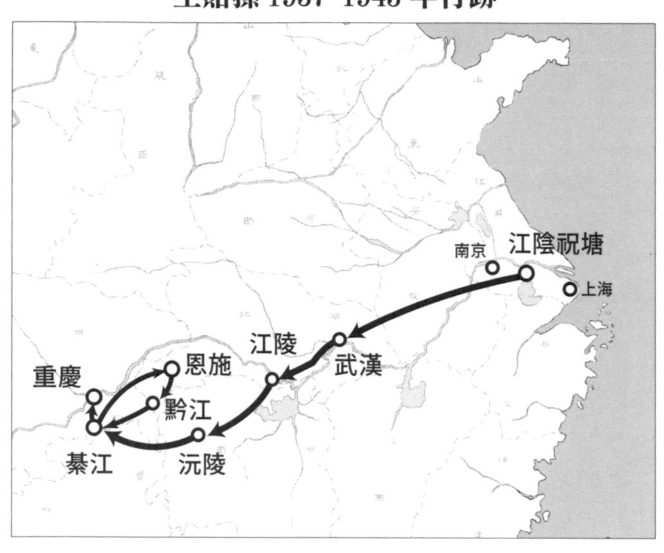

1937 年 11 月	隨父親遷武漢
1938 年 2 月	受湖北鄉政幹部人員臨時訓練班訓練後，分發江陵縣任鄉政助理員
1938 年 11 月	赴沅陵投考戰幹一團未果，改入通信隊受訓
1939 年 4 月	隨通信隊移綦江訓練
1940 年 1 月	考入綦江戰幹一團受訓
1941 年 1 月	受訓畢業，分發恩施第六戰區政治部見習，後入特務團任政治指導員
1941 年 6 月	調回黔江第六戰區政治部
1942 年 9 月	至綦江導淮委員會任職
1943 年 5 月	遷重慶新橋，任後方勤務部特黨部幹事

附圖

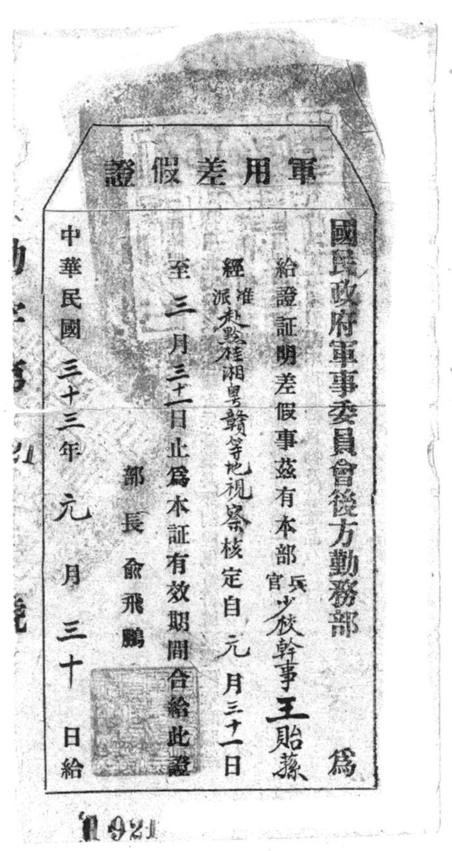

軍用差假證

國民政府軍事委員會後方勤務部　爲
給證証明差假事茲有本部官兵少校幹事王貽蓀
經准派赴黔桂湘粵贛等地視察核定自元月三十一日
至三月三十一日止爲本証有效期間合給此證
部長俞飛鵬
中華民國三十三年元月三十日給

1921

後方勤務部軍用差假證

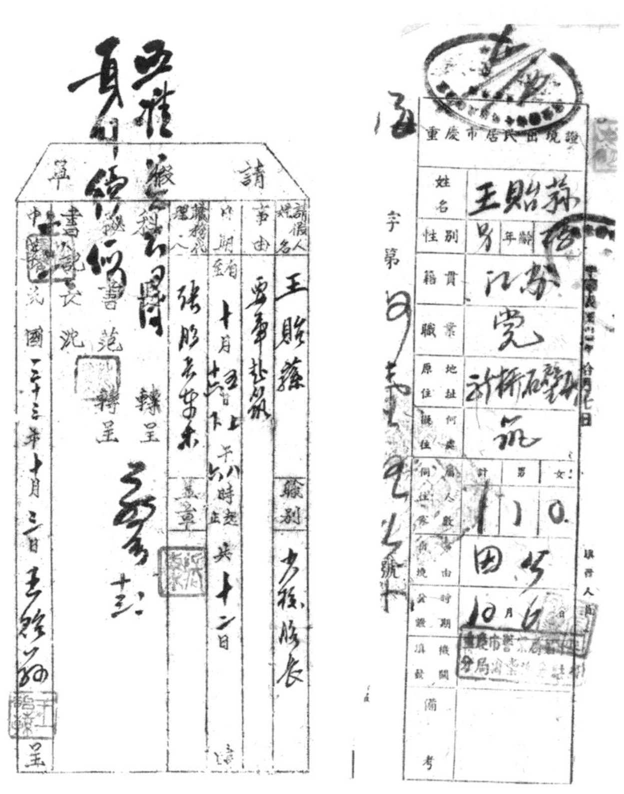

請假單

請假人姓名	王貽蓀
事由	要事赴筑
時期	自十月十三日上午八時起至十月廿四日下午六時止共十二日
職務代理人	張彤

中華民國三十三年十月三日

重慶市居民出境證

姓名	王貽蓀
性別	男
年齡	
籍貫	江蘇
職業	黨
原住地址	
擬往何處	筑
同住家屬人數	計 1　男 1　女 0
出境事由	
公證時期	10月 日
填發機關	重慶市警察局
備考	

赴貴陽請假單　　　　重慶市居民出境證

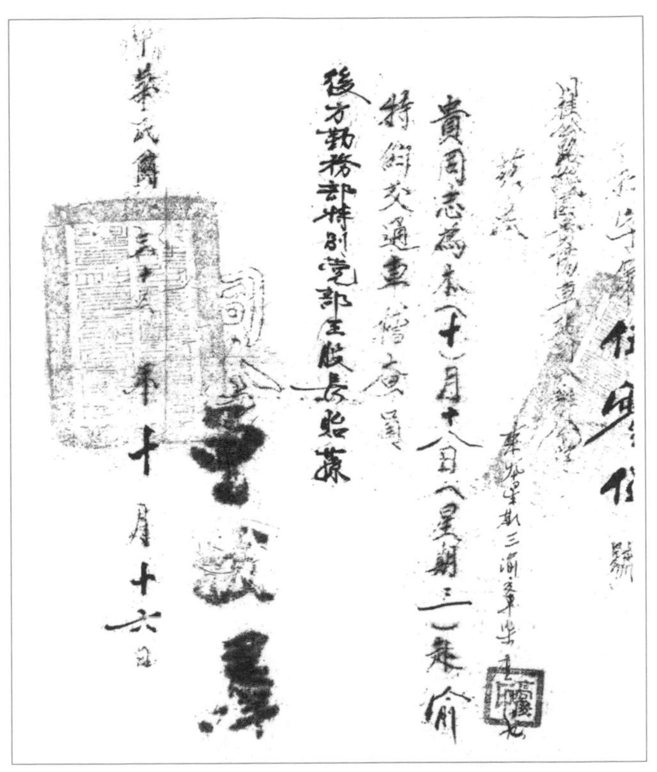

川桂公路線區貴陽車站乘車公文

川桂公路線區貴陽車站司令辦公室

茲派

貴同志為本（十）月十八日（星期三）赴渝

特約交通車稽查員

後方勤務部特別黨部王股長貽蓀

司令曾拔羣

中華民國三十三年十月十六日

乘本星期三渝交車柒座

中國國民黨中央執行委員會組織部任用書

[illegible]三四任字第692號

任用王貽蓀同志為軍政部後勤總司令部特別黨部同中校幹事

部長 陳立夫

中華民國三十四年三月 日

校對桂禔華

中國國民黨中央執行委員會組織部任用為軍政部後勤總司令部特別黨部同中校幹事任用書

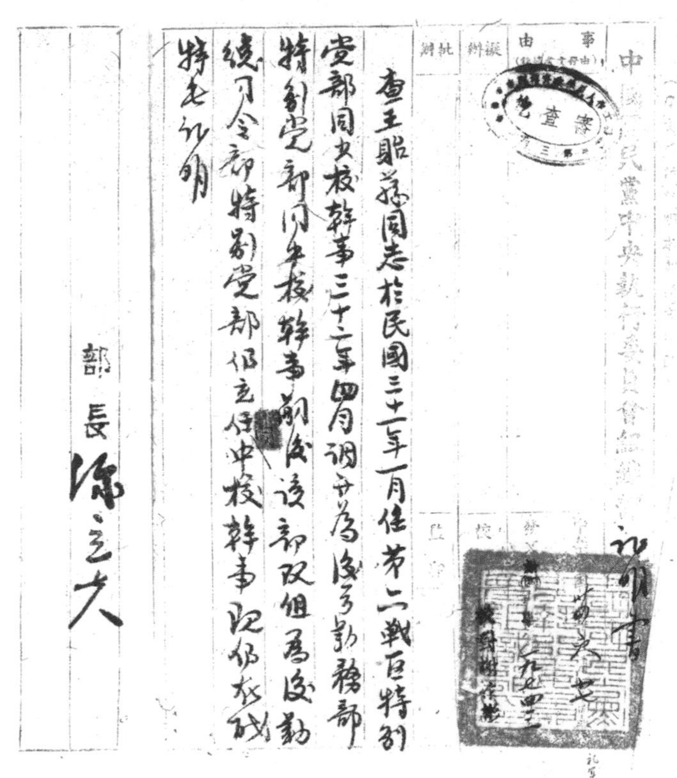

後方勤務部在職證明書

中國國民黨中央執行委員會組織部證明書

中華民國卅四年六月廿七日

查王貽蓀同志於民國三十一年一月任第二戰區特別黨部同少校幹事，三十二年四月調升為後方勤務部特別黨部同中校幹事。嗣後該部改組為後勤總司令部特別黨部，仍充任同中校幹事，現仍在職，特此證明。

部長　陳立夫

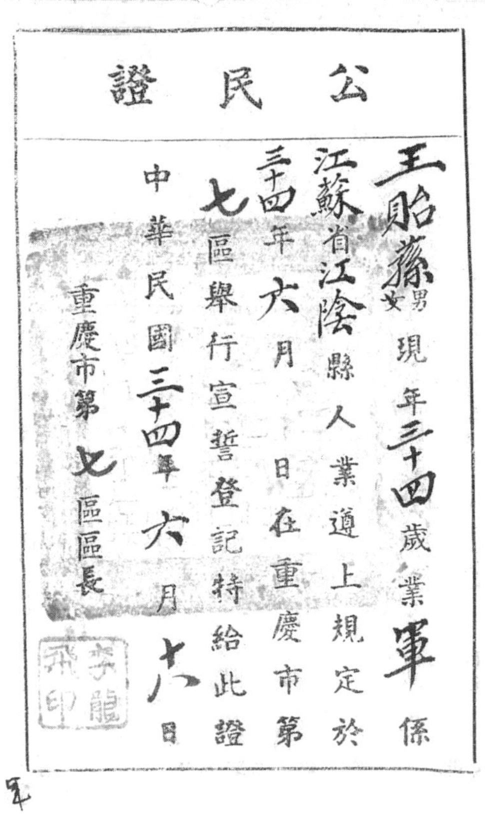

公民證

王貽蓀 男女 現年三十四歲業軍係
江蘇省江陰縣人業遵上規定於
三十四年六月　日在重慶市第
七區舉行宣誓登記特給此證
中華民國三十四年六月十六日
重慶市第七區區長

李龍飛印

公民證

目錄

1944 年

1945 年

民國33年（1944年）

1月1日　元旦　星期六　陰

抗戰到了第八個年頭，八年中的奮鬥，昭示勝利是必屬於吾人的。八年中淬勵奮發的我，雖然歷盡千辛萬苦，跋山涉水，但自我檢討起來，收獲是太渺小了，成就是根本沒有，實在是無限的惶恐、慚愧。

配合新的時代，新的勝利，新的開始，我將如何去迎接它。努力吧，革命的鬥士，要擴清一切的因循苟且，怠慢敷衍，自鐵的行動中去證明你前進。你要有計劃的訓練你自己，鍛鍊你自己，從長處發揮，短處補救，要始終站立人家前面奮進，要努力於學問、常識、能力的追求，更要從德性上、氣度上去涵養砥勵。

午前十時赴歌樂山謁王鶴亭，並遇王家祺，相邀赴新疆工作。雖有遠游之志，但惜目前不可能脫離也。談及祝三與菊芳事，情場紛紛，正是使人煩惱為累。余迄今尚無愛人，即為避此清擾也，果吾人事業有望，賢妻再擇，當可更有助於事實之需要也。

1月2日　星期日　晴

今日紀念週停止舉行，午前在部休息。午後與育興、家寶、純青、文祺赴小龍坎看電影「羅賓漢」，片子尚可，但以咳嗽未愈，精神頗感困倦。晚咳甚劇，擬赴公路衛生站診治也。購糖果壹斤，科中同仁歡笑中食之，表示新年快樂也。

1月3日　星期一　晴

午前，與張紹基同志同赴新橋公路衛生站診視咳嗽，並介識該站護士長陸紹南先生，並得提前診斷，醫生檢視係屬無妨，僅以「甘草片」六枚食之。晚情形稍良好，咳嗽或可愈矣。工作積壓已多，開始清理中。此次主辦新橋同學茶點費事宜，頗能得一般同學之熱烈參加，至為忭喜，但近日至為繁忙矣。

1月4日　星期二　晴

午後，本科科長奉命隨同部長出發第六戰區視察，部務會議提前開會，討論出發視察準備事項，各科於六日準備完成。科務暫由魏科長兼代，事實上則由各同志自動自治辦理，余以業務稍熟，勢必更形加重工作也。本日發家信，對祝、菊、軼事、仕妹通信事皆提及。劃款告已取若干之，陳國禎之澤民劃款千元，盼即送楊舍，沙姓則年內辦理結束也。發桐偉信，並轉大人手諭，申述對祝、軼、菊事態度，及對仕妹希望。鶴亭邀赴新疆事亦轉告之。

1月5日　星期三　晴

為科長離部在即，各項重要工作皆待急辦，故又忙碌矣，本日工作月報趕辦完成也。為周宏慈擬赴副官處工作，故由周澤西同學介紹聶靜波同志來部工作，或可成功，但視周同志是否能離部也。患咳較愈，可無妨矣。

1月6日　星期四　晴

準備科長赴六戰區視察事項。午後召開臨時科務會議，決定科務由各同志自覺自動自治辦理，分稿由科收發辦理，各項工作照常推進。如遇困難時，可召開工作檢討會解決，由余擔任召集人。關於幹事會議案，希能站宣訓科立場解說一切，總以不貽笑以人為主，重大事項或可向魏代科長或逕向書座請示辦理也。在科長離科時期中，科中同志之能否精誠團結，皆待同志之諒解合作，而余之能否克盡協助同志努力工作，亦試金石也。明日為六高茶會，眾皆進城，余擬乘機入城辦理公私事宜也。

1月7日

咳嗽初愈，精神較佳，擬赴城參加重慶六高級黨部新年聯歡會，理髮後雖面容清瘦，但精神似仍旺盛也。午後一時乘本部專車出發，一時半即抵新運總會夫子池矣。外出訪克誠及國楨，皆未遇，旋返聯歡會。先後由重慶名旦富貴花唱金銀大鼓，及山藥旦表現相聲，繼由憲光劇社表演平劇北漢王及法門寺等。晚訪克誠、國楨，又未遇，乃宿經廬李劍峯處，睡鮑厚成鋪。

1月8日

清晨，訪陳國楨兄，商談劃款事等，旋同進早點。訪黃熙民兄未遇，知脫離大東書局總管理處矣。旋赴來龍巷五巷訪徐容民兄，靜候至十一時半始至，彼根本不認識我矣，余以專程趨訪，故能相識也。該處為其友人營商地點，彼近係協助幫忙也。據告前係大分校街機械科畢業，先後在兵工廠工作尚佳，並發明鋸刀獲獎，但以友人相邀自辦鋸刀廠，乃辭而外出。可是近年工業界大為失敗，原料缺乏而貴，成本提高，但成品竟趨下跌，故廠被迫停業也，現故暫協助友人以維持也。繼談表兄振華等近況，頗暢。在該處午餐後，繼至大井巷訪吳永才先生，商劃款事，彼堅持一：一之比例，出示家中來函之意。余以軼叔經手，太強人意，而生糾葛，實亦化不上，乃取彼補助洋貳百元了案。此事家中大吃虧不少，但為避免煩惱計，決心馬虎了此心事。旋赴新運總會日新餐室，參加戰團同學新年同樂會第七次籌委會，見諸同學之熱心負責，私心尚慰，討論延至九時半完畢，頗為緊張也。原擬約國楨訪沙老太太，以時間不許未果，乃宿克誠兄處。討論祝三與菊芳及軼慶問題，旋即熟睡也。

1月9日

清晨起床後，陪同克誠赴通遠門趨訪彼愛人李俊彬女士（成都人），李女士近患喉症，以病在床，故倍為辛苦也。余見李女士尚佳，彼倆愛情亦篤也。旋再訪國楨未遇，留信囑代辦沙榮存處結束，留洋壹仟元囑購中農禮券，並請移洋五百元至千元間在冠生園代辦年糕等禮品，請其代為送沙府。旋擬赴晤粟概兄，路遇李鈺，詳談重慶同學情形及六級甲情形，彼現住七星崗廣來食品店內。繼至粟概兄處，適午餐，卓如同在也。概告有呢料貳套，三千元一套，擬設法購壹套也。並晤錢德昇，知已脫離川儲局矣。繼晤毛鳳樓於中周社，暢敘至洽，並談邀鍾紀綱來此工作，余頗願其來特黨也。以部中無人，雖堅留，仍擬返新，乃於四時於牛角沱吳普揚處上車返新橋。

1月10日

午前參加本年第一次國父紀念週，由部長俞飛鵬主席，余任記錄，報告總裁元旦廣播之要點，先後共一時三十分鐘。會後於副官處二科訪蕭沛霖同學，商談元月十六日同學會派車事宜，或可有希望也。以科長離部隨部座赴巴東在即，故業務討論也。午後接沛霖兄電話，知派車事宜正順利辦理中。接家鄉杜合茂鑑枰兄來函，知家中皆安，彼妹潤枰現肄業貴陽醫學校，通信處為貴陽次南門外朱公坡新村九號劉穀蓀先生轉，囑代劃一、二千元零用，理宜照辦也。下午五時左右，科長離部赴高灘岩乘專車進城，擬明日專程赴施矣。

1月11日

一、此次為新橋區戰團同學參加母團新年同樂會起見，先後辦理登記通知、派車，至為繁忙，現派車已獲照准，至為欣慰。經與周正錕兄商妥晨八時開車，晚七時回，由劉同學發票，出名為後勤專車也。

二、接父親十二月三日來諭，知家中安吉，至慰，但告軼叔又將代劃一、二萬元壹節，並未徵余同意，至怪。為四千元劃款，衷心極感不安，但以之清理沙姓舊欠，亦可自慰也。當即稟明以後未得親稟，決不劃款也。

三、接芸妹信，曾告於十月二十日赴陳府，似屬專訪仕妹而赴也。據告仕妹由父親補習古文觀止，頗為進步，並由父親託陳必正去說，願戰後再談云。芸妹彼告仕妹曾接我信，但迄未見復，或怕羞心理所致也。但余意總宜互相通信，以資互相通信認識與相互砥勵也，否則勢之所趨，必將在渝方另圖發展，以求解除日後生活之枯燥也。

四、接桐哥八日航快，知已久未接余信，至為怪事。該近日中曾有四、五信寄昆也，內中述及軼、祝、菊事甚詳，並轉家信，或恐偉哥未能轉閱也。所論祝三失菊芳謂「塞翁失馬，安知非福」，洵屬至論，余希望祝三亦確能如此見地也。近得克誠來信，祝三似亦寬懷，至慰。即日航復桐哥一切，並轉告父親及芸妹信大意。

1月12日

一、晨起較早，並讀古文觀止，此乃「瘧疾式」讀書生活之復活也。

二、午後參加本年第一次幹事會議，報告年終視察情形。

三、發家信、桐哥信、軼叔信、毅夫信等八封。

四、晚間，本部少數同仁行為失檢，竟公開於寢室聚賭，殊堪浩歎。幸本科同仁皆能自治自覺，未去參加，稍以自慰，但孔馥華竟自參加，誠憾事也。為不屑於彼等為伍，乃在科辦公室趕夜，整理貼報工作，至十二時始睡，倍為困疲矣。

1 月 13 日

接國楨兄信，沙府事原則可通過，但謂尚須斟酌辦理云。此事延久不決，至為不安，無論如何理楚了事。

1 月 14 日

一、接軼叔來信，告對祝、菊事之態度，謂關鍵不在我也，並稱在渝擇佳偶亦非難也（囑勿告他人，原信退回）。可知余事前判斷，皆不誤也，菊芳弄巧成拙，此事應自食其果也。

二、華緝熙先生來渝中訓團全國財務人員訓練班受訓，擬有機與軼慶同赴拜晤。

三、晚赴小龍坎看電影「威震九霄」。吾人英文程度太低，尚不能明瞭情節，殊為自愧，學識允宜充實也。

四、育興對棉姑興趣濃厚，家寶對賓相有意，本科將發動求愛攻勢也。晚，情慾衝動不止，略犯手淫矣。

1 月 15 日

一、經濟的煩惱：前為吳君劃款，原擬以之清理沙府舊欠，但不意中途比率問題忽起，計劃打破，但沙府勢非清理也。近以夾大衣不可能應付渝市局面，擬改製呢大衣壹件，又需三千元之巨，故經濟上之困援至為痛苦，凡諸皆影響精神之快感也。

二、科中同仁請假者甚多，私心不安。段純青好動欠耐心，育興不能全力應付工作，以致工作不能全般調整，影響個人自修，更以為苦矣。

三、每日寫信繁多，既耗時間，又費精力，金錢亦屬損失。今後宜竭力積壓，以減少書信之勞也。

1月16日

一、軍委會戰幹團同學新年同樂會定於本日下午一時起在中三路實驗劇場舉行，本部同學經簽准派專車前赴出席。九時出發，一路可謂風頭十足，蒞會場時，車停門口，為大會增光不少也。

二、籌委會同學堅請幫忙，往請毛鳳樓協助辦理，至佳。老毛刻苦工作，深獲中周社陶百川先生賞識，現已升任發行科科長。吾同學之能獲社會佳評者，皆屬此種工作精神偉大之感召，無限自慰。

三、大會於下午一時左右，同學來會者至稱踴擠，一時籌委會無法控制會場秩序，至頓生混亂之狀。原定計劃亦皆不能遵照辦理，入場卷既不能發，茶點亦延時送到，通信錄亦遲誤時間，一時指揮系統混亂，莫衷一是。至茶點股工作，乃告失敗。同學亦以踴擠太甚，有不能待參加完畢而離會者。

四、大會討論進行中，以吳若萍主席聲音太低，故未能十分控制會場。先後由謝泌代理發言，並由母團長官及衛戍部代表（母團同學）及王寒生等相繼發言，情緒至屬緊張，一時■討論意見分歧，會場顯見混亂，旋即平息。青年血氣方剛，似多衝動之情感也。

五、大會備有優美之簽到簿，計簽到者達七百餘人，總計到會者可達千人左右也，在渝市同學集會，洵屬佳舉。但以少數同學互信不生，籌委會亦不能孚眾望，故社會部等同學皆未能出席參加，誠大會美中不足也。

六、籌委會對於事前籌備工作，雖曾召開八次會議商討，但以不能見諸執行，故實際籌備工作，仍未能盡如人意。通信錄能倉促印就，雖印刷不良，但總尚可稍慰也。

七、此次籌委會未能控制金錢之開支，故使籌委擔任經濟之籌募，至為痛苦。一切開支尚不能竭力節約，今後宜注意也。

八、沙府事託國楨兄辦理，但沙老太太似乎太認真了些。我意無論如何辦理結束，以盡人子之職。經懇託國禎兄在四千元之內全力代理可也，如此超出預算之經濟澎漲，實使我痛苦萬分也。

九、漢儒晤談重慶同學連絡問題，及懇商通隊同學連絡及學籍問題等，並晤中團部張伯明同學，商入幹校問題。

十、晚赴正權兄處就宿，呢料決心購回長褲再說，先付壹千八百元，餘囑代墊再辦理可也。

1 月 17 日

一、晨起急於返新，與正權共進早點。每次多所周折概兄，私心不安也。

二、由牛角沱返新，知簡勁在渝柳公處，彼擬發起敘餐云，藉此進晤柳公，並暢敘舊情，實至佳事也。棕色呢料攜回，以備裝大衣也，價三千元。

三、本日疲乏特甚，工作也不做，僅督促訓練通訊之付印而已。

1月18日

一、接「士」於卅二年十月廿六日致余復信，謂余信於八月廿五日所發者，抵陸已十月廿六日矣。是則接信即復，並謂於病後，誠屬可佩也。來信文理通順，古文程度頗高，則芸妹所稱由父親補習古文觀止一說，當屬實情矣。來信諸多慰勵之詞，而自謙刻苦之情，露於字裡行間，誠屬情意誠篤也。私心快慰欽佩，能得如此友人，今後當快我精神矣。

二、午後與思信兄約羅家寶兄赴紫荊溝錢次長公館訪楊先生暨楊太太，此乃為家寶兄暨楊小姐瑞珍介紹也，晤談結果甚佳。楊與翁係十餘年來之老友，情誼至篤，介紹更可靠也。果羅兄能專心篤愛楊小姐，並善盡提挈之職，是則未來幸福可預卜也。

三、棕色呢料仍送德生茂號定製，價工款洋一八〇〇元，加做背心壹件。經濟雖困，但此亦不可少也。

四、科長離部後，書座對公事審核至嚴，近日來公事稍有失當，即遭退回重辦者甚多。段兄純青來部不久，情形不熟，又屢遭退回。但書座之意在訓練吾人，吾人宜力求自學也。

五、提高正當戀愛為青年應有之態度，余平生對此久疏特甚。此次桐偉介紹士妹，當於可能範圍內進行相互認識，嗣後渝地如有友好，亦不妨試為社交也。科中同仁如需余協助者，當亦於可能範圍內贊助也。

1月19日

一、昨晚復士信未成，乃於今晨完成之。細談來書，字裡行間，頗多情意，而國文程度較前致偉祝信進步甚快，足見近來確屬認真自學也。信於午後發出。

二、寫「國民對於實施憲政應有之認識」壹文，頗費周折，大傷其腦筋也。

1月20日

一、發桐偉哥信，告仕妹來信，並盼能誘導研讀自然科學，以充實常識，尤盼能與芸妹共同研讀也。目前余對仕妹確有好感，但不知何日能返里矣。

二、發杜潤枰信，詢校中近況及需款情形，以便代為籌劃也。

三、赴四川省行晤曹荃兄，並暢談桐蓀致彼書，「意氣相投」，情誼較「朋友」者實深矣。余倆亦暢晤至洽。

四、育興追求棉姑，姑亦多情，彼倆之情景，值使人動心也。■「少女多情，少男鍾情」之說，誠然也。

1月21日

一、育興以今日未接回信，即表失意，精神恍惚，情場之魔大哉。而天下事不如人意者，固十常八九，要在吾人之堅忍耐煩耳，此工夫育興遠差矣。

二、接祝平來信，知綵告仕曾致余信，綵並告仕近體弱，遠非昔比。但病後體弱乃常情也，要在能善於養護耳，囑祝平能告綵轉囑仕善養護也。仕或以近年環境突變，飽嘗人生痛苦，故多病而多愁，但余思余與通信以後，在友誼上總能稍得安慰，或可有助於身體之進步也。

三、近月功課荒廢，讀主席致經國諭示，愧感特甚，今後有以努力乎。

1月22日

一、午前舉行部務會報，書記長舉行業務講習「公文處理須知」，其要點如下：（一）把握公文要點；（二）查案與法規；（三）決定處理方法；（四）公文結構：A. 扼要簡明、B. 多用習慣語、C. 重點之按置、D. 暢通。

二、清晨起早爬山，此已數月來之健■事矣，但精神倍振，兼讀古文為樂也。

1月23日

一、晨起，與郁同志文祺同赴柏溪中大分校晤楊燕廷及鄧衡九。途經紅糟房及磁器口，磁鎮沿嘉陵江畔，商業特盛。旋沿溪岸行，約十餘華里抵柏溪，到中大已下午一時許矣。

二、到柏溪中大後，先訪楊燕廷先生，暨晤衡九。楊任訓導員，職務頗忙也，年約卅歲左右，忠厚負責，一見可知，但年齡太大，故月芳姊不能滿意也。承招待午餐，化費約貳佰元許。

三、柏溪為中大新生集中地點，故實施軍事管理，學生皆穿軍棉制服也，但服裝不整，遠非正式軍事管理可比矣。但能發棉冬裝壹套，對於學生之禦寒，洵屬得益至多。柏校環境安靜，居深山中，正乃讀書之所也。以時間匆促，當晚就宿校中。晚與文祺暢談。

1 月 24 日　除夕

一、清早乘民船返磁，嘉陵江在整理中，但可通民生輪船也。下行至速，九時半抵磁矣。逕後新部已午前十一時三十分矣，知部長返部矣，科長亦返。

二、午餐，除本桌同仁加菜外，與張兄紹基、羅兄家寶、壽兄槐庭、周兄藹華、秦醫官同赴思信先生家過年。同桌皆蘇浙人，菜亦家鄉味，精神愉快也。

三、晚科長請客，乃赴科長家過年，同仁則送禮物各佰元也。

1 月 25 日　卅三年舊曆初一日

一、旭日東昇，陽光普照，象徵勝利在望，至可慶慰。九時許赴思信先生家拜年，毅、堅兩甥分贈年歲錢洋貳百元，此人情之必然也。即在家用餐，繼返部參加科中吃餃子，以共圖歡樂。旋赴科長家拜年，李太太張淑愚詳告參加中共活動經過及當日與科長結婚之片斷，並謂育興之姪楊元運思想頗為左傾也。

二、新年中的娛樂，實在不易找到適當的對象。此次化費將近千元，仍不能滿足個人願望云。其他賭博為樂，素為貽所痛絕，科中同仁亦皆輕視，故乃作小龍坎之遊，以賞年節風光，兼在陪都看電影也。一路馬將提托不絕於耳，我國以賭博為低級趣味之娛樂，誠根深蒂固矣。以電流不到，乃提前於三時返新，「龍門陣」大作，藉度新歲之狂歡也。

三、在小龍坎時，應祝平之囑訪星元叔，告家中情形。彼仍操擦皮鞋業，剛強之個性，使他不願認余也。但此業賺錢特多，以之資助子弟讀書，精神至可佩服也。為父母者，能鞠躬盡瘁如此，為子女者，誠羞愧無他矣。

四、晚與純青、育興、文祺共策新年後之努力，以為戀愛必影響讀書，故應以讀書為前提也。早起與有恆，又為自力上進之二大要件，勉乎哉。翻檢仕、芳及偉等來信，追溯家中一二，有足慰者，有足嘆者，而人事之變化莫測，誠令人更無窮慨然矣。

1月26日

一、今天是第二天開始早起，爬山後特別覺得精神良好，讀古文也興趣濃厚。

二、午後打排球，這是我們最便當的運動。但大家總是鼓不起勁兒打，老是二天事興三天停，做事無恆，實為吾人一切失敗的根本。

三、讀中央周刊，知道總裁特別重視衛生，又說要從「建造廁所做起」，真是一語中的。彼痛心地說：「中國人太隨地小便」，但今日黨部又那個不是隨地小便呢？

四、明天是芬妹出嫁的良辰，不克稍盡兄責，在家招呼，實屬不安。而婚姻問題的嚴重，緊迫著在事業、幸福三大問題的連繫上，實費余之苦心思索矣。

1月27日　年初三

一、致仕妹信，勉注意身體，並與芳妹為友，互助合作也，並告將作西南行。

二、午後書記長面告「欲余與科長隨部長赴衡陽」，並沿途視察黨務，此行將經貴陽、柳州、桂林、衡陽、曲江、長沙，然後在衡參加會議後返部。余得此機會遨遊西南名城，誠快事也。即日擬整行裝而行也。

1月28日

一、部方命令已下，決定余與科長帶兵一名，隨部長赴湘也。

二、近日年節後心緒紛紛，工作毫無表現，以離部在即，更屬不能安心矣。

1月29日

為出發巡視江南黨務在即，對工作上之步署，擬以育興為重，而純青居其名，似此則二者兼得，必可合力從事科務之維持矣。並囑相處以和讓為原則，■如工作不做可，但切不可工作尚未做即爭吵矣。

1月30日

余之工作，暫分別移育、純二兄代辦，並作結束。整日準備出發也。

1月31日　天陰

晨七時由特黨出發，臨時傳令兵尚無符號，副官亦忽略矣。迄十時許隨行人員始到齊，然亂七八糟，無人指揮，誠出意外。車到交通處後，以載重過重，復裁兵減重，並卸下汽油改由中運公司加油。延抵午後三時，正式離部駛出，嗣後復以出境加油諸宕，延五時後方出渝境。以部長專車出發如此之難，國人辦事亦可嘆矣。九時許抵綦江宿焉。

2月1日　陰

一、昨晚天雨，公路泥濘，更以為甚，加鐵鍊行，求穩當也。釘鐺、釘鐺，恍如火車風味。車行同仁頗擠，額外人員尤多，余等負有使命者，反倨坐車後，成始料所不及之怪事。尾座共六人，超出普通坐，況天冷皆穿大衣乎。車行上下衝撞，頭痛不已。抵松坎後，即以疲倦太甚而發感冒，更以鼻塞而復流血，心殊悸憂，深恐旅途病也。

二、此行共小車貳輛，一係指揮車（部座包車），一係電訊車；大車二輛，一係旅行車，同仁乘坐，一係卡車，載負行李。但指揮車——孫參議兆仁——則未克盡指揮之責而疾駛前行，電訊車則拋錨為患，卡車又載重過量關係，老是落伍。因此四輛車子，參三差四，不能打成一片，互相制肘，耗費時間精神，更影響趕程至巨。旅行車上皆是科長以上人物，平時皆能主管業務，但此時無一人能出而負責。車行秩序者，副官等於無管，每遇吃飯，必秩序混亂，稽誤時間實多。沿途加油為患，仰賴於人，總多拂意之苦處。據交處同仁謂，此行果減少電訊車而增派卡車，則人員乘坐可寬敞，載量可增，並可自帶油量。今捨大車而用小車，欲節返費，實吃虧至巨。做事不能大處著眼，必多所失，開始失著，以後苦矣。

三、因為趕程起見，擬抵桐梓縣城宿營，故雖深晚，車仍冒險前行。經過吊死崖，爬上七十二灣時，車行全程最危險地區，眾皆提心吊膽。天色陰沉，寒氣迫人，回頭大霧連茫，皆正襟危坐，以待天命耳。強行至午夜十一時許，霧越重越厚，對面不辨耳目，眾議停車以免萬一，仍拋錨於半山涼風埡山麓民家烤火取暖。大約將到午夜二時許，霧稍退，行李車趕到，大家也勉強獲食充飢，就馬馬虎虎的睡了。民家新婚，山民送聯多喜謔，眾得捧腹笑。擺龍門陣翻車經過，無人不悚然驚，此行能免意外，誠亦大幸矣。

2月2日 陰

一、破曉微明，為達成任務三日內到貴陽起見，即行出發前進。越行越高，越高越冷，迴環曲折，此乃七十二灣也。抵最高峰涼風埡時，甫晨色漸起，寒氣冷冽，全山皆冰凍，冰天一色，陰霾四塞，恍如置身北極冰海矣。探視車外山巔草木，銀條縱橫，不見一枝葉，皆冰凍所成，電線橫空而過，銀色水晶體所造矣。據同行稱，此景誠不易得睹，此乃早晚吃苦之代價，可見歷險探索，必在最艱苦，處最危險中，方能有成就也。

二、車抵息峰已晚九時，為兼程前進趕到貴陽休息計，車仍強行，晚飯也擬到筑加油了。豈料甫行十餘公里之後，約十時許，瘴氣從四谷漫騰，瞬即大霧，不辨車道，勢不得強行，援例停車深山中，前無民家，後無退路，苦也何言？眾皆忍飢耐寒，坐以待旦而已。余反以尾坐人擠，且得一被五人同蓋，「姜家大被」之風趣，至此乃深深領悟矣。旅行中之事，不可逆料，專車外出，理想更可無困難，但事有大不然者，吾人謀事，可不格外謹慎小心哉。

三、衛生處張秋帆善詼諧，稍慰車中飢寒，科長乘機大擺龍門陣，亦見精彩逞雄，不失工作立場與本色。

2月3日　陰

一、遠聞雞鳴報曉，眾盼天明後早動身到筑果腹。晨光依稀中向貴陽出發，十時左右逕抵貴陽，入城後即在中山路維多利旅社休息，眾並一致主張在貴陽休息一日，但無一人能主張堅決出而向指揮者交涉者。因人遇事皆不負責，僅知叫囂，病根深矣。

二、午前幸得抽暇赴貴州省公路局材料室晤敏生哥，至以為暢，但月姊尚居圖雲關，不得一晤為憾。杜潤枰妹原擬一晤敘，但以貴陽醫學院地址不詳，出發與留筑不定，苦我不能如願償也。

三、眾議未定，而時已午後三時，結果仍是登車擬行。但在川黔線區司令部門口加油，檢查一再稽遲，六時仍未前行，無可奈何，仍宿貴陽。怪事演變至此，吾誠不能再思議矣，坐失月、潤姊妹良敘，至悵。

2月4日　晴

一、自貴陽出發，先後經過龍里、貴定、麻江、都勻，至獨山宿營。黔桂鐵路已通工程車至都勻，故都獨間公路遭鐵路影響，多破損處，難行特甚。鐵路尚未修成，公路已遭輕視，國人辦事也真糟極了。

二、趕程尚屬順利，迄午夜一時許抵獨山，時飢腸苦鳴，奈無處得食矣。事前聯絡欠週，臨時毫無辦法，交通人員出門尚如斯，咄咄怪事，更何論軍事機密之專車哉。

三、獨山為黔桂鐵路目前終站，鐵路與公路之交點，戰時交通暴發戶，汽車雲集，商人為塞。余等汽車二度周行城中，不得停車場，兩旁盡通貫排列汽車，誠洋洋乎大觀矣。遍覓不得宿處，至午夜二時，方強得一民旅社之憐愛，納入烤火為禦寒之圖。延至三時後，強得一旅社逐茶房等之臥鋪為睡，小部份仍坐車待旦也。本日共行二一〇公里，成績至佳，電訊車則拋錨後丟去了。

2月5日　晴

一、天甫明，正值困乏之際，部長已自桂林來電趕程金城江專車赴桂，乃驅車出發。過獨後以道路平坦，車行頗順利，更以新通獨山，故獨金段公路已停止客運，全程至金城江僅遇汽車二輛，誠稀少矣。實則以戰時運輸之頻繁，豈此新鐵路能勝任哉，鐵路、公路併用尚嫌不足，今日鐵路剛成，公路即成廢棄，乃戰時交通現象之畸形也。

二、車入廣西境六寨鎮，保甲、衛生、清潔、植林較貴州省尤進步，公路旁路樹成蔭，對廣西之政治較上軌道，尤此可得證明也。此行已經歷川、黔、桂三省，試一比較，則以境內植樹論，川境內綦江、桐梓等縣尚未見樹苗，黔境則已遍樹樹苗，尚待長成，桂境則已成蔭矣。舉一而反三，桂省之建設似具基礎，黔省之進步確亦事實，獨川省之老大落伍為吾人所嘆矣。

三、九時許車抵金城江，由鐵路車站司令部於鐵路飯店招待，酒肴俱豐，旅行中首次佳肴也。十時許登早為準備之部長專車，此係前隴海頭等車，設備最稱完善，別後七年之火車滋味，今日復相親矣。十時半車即向柳州出發，余等昏昏入睡，數日來最好之休息開始矣。朦朧中但聞車聲咯咯，不知何往而疾逝也。

2月6日 晴

一、天明時火車已抵柳州北站，余奉命下車視察第四戰區兵站總監部黨務工作。此因部長在桂林，李科長擬赴桂請示一切也。十時許抵柳城光華旅舍休息，旋通知辦事處來柳視察。午後赴浴池洗澡，數日來之勞頓消去泰半，精神稍振。柳市於柳江上有浮橋，但通行須納費貳角，誠怪現象。柳州表面頗厲行節約，但實則不澈底，而浪費更不合理也。余曾在南園飯店中餐時，見其客飯規定為卅五元，但飯後清賬，知外加筵席捐拾元，茶資與小費各伍元，合計五十五元。以卅五元一變而為五十五元，實不可思議矣。

二、余初入桂境，則一切印象均佳，但在柳稍留，則知僅有其粉飾耳。為政而不能切實，徒以擾民而自鳴耳。晚，楊總幹事懷基來晤，談頗暢，擬明晨參加其晨操及紀念週。柳市電燈暗淡，若明若滅，市政之設施可知矣。此間沙田柑子聞名，購二枚食之，甘而淳，誠美品之水菓矣。

2月7日　晴

一、黎明即起，準備赴九區黨部視察也。以任務之艱難，內心頗謹慎為之。原擬趕赴出席晨操及國父紀念週，但以小車來柳太遲未成。柳市距總監部八公里，位獨登山前柳州兵工廠原址。房舍與環境皆整潔幽靜，入內即見宏偉之露天講台，足可供演劇之用，係黃總監兼指導員到任後所建。此間置身其境，即倍覺充滿蓬勃之朝氣，而黨化精神揚溢，實為唯一良好印象。

二、抵部後於會客室與張副監澤民寒暄後，即抵總監室與各處長兼指導員見面，並坐談一般性黨務與業務，繼即共進餐焉。飯後稍息，即視察區黨部辦公室，調閱表冊文卷——中山室、業勤小學、各區分部、監護營、正大合作分社等各單位，大部份實際成績與所報相符，此以平時實幹成績皆卓然之故也。

三、總幹事係張副監兼，幹事楊懷基係副官處副處長兼辦，故人事上能洽調無間，而工作亦推行盡利也。該部以業勤小學及中山室成績最優，嗣後再能把握重心做去，甚具希望也。

科長自桂林來電，催赴衡陽會合，心倍急。

2月8日　晴

一、昨晚離柳乘火車赴衡陽，僅得三等票及臥室。遇一少年攜年老父親返粵，商讓底位，允之，彼亦借用被褥，亦互助之意。

二、車抵桂林站，剛天明，下車換二等票，較適矣。過全縣而抵冷水攤，即入湘省境，水田縱橫，平原舉目無邊際，恍返江南矣。

三、晚八時抵衡西站，詢知大隊宿青年會旅舍，乃驅車逕赴該處。晤九總劉副監，以無正式公文及明片，頗為反覆詢問。方知名卡無銜，不能向人負責也，否則衡山會議之機密，何以保守。旋遇部長副官某，確知同行，乃留宿該會，並囑嗣後外出晚餐焉。

2月9日　晴

一、晨起，驅車赴衡西站接部長專車，知科長自桂林同來也。站旁已戒嚴，行人皆驅走，余強得通行入站候之。科長與桂林韓視察幹事尚文同來，並於站介認陳參議大經，頗客氣和靄之長者。商視察日程，可於十六、七日返衡也。部長則逕赴衡山。

二、余等三人逕驅車赴青年會，稍休息後計程尚充裕，乃決心共行赴曲江後同返長沙也。旋赴衡東站商車票無問題，即搬行李至站旁宿。少遊衡市，熱鬧異常，誠不愧為湘南要埠。

2月10日　晴

一、七時登車前進，整日在車中過活。經耒陽抵砰石，即入粵境，越行氣候越熱，漸入南國氣候之區矣。砰石風景佳勝，為粵名勝區，中山大學現遷居焉。車過樂昌，於八時半抵曲江，值夜市最熱鬧之時候，人山人海，咸謂國內唯一夜都。遍覓旅社不得，旋抵風度中路韶關公寓宿焉。外出語言多不通，宛如身歷異國，國中各省語言不能統一，誠至憾焉。

二、購物時問多少價錢稱「多少門」，叫茶房稱「伙計」。此間最怕空襲，此因平坦無防空設備也。

2月11日　晴

七總監部黃總幹事德華來迎，即於八時驅車赴水楊山該部視察。距曲約八公里許，該部房舍皆係竹草編造，樸素別緻，間隔松林之中，既可免空襲之處，環境復優美也。余等與鄭副監寒暄後，即與各處長兼區分部指導員見面，繼即進餐。嗣由副監陪同視察中山室等單位，成績甚佳，尤見活潑生動。指導員能熱心黨務，總幹事能領導得法，相得益彰，所以該部黨務能突飛猛進也。

2月12日

一、以時間所限，不獲在曲久留詳細視察，擬即日返衡轉長沙。即驅車返曲，但先後驚報，倍為苦累矣，科長怕警報之甚，更以為苦矣。曲有報飛機方向與架數者，方法甚善。

二、曲市氣候倍熱，午間市區夏裝紛紛入眼簾，女子尤然，余等則皆呢衣也。白日曲市停止營業，怕空襲之故也。正式營業為夜市，七時起迄十時止，熱鬧空前，百貨皆較渝地便宜甚多。余以經濟不裕，僅購禮帽壹頂，價七百元整，他則購江西瓷茶壺若干，以備分贈科中同仁也。科長經濟甚緊，奈何！

2月13日　陰雨

一、車於昨晚七時出發，中經警報，數度停止前進。天明時抵衡陽，繼即前進，於十時許抵湘潭，換乘汽輪赴長沙。粵漢路車行較湘桂為佳，迎目入眼悉為湖田縱橫，江南風物依稀在望，吾已置身家鄉之故園矣。

二、汽輪經四時後始抵長沙，輪中有說抗戰道情者，類似重慶富貴花之大鼓，亦似四川之金錢板。內容彈詞新穎活潑，殊屬可取，聽其報告常德會戰之經過壹節，引人入勝，尤富抗戰宣傳無上之價值，誠為民間劇人中之至佳者。中宣部果能統一訓練，加強民間宣傳，誠屬要圖。

三、在陰雨中，於晚九時許抵久所仰慕的長沙。它並不像理想的已恢復繁榮，矗立的空門面，更顯著它的可憐相，十足還是外強中乾的呀。但它三次的長沙大捷，在抗戰史上的偉蹟，實在值得我欽佩了。遍覓旅舍不得，旋抵落田星嘉賓旅社，茶役皆女子，可見湘中女界地位較高矣。即派人通知總監部，但以星期日無人值日，未有結果而返。

2 月 14 日　陰雨

一、晨起，再派人赴總監部通知，延至十時許羅奮鵬總幹事來晤。以路途泥濘，決改十五日赴視察，此乃副監之意也。余等乃決定先行視察獨立兵站分監部黨務，以便該部有所準備也。

二、獨分監部幹事龔德濟來晤，同行赴該部。原址係含光女校，樓宇頗宏偉秀麗，黨務當能發展，中山室之剪報及識字教育辦理尤佳。

三、獨分張參謀長接南嶽電話，知衡山會議結束，後勤座談會亦開述，部長不日返衡云，乃打電話與孫參議連絡，囑十六日前回衡。經與張參謀長相商，知如欲十六日返衡，須於十五日乘輪返湘潭，始得趕上團體。無可奈何，電告劉副監改期視察，並囑羅總幹事再來一晤。

四、科長以旅資欠充足，並擬在長購物，乃向總監部借伍千元，晚間即與韓幹事分赴長市購物，其狀亦至匆急矣。羅總幹事來後，曾與晤談一切，但雙方敷衍而已，我亦悵愧矣。晚間，科長囑外出購皮鞋，匆忙中分購貳雙，一己，一代瑞祺購之。

2 月 15 日

午夜三時起床，即乘預僱人力車赴■■埤登船，原訂四時開船，因戒嚴延至五時開行。午後一時許到湘潭站，幸尚得趕上特快。晚九時許抵衡，詢部座確實消息不獲，遍覓旅舍亦不得。延至十時許，方得一小間強臥之，余等皆席地而睡也。

2 月 16 日

晨起即驅車衡西站詢部長消息，途遇同行人員入城，知專車天明甫到衡也。余等乃入專車休息，延至晚八時許，始由衡開發也。本日為出發以來休息最舒暢之日，伙食由路局招待，菜肴甚豐美可口，此為視察中之唯一安慰也。

2 月 17 日

天明，車抵全州，繼進於十一時許抵桂林矣。車廂有粵漢路局特黨部標語，知路局由鐵特編組也，但車站司令部是否編組，似宜與鐵特洽商辦理也。抵桂後於中國餐廳午餐，遨遊三時後即驅車赴南外海塘村部長公館宿焉。桂市山水秀麗，市容繁盛，路旁樹林成蔭，誠至佳之都市也。桂市美空軍較多，但以風習不同，國人或為較浪蕩視之。

2 月 18 日

一、部長晨允桂主席黃旭初、張發奎、白崇禧等公宴，余等乃解除警報，稍得舒展。由陳參議大經率領赴附近公路散步談天，一行親熱自由，甚為快慰。附近多美空軍之醫院及跳舞廳，可證美空軍之多矣。

二、環地皆矗立之小山峰，奇突可觀，「桂林山色甲天下」，誠名不虛傳。午後部座返寓，傳出將分批乘機返渝及赴西南幹訓團參觀受訓，最後一批則與部座同行返渝也。迄晚九時許，余等已就睡，忽奉部長諭，囑準備十九日隨軍委會專機返渝，共行指定為五人云，聞之欣快，一夜頗甜睡。

2月19日

在桂林南門外海塘村部長公館奉令乘軍委會專機返渝，當即整理行裝，以鋪蓋過重，留桂交勤務兵帶渝。同行乘機者係本部經理處糧服組上校科員王聲遠、財務組上校科員毛舜琴、交通處上校科員張湘漁及科長與余伍人。午前十時於桂林樂群社集合，知專機係九時由渝出發。迄午後二時，余等即驅車赴二塘機場，同行有孫長官連仲等包車四輛、卡車壹輛，橫越桂市而過，頗為壯觀。抵機場，頗宏偉，有二中隊（十八架）雄姿停焉。偶見巨型飛機，係航運一〇一號機，名大西洋號。當即過磅登機，悉同機有孫連仲、陳亮、王文宣、朱孝蘭、陳東生、周至柔等。貳時半起飛，俯視桂林全景，山水至優美也。機中甚為穩妥，余讀大公報消遣之，偶瞰視雲層疾飛機旁，恍置身另一世界矣。山水起伏，遠視烏江衣帶水耳，汽車道如白鍊，汽車如臭蟲耳。五時半即抵渝空，停九龍坡軍用機場，當即乘本部包車逕抵新橋。此行先後二十日，歷黔、貴、粵、湘四省，四、七、九，三戰區，遍到貴陽、柳州、桂林、衡陽、曲江、長沙六大都市，走盡黔桂、湘桂、粵漢三鐵路，並得乘專機返渝，誠至快矣。

2 月 20 日

星期日，整日休息中。科中工作皆能應付過去，老楊勉可勝任也，據科長接書記長報告，老段似較差也。晚，寢室仍聚賭，內外對照，本部誠太腐敗矣。抽暇為各方致信，免掛念也。

2 月 21 日

整理什物，整理日記，身心安定，欲納生活移正軌也。晚謁書座，報告此行所得及意見，主要希望本部健全也。老楊大足地瓜來晤，誠奇事，棉姑進行起伏不定，亦煞費苦心矣。老羅則賓相已去求學，今後或可通信矣。文祺亦得家中訂婚，余亦開始女友通信，老段亦在活動之中，本科誠展開正式戀愛攻勢矣。據聞李太太與吳校長衝突，新小腐敗，似以收為部辦業小最佳也。

2 月 22 日

整理視察日記，並建議今後黨務改進事項。日記即交書記長閱之。今日清晨打籃球，今後擬加強體格之鍛鍊也。視察報告尚未整理，精神尚待休息也。今日楊兄之大足女友復來，老楊苦於應付，但亦欠道德與感情也。無奈代為應付，亦盡心而已。

2 月 23 日

近感生活不定，寢室賭博為患。經與同仁數人商洽調換，眾皆同意，立即搬移，但午時少數搗亂份子竟猖獗搗蛋，本部紀律敗壞如斯，誠堪痛心。科中同仁尚能忍耐，故未衝突，但本部以一二少數腐敗份子之混跡，即行每況愈下若斯，設常此以往，何堪設想。余扶心自問無愧於人，即今負我若斯，奈何。忍耐必有限度，否則腐懦為人，勢必被人輕視。語云「志誠即無用之別名」，況當今日社會是非難別也。余決靜待明日之演變，否則決與正義掃除邪氣，還我自由。

2月24日

寢室問題，延未解決，此因書座尚未返部也。目前社會道德淪喪，是非不明，眾皆欺善怕惡，息事寧人，黨部之混亂，尤一至於此，誠堪吾人痛心。近日起早打球，頗饒興致，深覺身體之應加強鍛鍊也。

2月25日

連日整理視察報告，又以內心對現實諸多不滿，悶悶為苦。本科中同志坦白純潔，親如兄弟，稍以慰藉也。寢室問題將待會報解決，果此次惡化分化抬頭囂張，則今後本部紀律勢將不堪收拾。果本部不能澈底掃除積習，則新生無望，余為前途計，亦僅謀脫離而已。余生性「疾惡如仇」，姑息養奸，智者不取，幸當局覺悟也。

2月26日

午前部務會報，書座報告參加吳秘書長鐵城暨中組部朱部長家驊召開駐渝軍隊特別黨部特派員書記長座談會經過，提示「一年來軍黨之進步，但仍須努力」，

「五五憲草之研究——軍人之地位與信仰」，「戰後軍隊黨員之復員問題」，「舉辦模範黨員運動——每班一名」等。書座與軍黨處周處長召棠談話結果，認為本部駐渝單位之成績，不如軍政部特黨部，確屬事實也。旋由李科長報告視察經過，及書座解決寢室問題，宣訓科一室與組總合一室也。此事如此解決，勉強了事而已。

2 月 27 日

午前參加紀念週，新進人員宣誓，臨時訓練，慌張與時間匆促，真使人哭笑不得。本部新進人員類多未經訓練，前途殊堪圮憂。午後整理寢室，略加整理清理矣。旋赴省銀行談心（曹荃），殊快。返部晚飯已過，赴郁同志家共餐，追憶過去生活與工作心得，頗可自慰，即環境之日非，殊憾。

2 月 28 日

近月以添置什物，所費甚鉅，經濟至感拮据。返部後雖經長期休息（一星期），但精神仍見疲乏，赴醫務所取藥治之，此或為疲勞之象徵也（眼骨酸痛）。育興近日精神欠佳，大足張姓女以痴情於彼，遠道來渝訪晤，所耗達萬金，誠鍾情矣，但楊則以貌不佳而堅決拒愛也。田姓女以活潑博愛，但她卻高價待沽，不易遷就，老楊委曲求全而不可得。男女之間，誠亦怪矣。家中久無信，念念。致家稟及芸、穎各一通，仕以前允報告旅中情形，也給了一封於她。近日寢室早起成風，殊喜。

2 月 29 日

午前舉行科務會議，調整工作，余擔任駐渝單位之工作，及總監部區黨部之工作指導，訓練及工作計劃照舊也。如此調整，或稍合理也。君淮擬考高考，余愧不能，實無以對故友矣。正權約赴城野餐，或可暢敘也。工作亟待亟展，而心理尚上下不定，奈何？晚參觀參、械二處中山室，午間參觀新橋鎮中心小學校，頗佳。

3月1日

一、寢室自調整後，得本科同志共居一室，生活行為個性上故易調和，良引為慰。為興、寶策勵起見，特製標語四句：

甲、身體第一：此乃針對同志身體懦弱，應加強鍛鍊也。

乙、讀書第一：本科讀書呼聲甚高，而讀書效果仍低，故以此醒目標語督促同志間真正讀書，力求上進。

丙、戀愛至上：戀愛為人生之所必需，但須正軌進行。抗戰流亡時期，性情上亦需安慰，正當戀愛，似宜提倡。

丁、道德至上：本部頹風日熾，倫理滅絕，是非不明，捨善從惡，欺善怕惡，相冶成風，良堪引痛。囑除自身力求更生外，對同志間亦願互勵互勉，故特揭此條以自勵共勵也。

二、為業務上之展開，對個人工作之試驗與精神之安慰，收穫良多，仍擬本此精神開展本部工作，兼以報效黨國也。本部工作重心勢將遷移駐渝單位與兵總區黨部，中山室與業勤小學力求健全。

三、開歲以來，公私交困，生活未能納入正軌，私心引憾。自本月份起，無論工作、讀書、對人處事、鍛鍊上，皆宜安心下來，苦下工夫。

3月2日

一、視察報告起草完成，由張厚菴同志謄寫。張同志新來，工作特別認真。

二、今日晨起開始閱讀古文觀止，昨晚起恢復伏地挺伸運動，鍛鍊體魄。

三、各項工作積壓待理，至以為苦，駐渝單位計劃整頓，但無把握。

四、科務頗形散漫，老楊工作懈怠，老段工作仍疏，文祺不能專心，耀廷也是敷衍，再吾欠緊張，大家似乎應該打氣。老實說，工作上了軌道，就容易辦，讀書也可以安心，不受牽制。

3月3日

一、訓練通訊第二卷第二期編寫完成，自本期起充實內容，改為開書式印刷。此種業務上之改革，自己獲得安慰不少。

二、本日起讀哲學概論，並下決心在三月讀完。

三、余個性近太燥急，宜在謙和上下工夫也。

3月4日

一、衍璋兄來玩，與家寶兄恢復舊交，私心慶慰。余忠誠待人，可自對無愧矣，然尚不諒於人，誠不可思議者也。

二、鑑璋、軼卿處以譯訓班畢業將近，急擬一晤也。

3月5日

一、晨與文祺、純青同赴沙坪壩中大一遊，先訪見鑑璋，詳談譯訓班一切，知璋已任助教矣，大約在三月底首批即可出發，四月十五日則可全部分發也。璋以程度較高，可分發印度服務，軼將在桂林或昆明也。與璋談菊芳事，所見相同，最後恐是菊芳吃虧也。與軼暢談亦歡，但菊事並未提及也。緝熙赴成都，鶴亭發表副團長，即將去迪化云。繼至正權兄處晚餐，共赴李子壩半山新村二號二樓謁劍公，詢候副座，知病已無妨，大約休養二、三月後即可發表新職也。黃華等仍在楚雄，或待日後調回也。繼赴克誠兄處，暢談頗洽。

3月6日

一、訪重遠兄，商洽母團同樂會事。對於過去團中情形之一切，及今後重建團體問題，皆有懇切之洽商。

二、訪陳國楨兄，決定劃款叁千，以之交付沙府，如何結算之處，俟戰後再說可也。此款並為國楨兄幫忙起見，擬囑家中送陳府。

三、訪鳳樓兄，商推銷中周問題，擬發起後勤一年份中周訂閱運動也。繼談同學連絡及做事做人問題，對於忍耐苦幹安份諸端，洵屬成功之要道。

四、訪毅夫兄，商業務及人事問題，知本部宣傳員及錄事問題亟待解決，否則應響同仁資歷巨大也。同學會詳情，亦有交互意見頗多。

五、為未來辦理銓敘起見，似應設法專校證件也。六政同學為連絡情況起見，似應互為策勵，採取一致行動。

3月7日

一、視察報告繕就後呈閱，但尚須辦理部座呈閱之報告表也。

二、所有積壓公事，進行掃蕩戰，擬待正式工作開展與安心讀書。

三、老翁接匿名信，社會之黑暗與腐敗一至於此，人群為利害而不惜犧牲一切，正使吾人痛心。

3月8日

一、卡其布制服，楊堯昌願以貳千元要，本科同志不可卻，決以讓彼矣。

二、種痘後微腫，不能伏地挺伸運動矣。工作亟待開展，但環境大家怕事，似乎祇好靜待他自己發展吧。

三、嚴欽亮在桂林考取高試。昔日同倡高考論者已考取矣，我愧何如？

3月9日

一、赴城電映放映總隊晤李幹事向林，接洽放映電影事宜。該總隊所有影片，皆經本部放映，已無佳片，經暫定放映「塞上風雲」。老潘強而壯，與余較過去六政情形不可論矣。余來後方不到二年，反形瘦弱，殊不可思議之損失也。

二、為科長呢料，赴粟正權兄家接洽，頗有希望也。傾談余彼擬脫離也。城中物價飛漲，誠屬驚人，襯衣上等者價一千七百元，吾人一月收入，不敷購襯衣，公務員苦矣。

3月10日

一、科長所欲購之呢料，臨時以改售他人，殊為傷腦筋，後正權反轉讓，私心快慰，但返新後科長以不能取料，意復悵悵，然余實已大傷其腦筋矣。個人朋友皆遭損失，吾人對人謀事可謂竭盡力量矣。

二、李劍鋒頗能力求上進，刻正補習英文。自己無所長，又不能自學，奈何。

3月11日

一、前同赴湖南之勤務兵李長林返部，行李亦皆來，並無損失。

二、本晚在不知不覺中遺精，這是表現身體不佳之現象，今後允宜竭力設法鍛鍊也。

三、部務會報最重要的事，第一是幹事會工作方案，第二是執委會提案，第三是年度工作計劃，都要我辦。我敷衍呢，良心對不起黨國和自己，認真呢，環境是不容易辦，真是啼笑皆非。

3月12日

一、紀念週停開，天氣晴朗，整理了被褥及衣物。

二、生活是太平凡了，今後要刻苦些和奮鬥些才有意思，但環境的奮鬥很困難，最好能先從自己開始著手。

三、生活力求安定，如此才能「心平氣靜」和「修養學問」。

3月13日

一、整日為計劃駐渝單位工作，致感頭痛傷神。

二、生活缺乏藝術，甚感枯燥乏味，友情可有溫暖，似可一擇女友耶。

三、接鳳樓兄函，知紀綱擬來渝，能否在部工作，問題仍大也。

3月14日

一、近日眼跳，恐將有不利之事發生，故終日戒慎恐懼，不願預問何事，但求心安定下來，能稍讀書則自慰矣。

二、張耀廷兄已呈請長假，勢在必離。彼個性剛直，北方人特性顯著，故同仁相處，不免有不能互諒者，但老實說，本心實可嘉也。

3月15日

一、午前開幹事會報，滿腔調整工作之熱望，以書座未能主持會議，情緒降落，付之東流。人事上不能互諒，憑意氣發之，又將本部「的裡子」也撕破了，可慨也屬甚。我實在灰心到了極點，以後決不能嚇嚕了。

二、中午送張耀廷兄敘餐，科長也牢騷滿腹，勉大家準備前途的發展。我早為此而憂慮，但自己總不能爭氣，真是自討苦吃。今後實在應該咬牙切齒的自己努力，用功到事業的準備上去，尤其是準備高考為最要。身體也應該鍛鍊，其他的事可以不管不聞。

3月16日

一、晨起與文祺赴沙坪壩，晤軼慶、見璋，並交換照片。見已定廿日飛昆轉印服務，軼則十七日入中訓團受訓，共赴中渡口午飯，頗暢。軼書小部，帶新保管。

二、回憶軼來後方時，曾在綦江面晤，轉瞬大學畢業，誠時間之快矣。見璋囑題，以「鵬飛萬里」應之。同窗皆學業猛晉，愧感交集，今後準備高考，實已刻不容緩之事矣。

三、王鶴亭已決心赴新疆工作，家眷隨行，未能前赴送行，至以為悵也。

四、接祝平信，知偉姊姪「明」夭折，桐、偉至悲傷，擬即慰書也。平擬廢學工作一年，余意反對，書勉即入大學深造可也。

3月17日

近日研讀哲學概論，興趣頗濃，今後精神可寄託讀書也。

3月18日

一、放映電影，美國哥倫比亞公司之「無線電警網」，成績不好。今後注意者有三：（一）放映人員應招呼較佳，否則徒然引起放映技術惡劣之後果，此

「人」的素質，不能一時改善，祗可如此遷就也；（二）參謀處電力不足，場地太小，影響放映電力及容納觀眾數量；（三）外國片子不能演，應為智識程度不夠欣賞也。

二、接黃祖榮自衛訓所來函，知近況頗佳，能力爭上流，並苦心研補英文，誠屬快慰。代訪彼父於國泰小飯店，亦有以慰之。

3 月 19 日

一、國父紀念週副部長主席，報告緬戰之教訓，「後勤高於一切」，「現代化作戰我國後勤太落伍」，「吾人應埋頭研究，配合作戰要求」。次介紹湯參謀長來部經過，更述成都築飛機場之教訓，「軍事組織勝於普通組織」，「嚴密組織才能發生力量，才能切實把握力量」，「平時的充分準備，才能適應非常的要求」，「散漫的無管制的力量，等於沒有力量」，「紀律和效率完全決定於人的管理和努力」。歷例此次本部與交部調派車輛為例，誠足為吾人驚覺者也。

二、接國楨兄寄來千元，並謂比例已倒比為 750 元換百元矣，沙府款亦囑如期照付可也。

3 月 20 日

一、壽槐庭兄已不辭，圖另行活動銓敘廳第七處工作矣。此種行為，究屬非是也，吾人處世做事，坦坦白白而來，亦當正正當當而去也。

二、清晨讀前出師表，頗為淋離舒快，以後擬按日讀之。

3月21日

今日為余來特黨工作之週年紀念，檢討過去，策勵來茲，述感如下：

（一）工作上：來部時適值科務紛亂之際，各單位亦以甫經改組，工作毫無頭緒。經分別頓頓，嚴飭造送工作月報，釐定要求時期以催迫之，不出三月，即分別納入正軌。嗣後努力於業勤小學之整頓，中山室之擴充，各項競賽之提倡，皆具相當成績，致下級工作頓形活躍。但科內人員尚欠健全，嗣經分別介紹楊育興、段純青來部工作，其他同志亦能和洽協助，致力於科內工作之調整，故科內工作亦見納入正軌。但社處與中山室勢非力量所及，始終放棄其整頓之望也。綜觀一年來因個人之努力，確能稍將本科業務納入正軌，而能掌握裕如，即以本部言，亦以余之努力，而能整個呈活潑現象（下級工作言），但工作納入正軌後之指導、考核及發展，阻於人力、財力，尤使人難於應付矣。故私謂「本部工作已達飽和點」，誠自知之慨語也。

（二）做人上：經年來之努力相處，科內辦公同志確能起領導之作用，而深獲科中同仁之愛助，私衷自慰。但社、中二處放棄連絡，誠為最大遺憾。在對科內言，余確能本赤誠以求同志之上進，建立良好之做人環境，故日久人心共曉，能得公眾之諒解也。但對本部言，余之鋒芒太露，工作尤稍認真，且居本科發言人之立場，致折衝往來，每為他科同仁所不諒，而本部別具作用之少數人，且曾屢給予相當之打擊。然余本心坦白真誠，與人無名利之爭，故恆寬大為懷居之，但以容忍為有限度之謙讓，而非屈辱於任何人也。是故來部後雖獲長官之器重，然亦遭人之歧視，私自檢討，個人固執成性，做事不求變通，態度亦趨傲慢，亦未嘗不為可改善之處也。

（三）讀書上：一年來除因工作之重迫，使余對於公文處理之學習，編撰之擔任，及一般學能上之稍得進步外，一年來最大之失敗，厥惟為讀書上之毫無成績表現。雖曾短期學習小楷及精讀古文，然皆不久而輟，沒有整個之計劃執行。「時光不再」，「不進則退」，年事徒增，而學問事業皆無基礎，誠不勝惶恐。今後以「高試為的」，「進修為果」，務宜力求有恆以貫之。

（四）身體上：來部一年，以環境之複雜，引起無為的精神損失，工作重壓亦使身體有失調養休息，生活上落伍與伙食之惡劣，更使營養不良，個人乏於鍛鍊，亦屬主要原因。故一年來身體日退，體質顯見孱弱，反省「強身為事業之本」，內心驚怵，故今後力求加強身體至鍛鍊也。另一方面年事已長，而情、意、慾三方面皆欠調和，故有機緣，覓一適當之女友盡慰，似屬較佳也。但以不影響身體而獲益為原則，反則寧缺可也。

綜上一年來檢討之所得，可為今後之努力目標者：

A. 工作上——力求平穩開展，徐圖逐步加強。

B. 做人上——力求謙和平實，徐圖忠誠相期。

C. 讀書上——力求有恆貫澈，朝向高考邁進。

D. 身體上——力求鍛鍊攝養，朝向強健邁步。

歸納的說：今年要在平穩、謙和、有恆、鍛鍊上用苦工。

3 月 22 日

一、購雞蛋壹佰元，計貳拾個，自今日始擬加強營養，並加緊鍛鍊也。

二、致沙府老伯母函，敘明送洋叁仟元，暫作暢茂舊欠伍百元之結束，今後如何計算，則聽其便也。此款並由國楨兄劃交，以償心頭之願也。

三、赴軍械處晤曹科長滌初，商談推動黨務事宜，頗獲贊初。對於體育，又見熱心提倡，現該處實行五時後運動半小時之辦法也。

四、研讀朱光潛先生「談修養」，頗多進益。對彼所論「結婚是壯年時期的事」和「沒有經驗而初遇第一女人時，容易衝動戀愛，而遺恨永久」二點深具贊同。

3月23日

一、整日集中全力編撰訓練通訊二卷三期，已完成矣。

二、近覺生活太平凡沒有意思，擬今後轉變生活之作風也，而集中全力於高考之準備，又為首要。

三、本科即將新添龍同學，係四期畢業，曾與壽昌在總政同事也。

3月24日

一、接父親正月廿三日——二月十六日——來諭，倍為欣慰。芬出嫁共費叁萬元許，購田共用叁萬許，淪區物價則與渝相似也。星煒公暴卒，費拾貳萬元云。家中此信費四十日到新，而月餘未接余信，誠怪，郵誤所致也。

二、軼叔自中訓團譯訓班三大隊二中隊來信，述受訓生活頗佳也。

三、接正權兄信，願來黨工作，特請陳毅夫兄協助辦理也。

四、桐哥久未來信，念念。「明」兒夭折，倍為感悲，慰勉也，並告家中近況焉。

五、中午時深思擬與文祺合資營商，經與洽談，亦相同意，或擬進行也。

六、家寶兄之鄉女友陳小姐來新玩，在寢室晤談頗久，余對彼之溫厚頗表好感。彼係鄂漢陽人，原籍河南，身體頗壯健美，在鄂聯中曾受吃苦耐勞之訓練，思想亦新穎，今後或可作一良好之女友也。

3 月 25 日

一、編訓練通訊後頗有所感，即一方面能裨益業務不少，確屬精神可慰。但另一方面引起組織科之不安，致時生誤會與糾葛，內心殊以為悵。不得意乃放棄組織部份之指示，使整個刊物偏而不全也。今日會報書座指示組織科編印「組織綜合指示」，或可稍補缺陷也。

二、本部公文處理諸多重複不合理處，擬有以改良之，但積重難返為憾。

三、與育興在石壁山散步及商討育興之愛情問題，對彼赤誠相期，忠誠勸慰，可謂以兄弟相視也。晚討論「拉拉詞」一文，頗饒研究興趣。

3 月 26 日

一、部長紀念週，講解行政三聯制之要義，及部務多所指示。每見中山室之零亂不堪，破舊狹小，則對本部之忽視儀表與精神訓練，殊為悵悵。

二、陳毅夫介紹呂茂華君來此工作，頗為辣手，試向交處介紹也。

三、整理部座記錄，頗能迅速完成。晚討論治學方法，皆有獨到之見。

3 月 27 日

一、呂君赴交通處進行工作，未悉成就如何也。朋友互相幫助，實屬重要，但亦應付至困也。今正鯤又囑介紹，誠有不勝斯應之苦矣。

二、中午為壽槐庭同學赴銓敘廳第七處十八科工作，暨歡迎范秘書永炎太太來新，於松鶴餐廳餐會，共三桌，每人費壹佰拾元也。

三、擬與文祺合資經營「義昌」商店，共謀經濟建設，不卜能成事實否。

3月28日

一、上年三月迄今年三月，整整壹年，努力之中心：

（一）廠在工作建設——以建立基礎之工作軌道，當能逐次納入軌道，完成大部分，祗待今年之循序漸進，必可有相當成績表現也。

（二）物質建設——來新後以諸物缺乏，頗為痛苦，故竭力於衣服物品之購置，一年來之成績頗優，必需之日用品，已能初步齊備，僅待今後之逐步添置即可矣。

二、本年度似應轉換努力方向：

（一）精神建設——對於讀書進修上用苦工夫，以一切精神寄託於讀書樂中，並以參加高考為讀書之中心，俾專而精也。對於高考書籍，當謀獨立購買備用，同時為精神之提高，對於身體之鍛練亦必加緊，並注意營養之補充。

（二）經濟建設——為今後事業上必需之經濟活動及友儕間之互助起見，對於經濟之建設工作，似宜逐步設法。今擬先與文祺合資經營小賣買，藉以判斷此事之是否可能，並測知

其是否影響於其他工作或生活也。（今日付文祺壹千元）

3 月 29 日

寢室增闢「心痕」欄，藉以心心相印也。

一、第壹屆青年節，約文祺、純青共遊沙坪壩青年區。於新生添印卅二年元旦照片八張（壹寸，五十元）。分別參加各書店，為紀念佳節並實行精神建設起見，在青年書店購法學通論、政治學、經濟學綱要，及高中王氏本國地理各冊，價近貳百元。較之洋裝壹冊即需千元者，誠便宜且物美也。赴南開學校參觀，意張伯苓辦理教育之眼光遠大，造福後學匪淺，無限欽佩而生欣羨之感。

二、在小龍坎觀陪都戲院之卡通五彩電影，青年節我們要自己慰勞自己。遇侯澈及堵道允，知敬輿先生來小龍坎設診所也。傾談導淮委員會情形，不勝慨嘆，綦江閘壩之功敗垂成，尤足浩歎。今日工程界之不景氣如此，誠令人匪解？奈何！奈何！

三、晚間為伙食問題，大家又起辯論。余對育興及純青之不能認識事實而判斷而辦事而發言，表示大為不滿。同時以本人不願預聞他事，擬安心讀書，故不參加表示意見，但以老資格勉二兄努力幹之，故頗引育興之不滿，乃以「老王固執」批評之，並謂「人家的批評，總不失鏡子作用」也。老段則乾脆批評，「老王的成見，總認自己是一切皆才能遠勝於人，瞧他人不起，或更瞧黨部的人不起，自己做事能幹，別人皆不能做事」。此種率直之批評，確是非常中肯，雖余非一定自己驕傲出此，但表現於外形，恰是如此情形，更為大家誤會是如此。此點甚可為余之驚覺也，起碼「態度上要加予修正」，否則徒勞無功，見棄於人，見誤於人，的確自己太吃虧了。

3月30日

一、赴倍學姊處，談及家常瑣事，對彼之之平日樸素太甚，以致衣物不整，易引起老翁及同事之批評者，善慰稍寬自持也。同時並觀個性再加磨練，忽在丈夫前發燥。蓋辦公回家，急需精神安慰，果返家而生氣，疏失家庭意義也，諒可採納也。

二、本部中山室之零亂腐敗至於極點，張崇武之不自振救自愛，固為可惜，但科長之不善誘導督責，實難辭其咎也。反觀科中同志能如斯者，皆自愛之力也，否則不知將胡底？故自愛者，乃有前途也。「人必自侮而後人侮之」，信哉。

3月31日

一、與文祺晨談石壁山，頗為暢快，心靈有感，乃賦詩以自慰之，但以欠平仄為憾耳。

其一　晨談石壁山（與文祺）

空山雨後無邊新，極目田疇處處青；

相與詠吟三五遍，思慮澄清心境明。

其二　晨談有感（贈羅兄家寶）

勸君莫貪春色夢，勸君惜取好韶光；

有書堪讀直須讀，莫待無書空自傷。

二、克誠來信，擬於明日來新也。發君淮、耀廷、福順、志英、懷基、衍璋、際輝信各一通。

4月1日

一、接平弟自李莊同濟來信，決心輟學一年工作，並告桐蓀哥自「明明」夭折後臥病迄今，頗為懸念不安，自近日未接發信，正念中，故更念念不置，即航快慰之。並轉函祝三勸慰，並謝關心之厚意——品益妹余實則並未認識也。

二、克誠謂今日擬來新，但未到。澈弟來，暢談淮會情形後即去，約明日午時再來敘。

4月2日

一、午前參加紀念週。午時打牙祭，七人吃肉三斤，淋離痛快，加油不少矣。午後侯澈來玩，吃晚飯後始去也。託辦黨證，當力代為謀也。

二、柳克述所著政治學簡單扼要，為一完善政治學摘記，二日即讀完矣。

4月3日

一、接桐哥三月廿三日來信，至以為慰。前雙生二孩，一名「黎黎」，一名「明明」，此次則「明明」夭折也。桐以精神稍悶，工作亦煩，故身體微有不適，胸前發痛，近則赴昆檢查，尚無妨也，但今後似應注意，以防肺病也。偉嫂關懷士事，曾轉寄六姨夫婦來信，但以遠隔異地，恐不能即歸為慮，故信中甚恐即行即離為憂也，但原則上甚表贊同也。余則以士遠居家鄉，通信不易，見面更不易，自己不能相識，總屬憾事。況士多病，身體不強，與學歷俱淺，不能服務社會為缺點，故考慮之點亦多。但總想做朋友，互勵則不妨也。

二、開始讀王氏高中本國地理。

4 月 4 日

一、與家寶兄赴紫金溝楊副官家，談及何總長有改任委員長說，白崇禧則任總長，陳誠則任軍政部部長。果副團長改任軍政部部長以後，則戰團同學當可稍抬頭矣。

二、與育興談心，堅主放棄「小女人」之追求，此乃無益而徒勞也。

4 月 5 日

春意惱人，心緒紛紛。閱讀諸友來信為快，對偉哥及姨夫之殷望至感，但仕之臥病，且迄無來信，殊為念念。為力求良心自安，無負偉意起見，信手致函仕妹遠慰，特囑家居宜心平氣靜，善自攝養，暇操家政，學習女紅，並教弟妹勤學，亦足為娛也。

4 月 6 日

一、中山室新購大批圖書，其中關於高考書籍甚多，今後可利用研讀矣。

二、正權兄介梁何迅兄來新，以過去毫無認識，且亦無缺可謀，婉卻向軍黨處進行可也。正權兄證件業衍璋兄已寄此，即帶交也。

4 月 7 日

一、接鳳樓來信，感慨殊多，摘錄一二如下，藉資紀念耳。

「窮而有節，可以相互慰勉者，無有其人。公餘之暇，非悶坐案頭，即沉醉於影院，如此生活，本非生性，願為而為，實由悶極而作」。

「今欲得志同道合、性趣相投之窮朋友、苦同學，亦復不可得，真令人感到宇宙之空虛無望！」

有血性之青年咸有同感，能不悲乎。

二、接國楨兄信，知沙府不願受三千元，聲言戰後再說。擬即擱置，三千元暫劃新待用。

三、生活苦悶，然亦庸人自擾。觀彼無知無法者，不亦自樂乎。況以總理之大仁，尚曰：「天下事，其不如意者十常八九，要在吾人之堅忍耐煩而已」。

4 月 8 日

晚，育興與純青為伙食意見不同爭吵，面紅耳赤，似有過分耳。

4 月 9 日

一、紀念週，部長報告各處工作情形，特黨部獨蒙嘉獎，誠自愧慄。本部對下工作或可，對內則一塌糊塗，何來其成績佳乎？此亦部長失實之批評也。

二、合作社弊案發，部長引咎用年輕人之失當。從此年輕人印象壞，殊可嘆也。

三、下午天雨，春惱人愁，無奈眾皆臥床閒談，漸入夢，竟至五時而起，半日消磨矣。

四、晚則興奮過度，不復成寐。余讀「少年維特之煩惱」三十三頁，直至中夜十二時始睡。

4月10日

一、舉行第十三次幹事會議，大家抱著敷衍工作的態度，會場是如何的蕭殺，毫沒有活潑討論的情緒。我忍受不住這種感覺，心中碰碰地跳，完全不滿意它的一切。

二、為了伙食問題，書記長叫本科同仁到書記長那裡去，要我們答應吳家桃同志入伙，結果是勉強遵辦了。一個人到了大家鄙棄，我想實在太可憐了，值得自檢。

4月11日

一、鶴亭哥來晤，知他要在十四日去新疆工作了，臨別時到汽車站，說「抗戰勝利後再會」。這種口氣，真使我感動，對於他的奮鬥精神，我祇有佩服，我更佩服了工程界同志的這種艱苦精神。他的家仍放在歌樂山，要我時常去看志英姊，我滿口答應了。我決定要在最近二個星期中去看，或者就在一、二天之中。

二、接見坪兄來信，囑照呼潤妹。這種兄妹之愛，我也感激，可惜我始終沒有盡到力，現在更失卻了連絡，這使我太難受了呢。

4 月 12 日

一、鳳樓代訂了中央週刊和國風全年，計九十一元六角。他希望我的推銷中周是沒有能實現，我很慚愧，同時，今日金錢的作弄，也太甚了。牽涉錢的事，大家頭痛。

二、最近看了「少年維特的煩惱」，繼著看「茶花女」。名小說的閱覽，也是調想性的要求所趨吧。

三、鶴亭的奮鬥精神，及為國家工作事業，拋妻與子女不顧，實在偉大，我對他嚮往呀！

4 月 13 日

科務會議，知本科工作精神低落矣，科長勉保持青年精神。

4 月 14 日

春色惱人，似乎需要談談女性來調劑身心。但現智針對現實，似乎不可能來談女性事，而自盡煩惱。矛盾的心理在心頭絞著，奈何為歡。

4 月 15 日

一、部務會議，書記長以特拜員嘉獎本部而勉勵同仁努力，但自己知道差之遠甚也。更滑稽者，中執委於卅二年度考核時，稱本部「生產運動與新生活運動推行較差，而社會服務與巡迴督導制度為優」等評語，殊屬出乎意外之荒謬。蓋本部絕無「生產運動與新生活工作」二項中心工作也，至於社會服務為本部新辦工作，亦無顯著成績可言。談及巡迴督督制度，則尚係過去數年之辦法，不知何得而依之考核哉。新橋本部離國府路中執會僅咫尺耳，考核之成效如斯，何言哉！

二、近日電燈房電燈熄滅，而本部以副官不負責，同時桐油被借盡矣，乃成黑暗世界，誠不思議之極矣。

4月16日

紀念週，副部長報告最近公文上之感想，摘其要為：（一）公文處理之混亂及■事紛擾，尤以不合理公文之紛擾，貽誤要公；（二）論述外人守法精神之佳與國人守法之不良，並申論今後兵站之危機——不能配合盟軍作戰。

4月17日

接祝平信，知仍擬工作，但轉來偉哥信，知桐哥病已痊，至以為慰。桐意亦囑祝平直升大學，與我們意見相同，至以為快。去信仍囑直升為佳。

4月18日

一、毛志同來敘，暢談舊情，至以為快。志同為吾儕老大哥也。

二、接渝市六政同學聚餐會之通知，已訂本月廿二日敘舊，並歡宴柳公劍霞也。

三、老三隊同學楊文達與段純青善，擬設法來此工作。彼係藝術隊同學，果能來此工作，似亦為佳也。

4月19日

讀大公報「政治風氣之轉移」一文，儻論至足感人，摘要以自勉焉。

甲、風氣與人才之關係如影隨形，如有如何之風氣，即有如何之人才。上以何求，下以何應，尤致歷歷不爽。

乙、必一國之人才盛，公論伸，國運始能昌隆，而國事亦始有可為也。

丙、自來人才之不足，非必由於人才之缺乏，亦由取之、任之不以其道。上苟求賢若渴，毅然排去巧言色之徒，進用剛毅木納之輩，則下之應於於上者，亦遂皆能持正不阿矣。此事言之若易，行之實難，蓋以正人之難親，小人之易狎也。

丁、親近小人，可以遂我之私，任用正人，行將遠我之欲，其間蓋有苦樂之別。朱子曰：「若用剛明公正之人以為輔相，則恐其有以妨我之事，害我之人，而不得肆。是以掄選之際，常先排擯此等，置之度外，而後取凡疲懦軟熟，平日不敢直言正色之人，而揣摩之，又於其中得其至庸極陋，決可保其不至於有所妨者，然後舉而加之位，……夫其所取之者如此，故任之不得而重，而彼之能任亦輕，以至庸之材當至輕之任，則雖名為大臣，而其實不過供給唯諾，奉以文書，如吏卒之為而已。」

戊、不良風氣之改變，須恃兩方面之覺悟。一在在上者，當局者用人，應一秉至公，不雜一毫私見，刻刻存一為國求賢之念，而非為自己覓爪牙，始能疏退群小，起用正人。一方面亦恃在下者自己振刷，始能上下相尚，共成風氣。

己、士之獻身國家，為公家辦事，貴能自尊，自尊者人始尊之，亦視其欲自居於何等人，人亦自以何等人視之。出外服官，不論官階之大小高低，千萬勿忘其服務之對象，對象為國家、社會，為全體人民，而非為一人。官者，公也，非為某一人之私人也，出仕為展布、為利濟，非僅為衣食，為富貴也。孔子曰：「富與貴，人之所欲也，不與其道得之，不處也」。孟子日：「萬鍾則不辨禮義而受之，萬鍾於我何加焉」。出仕苟為富貴，則患得患失，無所不至，孔子所謂：「鄙夫不足以事君」也。君子小人之別，即在態度之不同。君子之事上也，在「將順其美，匡救其惡」，小人之事上也，抑且「長君之惡」，一則「以道事君」，一則「阿諛苟容」，是亦由於此兩等人之用心不同。賢者之用心，念念在國家民族，佞人之用心，念念在身家利祿。一公一私，是其大別。必也一國之政界皆能只知為公不知為私，上明下直，以道相督，一國之風氣，始能醇厚。

庚、政治上向來還有一種不良之風氣，即當權者喜聽諛辭，惡聞直言，諂諛順旨者獲賞，直言極諫者羅刑。於是下之應於上者，亦遂共持暗默以為得計。讜言不聞，正論不伸，此國之大患也。吾國向來注重通下情，開言路，即欲求公論之發舒也。然揆諸史實，下情蔽塞，言路不開之時多，而下情上達，直言不諱之時少，尤以邦無道為然。

辛、邵穆公曰：「民當導之使言，而不可禁。」語云：「防民之口，甚於防川」，與其遏之使橫決，盍若導之使就範，川壅而潰，傷人必多，鉗制禁錮，適為厲階。

欲造成人人敢為直言讜論之風，亦恃在上者之倡導。在上者須能虛心接受國人之意見，大度包容各方之批評，勿好同惡異，而能聽納逆耳之言。須使人人人能坦白發表其意見主張，敢於知無不言，言無不盡，真理由是而明，情緒以是而熱，責任心亦因之而加重。自古以來，當軸能納忠言，多致郅治，反之，愎諫自賢，詳不覆敗。故陸宣公曰：「從善訥諫者糜不昌，愎諫自用者靡不亡」，可謂幾成政治學上之定理。

4 月 20 日

接四月十六日桐偉航快，告訴我：（一）桐哥已痊愈，為快；（二）寄我黎黎照片，為紀念「明明」之夭，改「黎黎」稱「黎明」；（三）徵求吾意，叫綵、仕、芸三妹出來，否則芸應早擇佳偶；（四）詢曹荃朱家情形；（五）囑常訪志英姊也；（六）證件已設法中。暢讀後至以為快也。三妹是否來後方事，至足考慮。第一、綵來恐影響祝平求學；第二、仕來恐影響余之決擇問題，結婚更限制我發展，她之能否工作，亦一困難事也；第三、芸之是否配祝三，亦有問題。次在父親之意與交通如何耳。

4月21日

一、新做美國卡其布中山裝壹套完成。此料係公家所發，工資亦公家所付，本人不費一錢，時值約七千元，此乃發實物之便利也。今日公務員之困苦已至極矣，祇有發實物才能解決一部份也。

二、閱大公報，知江陰同鄉會舉辦春季聚餐，並由同鄉陳廳長桂清、吳參事文藻分別演講云。余以晚悉，不克參加為悵。

4月22日

一、近日研讀總理遺教，頗感興趣。此係中訓團所編，較有條理也，擬於本月內閱完也。

二、本日為六政同仁聚餐，並請柳主任劍霞訓話，準期參加也。

4月23日

一、午後赴重慶參加前六政同仁之聚餐，計到柳前主任克述、郭主任秘書驥，及郭大風、簡勁、黃超人、羅恆、董德明、毛鳳樓、粟正權、吳普揚、程卓如及余，楊育興、盧瑞堃、潘佛海以事未參加。

二、六政同仁來渝後，仍本一貫之革命精神工作，至足自慰矣。聞張主任秘書肇融，及黃華、劉志義、李鴻儒等同學即將繼來也。柳公對黃華之能埋頭苦幹，頗表讚許，囑郭驥設法調渝也。聞長官將出任軍政部，未知五月中十二中全會如何決定也。

4月24日

一、晤軍訓部廖彩治同學，談及總政部派員赴軍訓部交涉學籍事之經過，知關鍵在步兵監楊正治之不易通過也。擬請柳公設法也。

二、晤戴祖雲、唐忠業，商談通訊隊併入母團學籍問題，並勉彼等先行連絡，及開始以同學地位向各方面連絡之。

三、晤緝熙先生於林森路八十八號華僑銀行（彼任會計主任），別後七、八年，一旦歡敘，快也何如，相談恆半日，政治、軍事、經濟無所不談也。繼同訪克誠未遇，旋至錢德昇先生處暢敘也。

四、晤新自祝塘來渝之華文嘉弟慰堂先生之太太，詳悉祝地情形。現方畸零擔任忠義救國軍團長，在祝頗有聲勢，凡遇鄉人之不合者，並得自由處極刑也。商人以負擔重為苦，日軍亦時抵鎮「檢查良民證」等，並至方家抄搜畸零云。畸零為祝小吾師，思想確屬前進有為，不失為吾鄉忠義之後秀也。

五、緝熙擬發起祝塘人聚餐，並檢討吾鄉人物落後諸原因，及澄邑同鄉不能上進之諸因，皆具同感焉。談及余之前途問題，囑向變通行政之途努力也。

4月25日

一、昨日接父親三月廿一日來諭，知家信皆收到為慰。陳國楨劃款及光照劃款亦皆付訖，但以此間沙府之不獲清理為憾耳。今日囑國楨兄再代設法一詢沙府意，如五仟元可解決，仍擬解決也。此乃以告慰家中大人之念念也。

二、接芸妹信，知家居悶悶不樂，擬工作又不獲，意中頗欲其來後方工作。想以彼曾學會計及服務社會，來渝工作必可無問題也。去信桐偉徵同意之。

三、科中同仁近以相處太隨便，故勿生流弊，易致雙方口角，今日詹再吾與張厚菴即如此。今後對科中同仁，似宜稍持嚴肅態度矣。

4月26日

一、本部參加鑑先杯籃球賽與防空部對壘，幸告獲勝三分，誠僥倖矣。

二、北戰場中原會戰激烈進行，鄭州情況不明，虎牢關則堅守殲敵。

三、芸芳妹擬囑來渝工作，正縝密再三考慮中。

四、近月來讀書安心，精神似見稍佳，工作清閒，亦一主因也。沙府事延延不清，殊悵。囑國楨兄以伍千元清結之，以了心願，否則祇可聽其自然而已。

4月27日

一、本部發米代金，據云仍係一〇八元壹斗，而他機關則早已發一八〇元矣。今日無家眷在渝之同仁，不能領食米，吃虧特甚，而代金之發給，又不能早日依照規定發給，可謂吃虧了又吃虧矣。中國之事，患不均也，甚矣。

二、本部邀電影攝影場放「新國民」，計有蔣夫人訪美、開羅會議等，頗開見識之廣也。現代戰爭之進化，更使吾人覺落伍於時代也。

4月28日

接杜潤枰自貴陽來信，詳知脫離國立貴陽醫學院後，以謀事中途人事復起，致遭失業，流浪於每武進同鄉家中，極為艱苦，舉目無親，乏人協助，更以為苦。前囑訪月芳姊後，亦以曾告貸三百元，故日後不好意思前往矣。以一少女而飄流異鄉，雖得接受中等教育，但仍人事、社會情形實不熟悉，則流郎之苦，更以今日生活之高，實有難受也。當即去函慰勉，並囑即晤芳姐一談，並允設法接濟也。並即將此情形轉告月芳姐之，同時即擬代覓工作來渝為妥也，如此方可無負於鑑枰兄之囑托照應矣。

4月29日

一、近日以父親來諭及芸芳妹信皆未復，心中懸懸。此以芸芳妹是否囑令來渝壹節，尚未決定也。但芳妹來渝工作似屬可能，小教工作，更有把握也。

二、發信陳國楨兄，囑代劃匯千元至潤枰妹處，以供急用，並代謀工作。他則衍璋、正權、克誠、德昇、思信皆囑分頭進行，是否有望，念念。

三、遊華嚴寺，並舉行本科生活小組，計參加全體同仁十三名。又適值為李科長任職二年紀念，檢討以來，以策勵勉焉。華巖古寺頗宏大，川中之古剎也，僧約百餘名，內有印度來玉佛及藏經為貴，現經濟部辦事處居焉。眾喜抽籤求吉，余亦應之，得廿八籤上吉，解曰：「公侯將相本無種，好把勤勞契上天，人事盡從天理見，才高豈得困林泉」，意固迎合心理，以有惕焉。

四、羅家寶兄之小愛人楊瑞珍返新，老羅終日沉醉彼家，誠亦幸福矣。

4月30日

一、國父紀念週，副部長報告豫中戰況頗為好轉，為慰。但兵站事前缺準備，故臨時手忙腳亂，有失主動，勉大家要記取教訓以奮勉也。

二、與廖弘兄談本部同學情形，擬五月中舉辦茶會一次，以資連歡。知潘茹剛高參與桂教育長善，為彼老部下也，故對戰團同學頗善。今既有鄉誼，更加連繫，似屬必要也，擬不日趨謁，況紀念週時常相熟也。

三、書芸芳妹長信，囑決心來渝工作，其理由為：（一）芬妹已出嫁，可勿提護矣；（二）穎弟已長，可代爸爸分勞矣；（三）繼母稱賢，爸爸可得愛護矣；（四）來渝工作較便，任小教或會計皆可；（五）即來暫住倍學姊家，從容謀事亦可也。書穎弟，囑贊助芸芳姐來後方工作。

5月1日

一、決心退出本部伙食集團，以避免一切因伙食而引起之煩惱。

二、與文祺友善，脾氣亦相洽，思邀赴彼家同食也。

5月2日

一、文祺接父親信，知彼未婚妻郁瑞霞已於三月初自南京起程來渝矣。對彼未來婚事之發展，至為關切也。

二、開始為公演四幕話劇「此恨綿綿」忙矣。

5月3日

一、整日為佈置會場忙碌，以見臨時倉促也。

二、赴參謀處晤繆吟聲、潘茹剛貳同鄉，並贈票及暢談澄情一切。

5月4日

一、社會業務處業餘劇社公演四幕話劇「此恨綿綿」，情形尚佳，余任總招待，強可應付而已。

二、演出成績尚佳，女主角黃小姐燦珠、許小姐靈英出乎意外之成功。

5月5日

整日為公演話劇忙碌中，余任招待工作之全責，成績尚佳，自慰。

5月6日

一、演出至中途，忽因電廠停電，致剛及三幕，被迫停演，誠屬憾事。

二、少數觀眾不諒解負責當局之苦衷，在停演期中，竟公然吵鬧，不肯退去，苦口解釋，亦仍有意為難，致引起前後台公憤，將主事人員拘禁。

三、此次前台軍警憲皆能密切合作，維持秩序，堪稱打破歷次新橋公演記錄。

5月7日

一、為補演昨天晚場起見，本日午後二時起加演日場，演員亦辛苦矣。

二、晚場特別加強警衛，監護營高明幹事服務尚熱忱，但個性仍太燥急也。

三、後台秩序欠佳，更時至前台搗亂，殊屬憾事。副部長公子端木鈴與衛生署某科長之子為最，中國少爺公子沒出息，又以如此為榮，誠可痛矣。

四、此次前台同仁，頗能合作盡職，四日來經過良好，堪以自慰，而任勞苦幹不計報酬之精神，又可讚許也。

五、少數搗亂份子皆本部副官之類，殊可痛恨，自己不守秩序，反以為榮，可悲之至。

5月8日

一、整日在清理票款及整理休息之中。克誠信可替潤枰謀工作，即囑快信寄履歷及志願之服務條件，憑代進行。

二、楊育興修養欠缺，與張厚菴等每生齟齬，甚憾，平心做事總可通，何必急燥。

5月9日

一、接父親及芸芳妹三月卅一日來信，知家中安吉，至慰。即復，仍囑芳妹能來後方工作，穎弟則囑練習寫信為妥，叮囑與繼母洽處及愛視生弟妹。

二、接潤枰妹信，知曾試郵務員考試，並有錄取希望，寄來履歷四份。知係國立第三中學高中畢業，並入貴陽醫學院肄業，年亦廿二歲矣，仍擬來渝工作。囑自己決定可也。來函有稱「能忍厄運，諒亦能任大事」，女子有此心胸，殊可欽慰。

5月10日

一、參加駐渝單位幹事會議，決議舉行樵峯杯第三屆球賽，及六日舉行黨義測驗。

二、近日郁文祺因家庭瑣事紛集，精神至感痛苦，余屢善慰之：（一）曾瑞英即來，色相品學是否能滿意，其一也；（二）既來之後，如何處理，求學乎？家居乎？負擔更加重為憂；（三）房屋太小，房客更為難不遷；（四）店子本錢太小，周轉欠靈，雜七八拉，似乎看了心煩；（五）老母終日奔忙，內心亦不安。余對彼之處境至表同情，竭願量力助之，而對母愛之偉大，常使余自傷，更感同情於彼及母矣。

5月11日

文祺之小店開掉牆壁，邁向進步之途，但事前之甚費躊躇，可謂困難甚多。然既開之後，即顯光明又進一步，故萬事突破困難必有進步。

5月12日

一、購豬肉半斤，價六十元，憶廿八年入川時僅一角二分壹斤者，倍增壹千貳佰倍。戰時物價之暴漲如此，誠屬驚人，而通貨之澎漲，亦可見矣。

二、十二日以來第一日開始吃肉，半斤四個人吃（加郁母及妹），且吃二頓，可謂盡經濟之能事。以豌豆助煮，味甘而美，稍得慰也。

三、得平弟信，知學校畢業後須服務一年矣，此乃國家規定也，但工業暮氣沉沉，工廠紛紛倒閉，崗位無法覓得為慮。今日民族資本竄入屯積居奇之商業圈而溜出於工業資本中，誠可憂慮之問題矣。

四、天時苦旱，禾苗不能插秧，頗為今年秋收為憂也。

5月13日

一、中原戰事日緊，洛陽已入敵人四面包圍之境，前途至慮。但已轉入豫西山地，地勢或可有利也。

二、得通隊老同學謝祺來信，現任中黨部工作，至以為快。

5月14日

一、天降甘霖，農田慶雨，秧苗可普插，至以為慶。

二、紀念週停開，文祺母購魚數尾煮食，味甘而美，快啖至樂。後育興、純青同來快飲，誠更快矣。

5月15日

一、前綦江所製新運呢制服壹套，以工裝不合今用，乃赴拍賣行出售之，得價壹千二十元，擬以五百六十元購合作社新分配之皮鞋也。

二、得前通隊蔣述聖同學來信，知現任軍政部五八電台台長。彼以過去最落任之一員，立志研習，仍告厥成，可知人而立志，豈有不可成之事哉。

三、本日開始樵峯杯籃球賽，參加者計六隊，以鐵、交、監較強也。

四、囑張班長德配代文祺家伐竹樹數枚，擬以作修補店櫃之用也。

五、文祺小店困於資金，難能發展，然以家用太重，勢非如斯也。今後之額度發展，非厚集資本不可，否則「斧底抽薪」之法，終難有望也。故擬囑文祺力事節約一切，以圖移充周轉基金也。

5月16日

一、補造之貳月份工作月報，倍覺工作之缺乏真實性，今日官場敷衍成風，奈何！

二、接緝熙伯來信，知鶴亭曾於去新前晤及，至慰。目下女子工作頗不易，故芸妹是否能來渝後迅速謀工作，亦一將來嚴重問題也。今為準備計，擬必要時暫居文祺家可也（曾瑞英來後），故今日決心助文祺建立商店基礎，故於五、六月中停止一切物質建設及活動費用，抽調三千元備用。

5 月 17 日

一、接潤枰信，知五月九日收國楨兄壹千元，郵務員初試亦及格，口試諒可無問題，今後可得安定工作，至以為慰。

二、西南聯大教授發表對物價問題之再度呼訴，頗為中肯，誠時論中之切要者，政府允宜決心接受建議實行也。

5 月 18 日

我軍滇西部隊強渡怒江成功，開始呼應緬北國軍之攻擊行動，目的所在，當期打通中印公路，以開放我陸上之國際通道。此次強渡之部隊，為一年來接受美國訓練之優越隊伍，武器裝備及訓練皆屬優良，且獲美國特種部隊之協助，故勝利甚可操左券也。洛陽外圍戰事仍烈，但我軍仍能機動主攻及防禦也。報載林祖涵參政員來渝，果能中共曉於大義，共赴大難，而消俔牆之爭，則奮西北新軍出擊，而八路軍斷敵之後，大局必可轉佳也。

5 月 19 日

一、驚聞本部陳副部長勁節患腦充血病逝，不勝傷悼。

陳副部長氣量宏偉，效忠後勤工作，追隨革命軍迄今已歷廿餘年，功在黨國，遽爾逝世，誠國家之嚴重損失也，亦本部之重大不幸。據聞陳副部長學歷至淺，僅一小學畢業生，但以勇於任事，勤於學習，富於經驗，而尤識廣膽壯，故能歷任艱鉅，為當局器重，故克臻今日之翊贊中樞。故人而能自強，天下事烏有不可為者哉。

二、王雲龍兄赴鄉省親（河南），乘車過新，並悉陳幹同學來部調度室。

三、戴秉鐸兄欲離廣播大廈來後勤工作，不知可能成功否，但得副部長奧援（同鄉懷遠人），或可有望也。

5 月 20 日

一、河南戰時日緊，陝州已陷，潼關顯已吃緊，戰局可慮。

二、全國行政會議即日舉行，集全國政治賢能於陪都，共策國是，良可多所獻策者，不勝盼望之至。

5 月 21 日

一、晨擬赴歌樂山訪鶴亭家，結果以車少人多，不得乘車之機會，悵甚。

二、適繆參議同在乘車，傾談部務及前途問題，曾討論及設法入「高教班」深造問題，但以黨務機關不能保送，部方亦素乏培植幹部熱忱，故進行較難云。近對前途問題甚為憂慮，蓋久居於此，不思長進，甚有落伍可能也。以吾人之平凡庸才，不遭遇逆境或強制而為之之環境，實不易前進，則今日之停留不前，學歷太淺，甚難望其前途發展矣。

三、科中同行最近期中皆發動戀愛攻勢，皆有相當所獲。家寶兄以正當途徑前進，成績顯著。育興兄以埋頭苦幹滲透作戰，成績轉優。文祺老弟雖不進攻，但有家中為之說合，促未婚妻來川，亦可一談愛情矣。純青兄亦亟亟欲試。獨余寡慾如昔，矛盾之思慮太多也，然年華不再，誠亦足吾人憂惕焉。

5 月 22 日

閱讀總理遺教「民權初步」，此乃集會常識之最要者，余迄今未得研讀，誠愧矣。國人之缺乏公共智識與素乏團體常識可知一二，蓋以身任黨政工作者，尤不能精研斯書，況於普通之國民乎，毋怪國民政治水準之低劣矣。

5 月 23 日

一、接萬治平兄信，知有脫離時與潮社，另謀本部黨務工作之意。

二、晚，眾人樂為「擇蘭」之娯，並擬購「花生米」也。獨育興掃興，不與眾人相和，或為憾矣，余乃獨擇二蘭。育興屢於此等處斤斤，殊失大雅，而於煙則喜色必購，實亦不可理喻之者矣。

5月24日

一、洛陽戰局好轉，豫中我軍三路大軍反攻，胡副長官宗南表示戰局前途樂觀，必能盡殲渡河之敵。豫南我軍已截斷平漢路，反攻魯山，果能順利進展，當可能再演常德會戰之大捷也。

二、檢視祝平來信，知仕妹或不可能接愛於我之熱情，此因彼仍在病中，並以戰事不知何日結束也。余亦僅希望建立友誼，先相互認識，同時能慰彼家居之苦也，至為余而有損及彼之一切行動或煩惱，余誠不願加於彼也。

5月25日

一、楊育興同學經科長簽准遞補幹事缺，空缺由張銓同志新補。彼曾在戰團受訓而未畢業，後入中訓團青幹班受訓者，今以少校助校遞補，並擔任駐外直屬區分部暨團黨部工作云。

二、科中人事調整，倪筱春同志專管新運會工作，張崇武降調錄事，由龍彪同志調宣傳員缺。如此則科中人事，可謂十分健全矣。

三、赴本部中山室，第一次晤及六長官部同事陳幹同學。彼年少英俊，係軍事隊一期畢業者，曾隨長官甚久。據云副團長已赴河南擔任洛水右岸軍團之指揮，至將來工作，則軍政部部長可無問題云。

四、陳幹同學發起同學聯誼會，余亦早有此意。經約集十餘同學商談結果，決定在六月五日舉行，每人茶點費伍拾元，以本部同學為限也。

5 月 26 日

一、領得公家新發軍便服貳套、軍常服壹套，連前卡其布共四套，可謂此次國家優待矣。

二、武崗分校見習官五員來科見習，科長分別指示工作事項。

三、文祺弟年輕負盛氣，每易偏激而批評人物，此次曾引姑母之不諒解，而來函責詢。吾儕之「疾惡如仇」，而無容忍之度量，誠亦缺點也。

5 月 27 日

一、發本月份薪津，得洋捌百餘元，不足購一襯衣耳。

二、五屆中全會第十二屆大會於本月二十日舉行，迄廿六日閉幕。對於「物價」、「政治」、「經濟」、「地方自治」等案，均有重要決議。組織部部長朱家驊辭職，由陳果夫繼任。

5 月 28 日

星期日停開紀念週，與文祺同赴歌樂山鶴亭家，越山爬嶺，精神至為愉快。抵龍後購雜糖百元，以娛勉、勵也，購「看圖識字」貳冊，以為勵之讀也。志英姊精神身體均佳，甚慰，家用一切均稱便，較綦江尤佳。勵已活潑可愛，倍為聰敏，勉知集郵，亦可嘉，志英得勉、勵慰藉及教育之，可有寄託矣。閱鶴亭信，知已安抵天水而轉蘭州，又於本月十五日抵蘭，稍停即可入新矣。此次正團長陶 ✗✗（希聖之子）臨時不往，亭得獨主其事，至佳。彼願擬邀余共赴奮鬥，並擔任事務會計之責，惜以會計不熟，且新來黨特，又奉命出發視察，故不獲如願償彼耳。

5 月 29 日

一、敵人發動湘北鄂西攻勢，江南戰局轉緊，形勢已成全面拉鋸矣。

二、陳幹、廖弘等兄發起戰團同學茶話會，弟當贊允，但恐無結果，故亦遲遲也。龍彪兄辦事欠機密謹慎，今日「通知」就弄的不清楚，至以為憾。

三、陳國楨兄劃款，倏已半載，二千元尚未寄新，與原意違道而為，做事誠不快。見枰兄之妹潤枰尚無信來，亦為念念。

四、發家信並附致見枰兄信，詢芸妹是否來後方，並轉告潤枰近況。

五、接潤枰妹來信，知已考取中級郵務員矣，不久即可分發工作也。彼現年二十二歲，尚未結婚，且志切求學。彼頗能吃苦耐勞，且家庭環境亦係前母所生，而流浪在外攻讀之遭遇，誠亦可佩。在生命史中之遇遭，似多可足資互勵者，今後擬求為友，藉互為策勵也。倍學亦有此意，望余自為，但自己總以學力稍低，不免有勇氣不足也。

六、本部公祭陳副部長勁節之專車覆一輛，受重傷一、二人，輕傷五、六人，誠不幸之甚矣。因思信兄亦進城，故赴倍學姊處告特黨部皆安也。適陳司長太太來談，甚洽。彼長女現讀青木關中大附中，前同仁等曾開玩笑欲余進攻者也，余視人材亦可，但欠強健耳。暑中有機，或可求面識之機也。

5 月 30 日

張銓同志今日正式到科服務。

一、郁文祺弟之未婚妻曾女士瑞霞自南京來渝，歷四十八日之艱苦跋涉，可謂堅貞卓絕矣。中午文祺得訊即赴城迎接，晚即同歸。身材頗適度，亦見大方，剛於去年脫離職校輟學，曾學會計，今後或可設法服務社會也。文祺能得此美滿之對象，深為慶喜矣，余深望彼倆能相親相愛，為吾科諸同志婚姻問題之楷模也。

二、本日在文祺家用餐，諸多便利，至引為快。今以曾小姐來此，房屋尤嫌狹小，且彼倆新處亦有談話不便之處，決擬下月下日仍返黨部公伙也。

三、發潤枰妹信，對彼在舉家東返之後，而能獨身在外求學之精神，頗致敬意。對一時不能升學問題，亦加探討，並勉自學之道。家鄉疫病流行，對彼所感迷信而不知醫學之惋惜，亦表同感。最後並告郵試事已轉告彼兄，及此間準備高考事。余對潤枰之奮鬥精神，確屬有感，以家庭年齡而論，實未嘗不可稍事接近，但自己學資太低，或恐遭輕視為慮。然則以余之能堅苦奮鬥，前途自信亦可造就也。果能以此事之順利發展，而鼓勵我之高考或更深上進，則幸矣。

四、發家信，新家字第五號，詢芸妹是否決心來後方，但南北戰起，交通梗阻，至以為念。果彼決心來後方，則仍願彼來也。致偉青信，告去歌樂山情形，並轉告偉哥平弟對士妹與余間之意見，以余而加深引起仕妹之精神痛苦，蓋深不願也。至仕妹之溫文雅靜，志英姊亦稱羨，為之賢妻良母誠可，但惜以余今年之力量，尚不足以養育妻室子女。況個人前途不定，自居徬徨之中也。

5月31日

一、此次曾樣遠道來渝，堅苦卓絕之精神，至堪欽佩。計在途四十八日，除巴東抵渝乘輪外，悉皆步行，抑亦足表示愛情之偉大也。同仁等為鼓勵文祺接受彼之深愛，及慰勞其辛苦與捧場起見，特邀育興、純青、家寶、龍彪等五人，約彼倆於中山室茶餐，並略詢淪陷區情形。應付場合，大體稱妥，亦遠較文祺為靈活及善變也。余等均甚為佩。

二、此後文祺負擔勢必加重，但事實環境如許，當力圖衝破難關，而創造光明。在此方面當稍盡棉力，除慰勵外，盡力予以可能之協助也。

6月1日

一、晨五時半起身後即赴高灘岩，參加陳副部長送靈之大禮。本部同仁全體參加，約千餘人，備極哀榮之寵隆，惜無後為可悵耳。

二、自送靈返經文祺家，便座吃茶。曾樣慇勤招待，週全頗能合度，品貌均稱上乘，同仁皆為欽譽，文祺亦誠幸福矣。

三、檢閱章樣之有關信件，擬酌予考量前途也。同時取芸妹及杜樣有關文件，擬同時考量也。

四、敵人發動進攻湖南，兵力在十萬以上，企圖打通粵漢鐵路，甚屬顯然。全國軍事已入緊張階段，豫省戰時尚未結束，滇西正在反攻，今湘鄂戰事又起，誠屬全面發動戰鬥矣。此戰在敵人係「先發制人」，我誠宜力戰以卻敵也。

6月2日

一、祝平弟在五月六日的來信，曾提起關係仕的事。他說：「你對於仕妹的熱，或許會得不到反應，不知近來有無回信。聽說他的病還沒有好，再加戰爭無限的延長，所以士妹沒有反應。不過深感你的熱情呀！假使她有回信的話，希望能成良友。」這無疑是綵妹的轉告和示意。我深信戰爭的延長，祇能創造更光明的愛的發展，此次曾樣遠涉數千里來渝，不是奇蹟嗎？

二、仕妹問題的發展，可說我倆反處於包圍圈內，給她們和他們左右了。我則始終受理智的控制，不願決心的表示意見。仕則心有意而意志不足，「戰爭無限的延長」，當然也是致命的脅迫，使她沉醉於愛的痛苦了。一連三封信沒有復我，當然是「無限痛苦」。綵的囑意祝平轉告，也許是她們姊妹的傑作吧！

三、為了繼續給些溫暖仕，今天決心寫了第五封信給它，並且送了一張照片予她呀。相信必能給予她莫大的安慰——比較了過去真實性的安慰——這也許是她病中最大的愉慰吧。在我，的確也是平生第一次給她們女性溫柔——而這些仍是取償於女性——曾樣——而發掘出來的。我曾鼓勵了她和芸妹為創造共同的幸福前途而淬勵，更提醒他「戰爭無限延長」，不能造成不可飛越的關山，不可克服的艱難。偉哥是先導，英勇的應該——。

6月3日

一、消費合作社大量分配了襯衣壹件，女襪乙雙，男襪貳雙，細毛巾五條，可說是破天荒啦。但近來經濟拮据，委實連分配的東西仍購不起，奈何！

二、湘鄂戰事日緊，平江已陷，汨羅南岸激戰，長沙已告危急。此次敵人蠢動企圖甚大，頗足影響整個戰局，正同為戰爭發展為念。

三、今日理髮後精神似覺煥發，整潔可以振奮生活，誠然不錯，故平生特別注重做事之條理，與處理財物的整潔。文祺近雖他故可諒，但任性散亂之習慣仍多，故囑注意及之，此亦相期殷切之出也。文祺初學辦稿，尚肯認真學習，余亦實心輔之。如此再期二星期，必可進步神速也。

6月4日

一、國民月會，部長主席，報告在遠征軍保山督辦兵站經過，頗著成績。繼報告在一戰區辦理兵站經過，檢討得失，至足以後改進之張本。現九戰區緊張，擬即飛衡陽坐鎮督辦兵站。

二、赴新橋鎮中心小學參觀成績展覽，成績尚佳，批評「教學有序」四字。該校校長駱繼倫對校務尚能努力開展，今後擬多予訪問，以資業小之借鏡焉。

三、午後在中山室參觀新橋小學游藝會，協助段兄純青進攻林寶娟女士，能與彼母（林家長湘太太）談話，且得機與林女士心照，機會至佳，段兄誠快矣。林女士除程度太低外，身材甚佳，舉止亦見大方，或可玉成也。

四、晤文祺母親，探詢關於文祺與瑞霞之婚事。彼母力主結婚，曾樣亦云：「祖母和父母親都說要讀書儘可在家裡讀，不然要結婚的話，就可到重慶後再回來。」又說：「我的母親以為路途艱苦和危險，所以不主張我來重慶，但我堅決願意來。」答的很得體，也可說希望就結婚了。如此情形（曾樣路途都備歷艱辛），文祺的確已沒有不即行結婚的理由，所以我們要協助和鼓勵他們經早結婚，樹立偉大的愛。

五、黃克誠兄來信，也是一鳴驚人，他已訂本月十六日

（星期五）在渝舉行婚禮矣，並囑早至協助一切。今日喜訊不斷而來，誠至可喜。

六、羅兄家寶小楊生病，陪他送千元到楊家。他也沉醉在愛中了，在新橋去年光棍的五個，今年皆已發動攻勢而卓著成績呀，還是我一個落伍。

6月5日

一、晚七時舉行後方勤務部戰團畢業同學聯誼會第一次茶話會於本部中山室，到本部同學十八位，情緒熱烈。對於今後連絡事宜頗多決議，嗣後並定每月舉行一次，待七、八，二月實驗成績優良，再組織新橋區戰團同學會之。並推余與周正琨、龍彪兄為負責人。

二、與文祺弟討論婚姻問題，余切望盼能建立幸福家庭也，育興、純青、家寶皆過度興奮，況值十五月圓良辰美景，百感交集，竟恆夜失眠矣。

6月6日

午前舉行憲政研究會第一次研討會，情緒熱烈，開本部之紀錄也。凡事果能提起興趣以赴，就能收穫成效，但水準之提高，確亦屬要件也。蓋如此方能互有見解，互為解證也。

6月7日

一、一九四四年六月四日夕，盟軍進入羅馬，軸心首腦的三個都城陷落了一個。

二、一九四四年六月六日拂曉，同盟軍登陸法國西海岸，千呼萬喚的第二戰場由此開闢，歐洲的大場面由此展開，納粹的命運將由此解決。

三、邱吉爾首相宣佈，「越過海峽進攻法國之船艦約四千艘，並有較小船只數千艘」。據云，昨日及今日清晨，盟軍曾在歐洲大陸作一串之登陸，必要時盟國可調第一線飛機一萬一千架，以供作戰之用。「吾人已希望曾在戰術上造成出人意外之舉，沿岸砲台之火力障礙大量均已壓服，大量空運部隊已在敵後著陸，盟軍正在各處灘頭陣地登陸。」

四、盟軍在法國北岸登陸前，戰事之序幕：（一）空運部隊及傘兵降落敵後；（二）英空軍兩次大規模出動，夜炸登陸地帶；（三）盟國各式兵艦六百餘艘海上轟擊；（四）天破曉後，陸軍登陸前的美空軍全面出動攻擊。

五、攻歐軍統帥——艾森豪威爾將軍，攻歐軍總部英軍總司令——蒙哥馬利將軍。

六、大公報五月七日社評：大戰概觀與我們「推論大勢，我們判斷今年夏天在歐洲方面必有決定性的大戰，今年秋季太平洋方面必將發生震動性的大戰，所以就說一九四四年是這次大戰的決定年，也不為過。」

七、回憶一九四〇年五月英軍從敦克爾克撤退，繼以法國崩潰，黑暗吞噬了半個歐洲，後來幾乎與東方的暴力連成一氣，而將世界毀滅。經過數年苦戰，血淚交流，今天能有這一天，我們聯合國人士首先得歸功英國的堅戰不屈，邱相：「戰在海上，戰在田野，戰在房屋」，而決不投降。其次，我們得歸功於蘇聯的英勇抗戰，它消滅了納粹德國幾百萬軍隊，將這一代巨強打得聲嘶力竭，給英、美以休養準備的時間。其次，我們更得歸功美國的作戰努力，「幾年來整個的美國，成了同盟國的後方，兵員、武器、糧餉源源運到各戰場……美國參戰成為最後決定德國失敗的力量。最後，我們也應該說，中國抗戰也有其功，假使中國停止了抗戰或抗戰不力，日寇藉席捲南洋的餘威，早就兵趨印度，而與納粹會師於中東或近東；假使中國停止了抗戰或抗戰不力，日寇便早會於兩年前進攻蘇聯，與納粹東西呼應，蘇聯的戰局，必大艱難。」——摘錄本日大公報社評「羅馬，第二戰場，東京」。

八、本日大公報社評又說：「它為什麼發動對湖南的攻勢？當然是企圖打通粵漢路，甚至貫通大陸運輸線，以便其在太平洋全局上得一可進可退之路。這誠然是『一石二鳥』的打法，只是時間不許可了。假設的假設，日寇繳幸獲逞，要修復粵漢路也須半年工夫，若再夢想貫通大陸運輸線，一直把鐵路通到中南半島去，連打仗，帶修路，最大成功，至少還得半年工夫。睜眼看吧！第二戰場現已開闢，由歐陸決戰到德國投降，可經三月而了。再想一想！如此大勢，半年以後什麼樣子？一年以後又什麼樣子？經此一看，經此一想，東京就明白了！」今夏是歐陸決戰時期，今秋將是太平洋決戰時期，時間逼人，無法回天，恐怕粵漢路尚未弄通，日本艦隊已沉洋底，大陸退路當無頭緒，同盟軍已在東京大街上列隊遊行了。

九、湖南的戰事，已入長沙的外圍大戰，河南也在隴海路陝州激戰，豫西魯山得而復失，形勢仍緊。報載李家鈺總司令在陝州督戰殉國，可見形勢與戰鬥之烈矣。

十、翁思信新搭蓋草屋兩間，費近萬元，但當藉士兵協助之力也。詹再吾也自力搭建，范秘書則公開利用兵伕協助……一切的一切，公務員是苦，有的人還更苦……

十一、晚應文祺約，赴彼家小酌。

6月8日

關於仕，擬長信致桐偉哥述一切，其：（一）即余對彼印象尚佳；（二）但彼反應不佳，當然因為我不夠積極和戰事無限期的延長；（三）我的態度以能否來後方為斷；（四）關於假使我後方的困難——生活亦不能維持；（五）否則既不能來後方，戰爭又遷延，不如就此各歸自由。

6月9日

一、接祝三兄信，已赴「開遠利工電石一廠」服務，至以為慰。久未直接連絡，至以為念，擬即去信並保持連絡也。

二、接君淮來信，暫借款允於月之中旬寄新。此款或擬轉借文祺結婚之用，但仍需於最近二月中奉還才是。君淮兄不失為知己中之可靠者，動之以利害，方能詳其情也，今後更可近一步連絡矣。

三、接正權信，謂常璋兄來渝，並帶自強牌臘紙數十打，囑代推銷，並謂六政現四、五科藉勢利用公款經商，壽昌、文思等頗為悶痛云。六政已非昔日可比，誠足浩嘆，然公務員求生不得其道，亦足憂矣。

6月10日

一、復祝三兄信，告對於菊芳不能來渝之情形，及芸妹擬來渝事，對仕之通信情形，亦曾述及，並告黃克誠兄與李俊彬女士結婚。

二、接潤枰妹信，知工作或可於七月底分發。來信頗謙遜，對彼之獎譽，對董增華先生之愛助，則倍為感激。對吾鄉教育之低落，亦表遺憾，並謂無一社會地位者得以倡導振奮人心，而倡辦教育也。對於余之高考，提出詢問何時舉行，並鼓勵前途無限。余素欲得一友以鼓勵余之從事高考者，其豈為潤妹乎。

三、與純青談同學合作及謀開源之計，所見事業前途志趣相若。純青之爽直果幹，實較勝育興一籌也，但學力則不逮也。余亦以學力有所不逮，故做事內心甚懼，勇氣屢有不足，而況固執主觀之見太深，每見固步自封之失，潛力自學，或為得也。

6 月 11 日

一、赴天星橋劉浩同學處塗軍人魂之鎳。該廠係五金工廠，資值約六、七千萬元，純係出產五金用具者。工人約二百人左右，每日工作約十三小時云，職員及工程人員則僅十三人耳。

二、赴小龍坎，得晤侯澈，暢談導准近況，頗慰。炳林兄得入准班努力攻讀，國家能予有志青年造就，至足告慰也。澈亦能進修會計，並參加普考，誠足為慰。吾輩年青能得力學上進者，互勵即足矣。

三、候文祺與瑞霞來，但迄六時半不至，知有他故矣，返後始知逕抵新橋也。晤黃祖榮兄之父親，知彼近好，尚能力學，尤堪為慰矣。

6 月 12 日

一、晚赴四川省銀行參加經濟研究處同樂大會，精采而甚為熱烈，迄中夜十二時半始散。

二、近日為文祺兄結婚，甚感經濟拮据而辦事之困難，余決盡力從事籌措之。今日以經濟而左右友誼及工作者，誠太甚矣。

三、送黃克誠禮金洋壹仟元整。

6 月 13 日

一、本部以經費增加未准，故特為拮据，一切均見緊縮，目前一大部份工作已皆陷於停停狀態中。

二、發正權兄信，囑可能範圍內代籌貳千元，以供不時之需。迄今國楨、君淮款尚未到，頗以經濟不能自由流動為苦。

三、科中同事，其能耿直者，純青兄或近，厚菴兄大體亦可有取而已，他則徒善辭令，作不負責任之虛張而已。天下混混，其能得正心相待者，能有幾人，要皆以利害為結合耳。

6月14日

一、接毅夫學兄信，以家父在滬因案遭敵偽拘禁，需款孔亟，以濟危急云云，並商借貳千元以籌集。情誼難卻，在新則又不易籌措，乃作書國楨兄將前劃貳千元未付款暫付毅夫兄一用，未卜果能照辦否。近月中開支特大，心有餘而力不足，奈何！

二、科長太太臥病兼旬，故致近亦心緒不寧也。文祺母赴南岸取物未返，新郎在家陪新娘過夜，人生難得滋味，其可欣賞矣。

三、萬事非錢莫辦，近特感經濟力量壓迫吾人之嚴重。

6月15日

一、此次余竭盡全力代文祺應付婚事，一方面私情公誼使然，一方面亦自己學習也。凡諸常識事務，皆為吾人必備者，機會之來，當本學習精神記取經驗，同時亦當抱認真做事，負責到底的精神，支持一切。

二、文祺母自南岸返，原預算之床、帳等物，皆未取得，撥款更不論矣。在彼娘故有不對（父親之小妻），然文祺之不善調洽家庭私睦，少年負氣太盛，實亦大過矣。青年人做事太認真刻板，處處不能圓通，乃到處碰壁，如是亦足慮也。今後當善導文祺注意及之，吾等亦宜痛改此弊也。

6月16日

一、今日為黃克誠兄婚禮，一阻於經濟拮据，二阻於代文祺籌措，三則自己意態不暢，故未進城親賀。此種苦衷，誠難為外人道也。

二、接粟正權兄來信，知貳仟元已代籌，由普揚兄轉新橋公共車站李站長先悅兄，囑即提用。當即於午後取得，除動用五百元外，餘暫存思信兄處。正權相待知己，今後似可進一步為知己矣。

三、午後四時赴文祺家，房客剛行搬家，正夫婦合作創造中。看到她們兩人糊紙、扎竹條、隔房間，一對新人從艱苦中創造自己的樂園，實頗饒興趣矣。她倆此次婚事之進行，事前完全視母之主，後則今年雙方自覺，進而自動，今則組織新家庭實行自治。他倆工作之進程，先則曾女士的「勞動」，歷四十八日來渝，繼則文祺兄的「創造」，並得曾女士的合作，今後則進入「生產」的階段矣。

6月17日

天雨，頗悶熱異常，看樣子一時不能放晴矣。明日為文祺吉期，至以為慮，蓋恐天雨則諸多不便，而觀禮亦人少不熱鬧也。今日整日為文祺婚事忙碌，科中亦無形停頓工作，全力辦理此事。此次彼婚事之進行，余竭盡全力相助，不計報酬，全憑「君子成人之美」與「助人為快樂之本」精神赴之。科中同仁亦能全力相助，故得彼不預聞一事而諸已妥貼，且連家中之事，亦有代為料理者，吾人誠可告無愧於友人矣。

6月18日

一、天氣放晴，文祺、瑞霞誠幸福也。叮嚀再三理髮，並代借文祺西裝，始允照辦。家中佈置不改亦可，戰時能如此亦可矣。

二、紀念週湯參謀長垚報告大戰態勢：

（一）曼諾第半島盟軍損失重大，登陸十二日迄今，尚未完成初步任務。「克恩」與「瑟堡」尚未攻克，局限於海灘二十公里之內，尚不能展開兵力。目前兵力已使用達廿四師矣。現勢判斷，雙方全力搏鬥之主力戰尚未開始也，因此而生感想二點：（1）納粹之頑強，決非預料一般之可能短期擊潰；（2）英美之英勇果敢，不惜犧牲精神，可足仰佩（六月六日為敦克爾克之恥，今則三年後登陸攻歐矣）。反觀我國之不能抵禦敵人進攻，國土仍整省淪陷者，誠可恥且愧矣。

（二）美空軍轟炸日本九州本土一事，此足證盟國之空軍力量偉大，但亦不足慶喜。蓋就國家言，此乃人家之事，非我國為也。以助吾人言，乃吾人病體之嗎啡針耳，人而不能自力更生，增強抗力，仰賴打針，斯亦危矣。更退一步言，盟軍須有基地始克轟炸敵人，今吾人設不能保守此基地，而任使敵人消滅之，則今後又何從而出發轟炸乎。最後勉大家努力工作崗位，應自知國家之艱危，一切國防文化之落伍，樂以求生，樂以求知等語。

三、文祺婚禮於下午二時舉行，一切以事前計劃妥當，佈置亦簡單樸素而莊嚴，茶點亦屬豐富而經濟，故準備工作，大體完成。但以請帖未請太太，至典禮席中無一女賓（賓相亦無），為惟一美中不足耳。婚禮採茶會方式，採丁字形佈置，分列花盆及茶點，禮堂門口交叉黨國旗。進門為簽名處（綢絹畫花留紀念者），共到賀客五十餘名，恰滿席無缺。由沈書記長澤蒼證婚，李科長敬伯代表男女方主婚，范秘書永炎代表男方介紹人，余代表女方介紹人。典禮進行中，先後由證婚人致訓詞，勉新郎新娘以「誠儉」結合而創造幸福新家庭。主婚人以科長身份及代表家長致諄諄訓勉，「謂黑暗之時期已過，光明如日東昇，能奮鬥，能吃苦，能努力，則光明無可限量」。范秘書致詞後，余亦被迫致詞，盼新郎新娘今後由自覺自動階段，進入自治的創造新家庭，另一方面由勞動創造的進程，開始進入「加緊生產」的時期。新郎亦有短簡答辭，繼即茶點開始，最後由新郎新娘各唱歌一首禮成。典禮由二時十分開始，迄三時四十分禮成，節目緊張，情緒始終熱烈，至屬可慶。

四、晚七時，贈紅炒赴新房玩，此乃協助文祺之最後努力一幕，可算有始有終矣。此番余等以較高身份之同事立場，努力捧場如斯，誠屬難能而可貴之友誼矣，文祺有幸與余等為同事，相助而不計代價如斯，實私為慶幸矣。抵新房時，彼新服已換，實在太不成樣子，強囑換服，此等處似太學生氣或稚氣也，否則，似不通人情之常也。原擬按計劃鬧新房，盡歡而散，但終以文祺弟識見不及，任性自用太甚，諸多失禮於貴賓之至意，余亦以佳期不便啟齒，應由彼自動應付，未便多所喋喋也。儀式典禮中科長曾謂「新郎欲稱一個好公務員，還不如稱一個好學生為實在」，誠為至理之批評矣，然今以處社會服務矣，究非學生態度與■■做人態度所能善處也。新娘頗能吃苦耐勞，適應性亦強，姿色亦佳（連絡之姿態欠佳），且具初中程度，普通常識已具備泰半，以之為賢妻良母，與文祺為夫婦誠可（禮節之常識稍欠）。今後果能努力進修，遇有機緣，服務社會一、二年，則接受時代之訓練，增強愛情之樂趣，尚可更幸福矣。嘗云，余擇妻之最低條件為「坐得書房，站得客堂，進得廚房」，新娘勉可合格也。至體格之健康，學識之豐富，似尚遜一籌也。

五、接楊遠臻隊長自桂林甲山村監護第七大隊來示，對通隊問題表示願予協助，並勉勵有加，彼已獲子女各一，可稍慰生平願也。

6 月 19 日

一、接陳國楨與陳毅夫學兄函，悉毅夫兄囑籌請國楨兄代籌之貳仟元已皆照辦，私心甚慰。朋友相助應該如斯，方不愧為青年有志之輩。此款擬於月內在發薪津時，由純青、育興貳兄分負伍佰元之責，但二兄似多難色，然此余亦獨力不能如願也，況本月意外開支之浩大，無以為籌應之計矣。今人皆自私之意，重於一切，欲得坦然赤誠相見者，百不得一二，習於應付為能事，鮮能真心實在做事，奈何！

二、晚應文祺邀赴彼家新房一敘，以精神欠舒暢，故情緒不甚良佳，卻之不恭，仍與育興同赴之。但以文祺不善招待，又苦無話應酬，曾樣雖較伶俐，但總以丈夫之態度為取決也。新房雖僅四人，且相熟與知己如斯，然總不能提起談話之熱烈情緒。不久文祺自繕鋼筆為娛，余倆亦吃瓜子以消遣，場面沉寂，文祺實無異下逐客令矣。余等寬大為懷，總以「原諒」諒之，但總覺做人與「禮」太差勁矣。昨天鬧新房，大家掃興，今天自邀了又自逐客，我欲諒之，然人將烏諒之乎？白天到部時也沒有向大家道半個謝，以「禮尚往來」說，也應該報人家一個笑臉，道聲「謝」才對哩。此次大家這樣的熱烈捧場，完全本乎多方面的關係，老實說大家並沒有捧場的必要，更沒有幫忙的義務，情分上也還夠不上，這種特別的寵渥，實在應該自己想得明白透澈才對，那還有任自己的性子，隨便「失禮」於人的道理。我們惡視「人情世故」之深，而流於「卑汙逢迎」之下賤，但「禮」是社會組織的綱維，「正正當當的行為」和「規規矩矩的態度」，我們是應該遵守的。語云：「禮以節人」，誰能否認人與人之間能沒有適度的「禮」而相處的嗎？此次余本乎自發的精神，自始至終協助文祺婚事之進行，可謂竭盡全力，其中不惜犧牲自己之利益、友情、時間，然一往而努力到底者，實本「青年愛」之正義感與夫強烈之同情感，最終之目的，則希望此能奮鬥、能刻苦、能上進之夫婦創造光明前途也。十六日為慶黃克誠之婚禮送了千元禮，但為了要協助此間，沒有參加了婚禮。臨時會計經濟拮据，代向正權兄籌了貳仟元濟急，可說動用了自己的友誼。審度本部環境，負起責任來，獨力擔任一切，發動了本科的一致協助，本部的一致捧場，以自己的情分加進去運用，得失與批評在所不計，即以本科中講，那還有第二人。在經濟而莊嚴的原則下進行家庭以外的事，全都給包辦代理了，還要分精神照顧到家中的佈置，一直到新郎新娘的打扮，委實無微不至了吧。假使說，文祺真是我的兄弟，我也不能再多效勞呀。禮金全部收入了七千三百元，茶點一項僅用了三千六百元，其他二分之一，都可說代為節約了起來，並且再用到最需要的地方，這樣官面堂皇的辦理，可算盡其職了吧。何況進行中的一切，「失禮」始終能包涵著原諒，更或要代向人解釋呢。文祺的確還是一個好學生，太純真了，會成「剛愎」，這次是大家以「原諒」諒之，以「愛助」助之，但今後是丈夫了，要做父親了，要更深的踏入社會了。我希望不能再停留在讓人「原諒」的地方，我默禱新夫婦能從不斷努力中「創造」、「奮鬥」、「幸福無疆」。

6月20日

一、午前參加憲政研究組第二次憲草研究座談會。午後編擬五月份工作月報。五月份以本部經費困難，本科主編之宣傳訓練等通訊等無形停頓，科長另擬編印「新聲三日刊」，於新橋發行，但人力似不易辦到也。

二、午後據思信告，部務會報已決議停發六月一日以後之眷屬米，是則文祺婚後仍不能報眷米矣。設今後新進人員不能具領眷米，則飯已無吃，吾將不知何以為生？何以安心工作耶？

三、文祺弟於婚前已勞於籌思奔忙，新婚後又勞於房事，故近日來精神格外困頓，到部後仰臥數分鐘即熟睡矣，數日後似宜節約也。

四、劉賢文同學來晤，彼現任經濟部液體燃料管理處工作。彼處待遇較佳，獨多伙食津貼壹千貳百元，業務津貼三百元，但較之花紗布局月入萬計者仍遠也。今日同一空間時間，以同等勞力之待遇懸殊如斯，奈何。

6月21日

一、正權兄處貳千元，以老翁一時不能拿出現款，故不能如約於今日寄去，內心頗惶愧，否則失信用於人，今後不能辦事矣。經濟拮据，至以為苦，董處二千元未知能濟急否？陳處貳千元已劃毅夫兄處用，近以經濟拉用太甚，至以籌謀為苦矣。

二、氣候失調，思慮亦太深，更為文祺婚事忙碌，故精神近乎困頓之極，鼻血竟連日微流，故內心更為自懼體弱。年青力強之少年，孱弱如斯，誠不能自解耶！長此以往，復何從而努力志業也。高考於九月十五日舉行，為期僅三月，不知能否一試也。空口希望了貳年不能做到，愧對故友矣。

6 月 22 日

一、秉鐸兄來新橋，擬晉謁端木副部長未果，彼或擬謀商以謀經濟之解決也。近來公務員待遇太苦，人皆無以為生，無怪皆擬趨商矣。科長亦以生活太苦，太太又多病，恐有企圖其他活動也——他曾叫詹再吾寫履歷也。

二、文祺新婚後理想必至快樂，事實上以彼之環境而能達到如此結婚，當可有自足也，新夫婦年輕保持童純，亦至可愛。

三、科中楊、段、張、羅諸兄皆受文祺結婚之影響，意態至為懶散，情緒之不振，不可名狀。

四、晚藉與張銓兄談天之機會，研討此一類之問題，結果得育興兄、純青兄之熱烈贊助，座談進行至屬順利，銓兄貢獻獨多也。以此純為正當性行為之研討，亦天性之需要，且屬必備之常識，故樂為分條記之。

1. 關於性行為前，雙方必得注意清潔，最好溫水洗滌，力求清潔，同時妥備毛巾或布，以間隔被褥，免使汙及，並備溫水，以便性交後之洗滌（切戒冷水）。
2. 新與處女性交，而同時亦屬門外漢者，則初次到第三次之間，性交進行較困難。在女方則既怕羞，又怕痛，味道亦沒有，此因處女膜初破，及陰戶初被外物磨擦，皆易出血、微痛（初三次易見血）。故初試男方應主動，並稍勉強為之。
3. 在初次性交前，男方易犯猛急之病，且不得其門而入，故某洩精於外，仍恆常之時見之，果能力自鎮壓情緒，仍屬最佳。但進行中為順利起見，必多方設法挑起女方性慾，而以按摩性器官——乳房及陰部——、擁抱、接吻等最佳。
4. 普通女方有精液三種，第一種純係滑油，祇要挑起性慾，彼即能潤滑陰部，此液愈多愈佳，方能避免初交時雙方摩擦乾燥之痛苦，故男方應儘量稍待此液之多出（必要時得加純甘油助之）。性交中則第二種液流出協助，皆增強工作便利之用者。其第三種精液則係在女方最高度性慾沸點時放射之，待此液放射完畢，則女已體疲，必不復強抱男子於懷矣，否則女必未過沸點也。
5. 在性交中，男方必待女方性慾衝動高度時，方正式攻擊。故初入其中，力避衝擊摩擦太甚，如此方可從速引起女方第三種精液之放射。斯時男方再行射精，能雙方對射，則方能滿足各自要求，而可免一般男方不數分鐘即射精完畢，女方則剛性起沸點，忽告對方敗戰，致大為懊喪之痛苦。

6. 男方包皮太長或太緊，皆足影響性交之痛苦，在男方果包皮不能翻開，則勢不能行性交也。此因龜頭不外出，包皮太粗，不能潤滑運動矣。在女方亦以包皮之粗糙為痛苦，同時雙方無龜頭之摩擦，實際上亦無性交之樂矣。故包頭之包皮必須行手術割去方可，否則夫婦之感情必因此而破裂矣。其太長太緊者，亦易納汙藏垢，並易擦破，女方亦以意外擔負為痛苦，故應儘可能排除。否則或以程度稍淺，男方忍受痛苦數度後，或亦可自然而成習慣矣。

7. 性交中，男取攻勢，女取守勢，故女方應妥盡愛護之責，並應備性行為之特殊常識方可，更應愛惜丈夫之精力，不可作過度之要求。即男方過度之要求，亦應設法勸阻之。

8. 性交中特應注意者為避免吃冷水、洗冷水、吹風，否則必得夾陰傷寒，快之二、三小時可死，遲則一、二日中必臥病不起矣（男女皆然）。果已犯此病時，男子可服「皂莢」放瓦上焙灰，然後酒熱後儘量飲之，使發汗以驅寒也。女則以「紅花」、「肉桂」用高粱酒煮後飲之，亦以出汗為度。普通遺精後亦如斯，且不可食冷物。

9. 百里遠行之後，及過度疲勞之後皆忌房事，否則有犯洩陽（射精不止）之危證可能，故男女方皆應注意及此。萬一遇此情形時，男方無法可想，祇有女方智機方可獲救（射精通常一、二分鐘）。蓋女方發覺男方射精不止時，應即用妥備之針（通常皆女方必備）力刺男方背脊或股，使其振驚而自然停射，然後徐讓男方恢復精神（力戒拔男方外出），否則射精過度，或急使脫離，必死無救矣。

10. 夫婦性行為應互相尊重，不應採取其他花樣或使對方有難受之處，更宜有節度，否則必有一方深受其害，以性交過度犯腎虧、血衰，而成肺癆等症。

6月23日

一、接克誠信，知婚禮時祝地同鄉畢集，錯此相聚良機，誠憾事矣。觀禮達貳佰餘人之。

二、接祝三兄信，知菊芳晤綵妹長談後，決心來西南與祝三結婚云。女子善變誠難論矣，祝三兄仍能本一貫之態度見愛，專一之精神亦可欽也。詢與緝熙伯晤談經過，亦坦誠相告之。彼等果能言歸舊好，余亦仍贊同也。

三、戴秉鐸來新橋得晤副部長後，奉派為遂寧車站司令部工作，至慰，勸彼能前赴工作也。

6 月 24 日

一、本部補發五、六月份代金及薪津，故過節時同仁當能勉強過節。前代毅夫籌貳千元，以能力負擔太重，經商得純青、育興各負伍百元，稍以減輕也。

二、接潤枰妹六月十八日來信，述告郵局尚未分發，並告歷年流落奮鬥情形，及家中並無經濟上之大量援助，彼以前母所生，後母不免稍苛待也，至劃款則盼量力代謀可耳。此信曾示張銓兄有無攻擊可能，彼意則似可積極進攻也。

6 月 25 日

一、端五節，紀念週時主席報告九戰戰局嚴重，並即開始衡陽會戰云。

二、中午在文祺家過節，盡情暢快之處，至以為慰，此亦家庭之樂也。晚則在翁思信兄處度之。

三、華萊士副總統來華訪問後已離渝，行前與蔣主席發表聯合聲明，今後中美邦交之加強，對日作戰之合作，與夫中蘇友誼之調停，必有可觀也。

四、陳誠氏奉命擔任新一戰區司令長官，胡宗南、湯恩伯副之。陳氏此次出任河北軍事長官，誠出意料，然彼此種見危授命，無往而非順利之政治軍事手段，亦足驚人矣。

6 月 26 日

一、接月芳姊來信，知潤枰妹居董先生家中，曾遇彼同事邱君追求，但潤妹拒絕也。來函提及彼是否有意吾弟，誠置疑無窮。此事余雖有意，但終未敢直言，並亦未示月姊何企圖，突如其來，何見潤妹對於余之印象必佳也。月囑坦白相告，頗為躊躇也，但終將己意誠告之，未知潤妹意下如何耳。

二、整日下午用心復潤妹信，措辭諸難合度也。原函抄錄青年日記備查，約：（1）敘端節有感；（2）概述流浪後之生活經過及未來事業理想；（3）續寄伍百元零用，並詢要否代劃三千元；（4）請她修正「姻兄」的稱呼，以試她的反應如何？

6月27日

一、近日以精神特別不好，故「火氣」上伸，時流鼻血。張兄告以「黑木耳泡後，拌糖生吃」，可以瀉「火氣」。如法行之，尚有成效。營養太差，生活又太波動，故購雞蛋以補充之。

二、近日生活太乾燥，「護航」也乏興趣，生活習慣跡近落伍，亟宜設法糾正矣。

6月28日

一、午前舉行科務會議，檢討半年來工作得失，皆抱失望之情緒。病源則在「經濟」難關無力克服也。

二、高考已定九月十五日開始考試，我高喊了應試已二年，終未能應試一次，誠愧。今年決定報名一次，如果能取得應試權的話，決心一試投考滋味，以為來年之準備。

6 月 29 日

最近感覺身體特別孱弱，身上也瘦得太不像樣了，所以集中力量於營養的補充。雞蛋和豬油同時併重，求從物質之補充，以安定心理之要求也。

6 月 30 日

一、第一次吃生蕃茄，據張銓兄說，富於鐵質和酸性，大有助於營養也。午時以牛肉炒及雞蛋炒，味甚甘味，食慾亦增，如此營養，則勉強可也。

二、近來身體孱弱之原因，厥為「思慮太甚」、「肝火上升」，致引外感而流鼻血，內感則焦急心躁，諸多拂意，不得安眠休息為患也。治之道厥在養性寬廣，則心地舒適，神態瀟灑，必可有成矣。

附錄：王貽蓀摘錄發出信件

6 月 12 日

發潤枰信：（1）余論對於董先生捨身助人精神壹節；（2）余述愛慕之忱，並互勉將來為地方教育獻身；（3）述告準備高考各節，一以自修，一以進身，一以寄慰精神耳；（4）詢要否繼代籌款，並盼早知分發情形。

6 月 22 日

月芳姊來信，突然述及潤妹事，摘錄如下：

潤枰妹此次在武進董姓友家住宿，遇董姓同事邱君，向伊追求，結果潤枰拒絕，是否有意於弟？？要是有這種意思，不妨慢慢進行。潤枰妹是個老實人，將來與弟成為家庭，擔保是個好主婦，說好聽一點，就是賢妻良母。弟意如何？不妨坦白的告訴我。

6月26日

復月姊：假如真能如你所說的話，在我當然是期望的，我的個性和一切與及我們的家庭，你當然同我一樣瞭解。賢妻良母是理想中的要求，祇有能刻苦奮鬥，共同甘苦的家庭，才能創造幸福，正如你現在的家一樣。我從潤妹的父親和哥哥囑託代為照應而知道了她在筑，從思信夫婦的稱譽而認識了她的一部份，從半年的通信中，經過數度的探討家鄉教育衛生等問題而認識了她的偉大抱負。此次考取郵局，我開始欽佩了她的好學而程度很好，但我始終是盡我慰勉她的責任而已，並沒有向她有何表示過。或許有時無形中的流露，那祇有潤妹自己才能知道了。既然有人向她追求，她當然也同樣會覺到婚姻問題的有必然性，那嗎！你能作側面的試探，看看她的自已主意究如何？你們是姊妹，時常見面，當然可以坦誠一談，否則，我也決不能冒昧地對潤妹有所要求呀！潤妹在幼時相見過，尚很模糊，你能代我們交換一次相片嗎！現在很久未拍照，仍以去年的一張給你，一切你看如何就好了。

發潤枰信，錄後參考：

潤枰如晤：

今天是端節，追念著兒時家鄉的情景，懷念著今日家園的淪亡。「每逢佳節倍思親」，能不依依神往！！

同時流浪兒，飽嘗辛酸——寂寞，我們寄慰在那裡？為著祖國的生存而奮鬥，孩子的一群，我們分散在昆明（桐哥和偉嫂）、在貴陽（月和你）、在重慶——能不更增相思之念。天氣陰雨連綿已近一週，重慶的人們在雨傘下泥濘過活，快將窒息了。今天帶來了晴和的陽光，真使人鼓舞欣奮！你和昆明的信又同時收到，我該是格外的愉慰呀！給我了孤單中的溫暖！！

你的郵局工作在此信到時也許可以分發了吧！我相信前進的國家與社會決不會使前進的女青年失望，上帝也會賜福於英勇奮鬥的你，在工作沒有確定以前，心緒或許燥急和煩悶，但天下事那能件件如意。總理啟示我們天下事不如人意者十常八九，而全在吾人之堅忍耐煩克服耳。你是中國的新青年，夏令營的洗鍊，該是更堅強而英勇了。你絮絮述說了戰後的奮鬥經過，我是何等的欽佩和神往！在家鄉流浪到後方戰火中的青年裡，月姊和你都能接受戰爭的洗禮，一度貢獻一切而為將士服務，你們倆是值得自慰的了。

我自從「七七」到現在，始終站在戰爭中效忠工作而積極奮鬥，時代需要有血性的青年獻身於祖國，我是沒有理由逃避這種神聖的天責呀。自從隨家父到了武昌，首入軍委會鄉幹受訓，隨後在湖北江陵工作了一年，接著投入軍委會戰幹團受了一年餘的嚴格軍事訓練，它是政治與軍事併重，一年中強壯了我的體格和奮鬥的堅強自信心，接著到了前線，第六戰區——恩施——司令長官部追隨陳誠將軍（我們的副團長），參加直接戰地工作貳年餘。嗣因陳長官東調遠征軍，同學相率準備遠征，我也就為此打算開始到了重慶，投入軍委會的後方勤務部——擔任全國部隊作戰補給的神經中樞。時間正快，瞬已一年，因為重慶生活比較安定，也就開始了我讀書慾的復燃，但七、八年來脫離書本較遠了，所以，先從志趣較近的高試課程開始。這樣，也許能便利我戰後事業的趨向與要求，同時，或可以因此而滿足我們前二次討論改革我國地方政治、教育、衛生……等的理想。我是歷盡家庭的幸福與艱苦，嘗盡流浪與困苦，但不顧一切的「自力更生」，相信可以創造我的前途，正如你勉勵我的有無限前途在待著！

我們已經事實的奮鬥中突破艱苦，以後的一切，我相信決沒有不可克服的。潤妹，我欽佩你的奮鬥，你今後能同情我的奮鬥和給我奮鬥的鼓勵嗎？我們為了相互的奮勵和理想！！

你能打破經濟的誘迫，養成一種良好的「固有習慣」確乎是難能，但經濟是現代文明的基礎，在個人也是物質生活必需的條件，我們必須隨時隨地保有經濟上自力的要求，至於家庭接濟兒女與友誼中的互助，在中國社會都是一種義務。我們今日有權利要求家庭接濟我們上進，正相等於我們不能使家庭對我們失望一樣，何況府上經濟是寬裕，而令尊和令兄皆囑隨時代籌，以供必需之用。前次我怕你不好意思要錢，所以僅自己寄你了壹仟元，並沒有向同鄉代劃（也沒有告訴令尊），現在仍再先寄你伍佰元，日後擬和渝方同鄉相商，代劃三千元，你同意嗎？筑地的防空設備和地形對空襲都比較危險，久居貴陽的你當然知道，希望能特別注意安全才好。潤妹，半年來你屢次來信都稱我「姻」兄，你也覺得在現代的觀念中需要修正吧！何況我們要建立超脫舊社會的一切理想呢！夜深了，恕我佳節多憾！你能原諒嗎？即祝快樂。

33.6.25 端節

7月1日

今天起開始生活上之「更生」，首先理髮以提精神，然後集中精神寄託於讀書，尤以全力準備「高考」一試為快。身體與力求營養充份，相當運動，否則身體與精神不能健全，烏求其他哉。

7月2日

一、近日新橋業餘劇人（流氓地痞之集團）演出「繁菌」五幕話劇，余不屑往觀。以陪都所在，社會自由活動非法至此，殊堪浩歎也。

二、與全金談準備高考，擬於最近或個半月中全力準備以一試之。

7月3日

一、張崇武請長假，業已照准。從此科中少一藝術人才，但張兄能變更新環境而從自個人之新生，誠亦可慶也。併案中楊堯昌升中尉，郁文祺、詹再吾晉支上尉薪，亦可慰也。

二、接六政前柳主任克述表示，抄錄於後，亦以惕勵也。

　　貽蓀、育興兩同志：前接四月廿五日來函及附件，均已收悉。具見工作努力，銳意精進，至為欣慰，惟以俗見紛繁，久稽裁答，深用歉然。關於戰幹團同學學籍問題，悉向副團長來一書面報告，以便相機簽辦，據情轉請軍訓部早日解決為荷。

　　同時接譚秘書衍慶、劉同學志義來信，囑即進行辦理同學學籍事宜。經即分函承鄴、毅夫、重遠、若萍諸兄妥辦，並囑承鄴兄代詢龍彪兄之究竟，以便設法解決也。

7月4日

一、本科龍彪同學於端節赴渝後，即聞於蓓被衛戍部因案拘禁，但彼本人迄無信來，殊屬詫異也。延至本日，始接彼原在衛部時之連上排長來函，稱在衛部軍法處待審云云。除本日專函謝泌學長向孟慶襄同學調查真相外，科長已決於明日赴衛部一探究竟，並謀妥善解決也。彼平日交友不慎，處事亦太含糊，誠屬憾事，此來在衛部亦未正式請假，實亦諸多不合法理也。同學中多不能自立自愛自重者，誠浩歎矣。

二、近日研閱中國四大政治家評傳，頗有心得，愛不釋卷。助己之奮勵，力求上進者，厥多得益矣。

三、為力求生活之納入正軌，本日起已恢復早起習慣，並力事營養。請思信兄代購豬油壹斤，並煩倍學煮之，以為拌食也。

7月5日

一、科長為龍彪同學事赴衛部接洽，知犯法被拘，似已無法協助。此因虧欠公款太多，信用早失，且通緝有案也，愛莫能助，誠同學中之憾事。本部方面書記長亦已知悉，業已午後手諭撤職。此次來部僅三月，對中山室之整理初步甚佳，後即敷衍塞職，並有不明情節，如此情形，真使人無限婉嘆。今後中山室將由郁文祺暫時管理也。

二、張同志崇武離部，以一有為青年而不能力爭上游，結果遭同仁之鄙棄、長官之停職，良可浩歎矣。張同志係國立九中畢業，且有藝術天才，徒以不事刻苦工作、埋頭進修，而專務遊蕩及浮虛，一至於此，奈何。臨別囑從此更生，務以埋頭工作、努力讀書，則必可有成也。

7月6日

一、接克誠贈伉儷結婚照片。俊彬雖係川人，然成都人物出眾，肌膚之潤麗，不愧與江南相妍，但克誠顯見精神不如昔年，初視有三十歲之年矣。願彼夫婦情篤，早生貴子，則勝利後攜眷旋里，亦足榮也。潤妹信尚未來，未知對去信作何答復，至以為念。午睡精神恍惚，終未入睡，精神至倦。

二、楊育興升少校幹事案獲准，以少校宣傳員在一年中能由少校助理幹事擢升少校幹事，且蒙中央照委，當局與友誼之協助，可謂至極。設吾人尚不能力爭上游，則非特愧對自己，且有愧長官友好矣。但育興以知遇之佳，而個人努力終嫌不足，奈何。張銓兄僅獲以上尉支少校薪任用，至以為悵，而家寶兄報委少校案迄未成功，更以為悵。治平囑謀一節，已快函請秦先生向書記長說項後進行組織科幹事一缺，未卜能成事實否。龍彪兄缺或擬介紹駱駿或許偉雄擔任，彼二兄篤誠可靠，余甚任之，但上尉未免屈就也。

7月7日

一、接潤枰妹七月二日信，知郵局為戰事影響，尚在伺機候派中，至念。前信請修正「姻兄」稱呼壹節，未得同意，但來信各方面顯見進步，果能循此發展，雙方條件相當，則似有進一步友誼建立可能。來信所稱「願我們都是從苦痛中得到快樂，由奮鬥尋求幸福是抗戰給我們的工具，多麼難得的時機」，的確相當含蓄辭意。

二、晚參加本部戰團同學聯誼會第二次茶話會，余仍任記錄，並報告與重慶代表會及柳秘書長洽助結果，情緒尚佳。

三、湘局好轉，衡陽似可解圍，謠傳敵撤三百公里許也。

7月8日

一、午後參加衛生處士兵識教測驗，余代表本部監考也，成績甚佳。

二、為彭金金同學升幹事，及介紹陳某工作事，與科長談本部人事問題。據告組科科長內定丁傳林調任云，其他錄事已將調整也。

7月9日

一、駱駿來晤，談及睢大隊長近況及太太不賢各節，並旁及乘風兄往事。余多惕勵，並允設法介紹工作也。駱兄刻苦精神，甚可佩也。

二、張厚菴藉酒醉賭博時驕横，至以為悵，小人得志可畏也，宜慎。

三、為潤枰時時不釋，擬代解決工作問題後始得安心也。此次或擬請沈書記長協助也，未知可能辦到否。

7 月 10 日

一、午前舉行駐渝單位幹事會議，討論檢視等事項。

二、午後江西許偉雄兄來玩。彼現任江北憲校政治部工作，近擬調動工作云。宿部，尚擬赴華岩訪劉賢文也。現年廿四歲，一少年實幹同志也，彼親係華僑銀行副經理，與緝熙係同事也。

7 月 11 日

一、原擬本月安心讀書之計劃，僅行三日即告中斷，無恆乃爾，誠自愧悚矣。

二、晚赴思信家談天，鄰居陶弘女士年僅十四歲，讀南開初二，頗活潑伶俐，與子餘等唱遊為娛。置身其境，倍覺少女之溫柔可愛也。

7 月 12 日

一、午前陪文祺赴中央醫院檢查未果，診斷時間為午後也，旋午後赴診，病人眾多，可見求診者之切而普矣。為爭取時間起見，皆採提前辦法，是則僅需五元初診掛號者，變相為掛號廿元矣（提前號金廿元）。余原擬視鼻，但以頭部器官科缺，故未果。

二、為杜潤枰事與思信商協助事，但毫無成果，心有餘而力不足使然。渝地工作雖不易覓，但果來，實亦未始無法可想也。如彼能決心來渝抵新時，則暫居思信家，余決可代為維持一切，錢亦可代籌劃也，此乃厥盡鄉戚誼之義務也。至於戀愛問題，余迄未一識其面，彼對余亦然，則以幸福之重大，未可草率。誠可雙方同意後日趨愛境可也，草率之弊至巨，余亦不願也。

7月13日

一、接父親四月廿九日來諭，為沙姓舊欠事未能如意清理，內心似頗不快意。彼處世為人太好，故處處吃虧，今日為善非易，我亦誠感矣。諭云，「余自憶有生以來，處處吃虧，夜清人靜思之，不覺淚下。」讀之倍覺沉痛，而嘆世事之不復能為善人也。沙姓事決在本月份發薪津後前赴，堅決清理，否則余亦無以告慰老父也。

二、父親告接偉信云，經濟不大寬裕，如果屬實，可設法以濟之。以今天公務員待遇之低，桐哥一家五口，確屬不易維持。余愧年來未能接濟分文，即前桐哥患病，亦未能寄款以供營養之用，實至愧也。

三、國楨兄處劃款皆已照付，助人而未獲人助，奈何。

7月14日

一、續接父親五月十日來諭，未提芸妹後來事，勢已不能也。余主婚事盼能自己決定，沙姓則囑無論如何解決也。芸妹信，知不能來後方，至悵。

二、三月十二日祝地會盛，偉姊母親及六姨母、仕姊、儀清、至清、鈺如均抵祝一遊。芸曾提及仕姊通信事，但迄未接來信，余實亦太傷腦筋矣。況父親信有在外自定之語，則對仕之印象亦未必佳也。聽其自然發展可也。

三、軍郵處潘紀明先生來部領區分部經費，囑設法代杜潤枰妹協助分發工作，誠允慨助，或可有利也。潤枰妹能工作解決，亦慰內心一事也。

四、芸妹告芬妹嫁後甚佳，含章弟現讀無錫璜土塘懷仁中學高二年級也。

7 月 15 日

一、發潤枰妹快信，告此間囑潘先生代謀事，盼能安心靜候工作，心稍慰。

二、發父親信，告知此間近況：

（一）生活尚可，並得進修機會，並擬應高試。

（二）生活程度個人尚可維持。

（三）對仕妹之態度，知三月十二日曾在家一晤，但來諭仍囑在外自訂，可知品貌中等而已，此事擬和平後再說。

（四）對潤枰妹事，告月姊有此意，但未知對方及家況為慮。

（五）芸妹仍盼後來，否則亦擬妥覓對象也。

（六）穎弟嚴囑進修，並應練習寫信，勿遺采叔令諸姪寫信之恥，復演於吾兄弟之中也。復芸妹信，慰勉其努力，並督穎弟努力上進。

三、發桐偉哥信，轉芸妹信，詳摘昆明情形及撤銷對婚事之前議。仕事待戰後回里再議可耳。

四、發欽文信，告劃貳仟元事已告家父，盼再告軼叔。告國楨兄劃款已清，並囑代探沙榮存兄近況。

五、發毅夫兄信，請協助入人事訓練班受訓，未知能成事實否？

7月16日

一、午前參加本部紀念週，仍任紀錄，粵漢戰局仍見緊急也。純青兄進城，囑帶百元同學通訊錄款轉若萍兄。余努力同學工作，賠累甚巨，同學有利即來，遇責任即退避三舍，思之不勝愴然。

二、返部，接潤枰妹七月十二日來書，知已於七月七日入郵局工作，通信處為「筑大南門內郵局（二支局）」。據云頭二天是擔任收快信寫收據工作，現在正式派在匯兌部份，還是做些登賬、剪匯票輕鬆工作。每日早出晚歸，到董增華先生家居住，中飯和晚飯是在月姊處吃的。吃飯如何貼法，倒是乎很難，以目前一般情形來算當然可以的。

來信稱「貽蓀兄」了，「姻」字已被取消，當然是進一步友誼的建立。但問題今後在我的努力是否能跟得上她的奮鬥，我該如何的努力奮鬥呀。

三、接毅夫兄信，知曾病後尚在服藥劑調理中，彼父在滬已無危險矣。陳部長到任後，對於普遍黨務已見調整，軍黨則與政工在構機上確有調整必要，但無具體決定，今後如處有擴編，或可設法在渝區進行工作云。中訓團人事訓練班第三期經本部核准登記，候調人員尚多，似將照簽也。故此事急宜進行，當商科長一助之。

7 月 17 日

一、因為近來對於潤枰特別的關照，所以在腦筋空的時候，就鑽了進來一個戀愛問題。這的確是可以快樂和傷神的問題，似乎開始了我精神的波動，但要竭力向好的方向發展才對。

二、復潤枰妹七月十二日來信，因為她剛開始工作，還是在忙的不開交的時候，所以不願意煩擾她，僅述說了關切初期工作的話，希望能有好的開始，以建立事業的基礎，做人已勉於謙讓為首。她今後在月芳姊處吃中晚飯，許多我的情形，當然更能熟悉了。

7 月 18 日

一、貴陽何少波君來晤，彼係新自筑衛訓所高護班退學返渝的。談了高護班的情形，功課很緊張，但黃祖榮很想退學返渝，據告伊父已寄四千元囑返渝。此事我對彼如不能趕上功課而班令退學，當然可以原諒，假使自己沒有奮鬥到底的決心，實在太可惜了。去信仍囑再思而行，不要徒勞而失上進之機會。

二、詢科長關於調訓事宜，似乎不能協助和同意。文祺太太要活動小教，他說校長更易中，以後可再說。家寶或可保住少校也。

7月19日

一、天氣炎熱異常，午後辦公改為四時至六時半，但室內仍熱至九十二度，乏力辦公也。

二、中原戰局之收拾，大公報曾著論述之，要在重心建軍新政以蘇民困，收拾民心，以為規復北方之張本耳，特囑中央以非常之才任此非常之局，俾克建非常之功也。今新一戰區長官陳誠氏業經發表，豫省府劉茂恩主席亦經發表，對新機構及新人選，可謂備極推崇矣。

三、晚赴思信兄家閒談，涉及潤妹一切。據云人屬老實，但貌則未必佳也，但在長沙時年尚幼，未可推論今日，或可日後要一相片也。

7月20日

接潤妹七月十七日發信，分述長學甥過週歲情形。伊在月姊家吃飯，當然參加了，但沒有送禮，甚覺難為情。但伊近況拮据，心有餘力不足，月姊當能諒之。去信囑在近劃三千元中酌用少許送禮，並請彼代勞，替我也送一份，真是一個頑皮的要求了。對於稱呼問題，還有意見發表，但是折服後的尾聲了，來信已稱「貽蓀兄」，尾後爽直稱「潤枰」了，那用再討論，也就沒提它了。劃款仍須，開始工作時要錢用是事實，巧在組煕伯允日內逕寄筑三千元，堪慰。她願做到我的希望和鼓勵，我當然要更努力才對。前次告月姊的信和照片她知道了，已允到水口寺去取，想不久後她將開始入我的懷抱了呀。去信午後即發。我開始走入初戀的情場，我將大邁步的前進，克服一切，創造光明和幸福。努力吧，追求一個有職業的女性，還是同鄉，真是合乎理想。

7月21日

一、日本東條內閣在廿日總辭職而坍台了，小磯和米內奉命組閣，這也許是敵人最後一次強化內閣，作切腹前的最後爭扎了。

二、希特勒在總部被炸，但僅輕傷，這是內部分裂崩潰的表現，企圖組織新德意志政府者已被肅清，德寇潰敗不遠矣。

三、湘戰衡陽堅守中，外圍已猛攻城郊之敵，大勢敵將被殲也。

四、午前赴衛生處區分部視察黨務，吳處長雲菴招待頗週，工作亦佳，洵屬駐渝單位之較佳者。

五、文祺的曾樣病了，他近日中家人連病再三，太苦了，也太累了。而起因在他太缺乏普通的社交常識，因此引起許多不良後果。我倆檢討起來，大家覺到思想太封建而落伍了，今後實宜注意。

7月22日

午後視察軍械處黨務，該處無人負責，糟到極點。幹事江培錕尚係母團學員隊同學，馬虎如斯，可痛已極。本部處事之失，亦痛。

7 月 23 日

一、星期整日在家無聊，抄錄曾氏信條及通訊錄自娛。

二、今後設不能自救努力奮鬥，將何以為潤枰之友乎，不勝愧惶無限。

7 月 24 日

接潤枰妹七月廿日來信，並惠寄小照壹楨。她能奮鬥刻苦而努力，這是一個值得欽佩和可愛的女青年，但她的遭遇的確太艱辛了，環境的壓迫將使她翻不得身來，透不過氣來，而終於能支撐著苦鬥，實在可佩。可是她的品貌，似乎太差了些，雖說相片不能十分表現出來，但大致是不差的。我對此原也不苛求，祇要能應付現社會的要求就夠了，我希望能較小照現實是漂亮些，那麼也就算了。她似乎現在還處於痛苦的環境，希望我能援救她的自由，援助她受創痕的心靈。我將怎樣辦呢？我是素來勇於助人的，難道我對一個患難的女友能放棄義務的天性嗎？我要慰勉她衝破一切障礙，以爭取她應有的自由，打破物質的誘壓，而爭取精神的自由，其他當然要等待事實的發展才能證明一切。——可是她似乎已開始走上了愛「我」的初戀，很想向我訴說苦衷，要我能諒解她，我將如何是好呢？

7 月 25 日

一、午前赴副官處區分部檢視，晚赴省銀行探晤曹荃兄，適病，未能暢敘。

二、午後作月姊信，因為前信未復，及近來發展情形，有坦陳一告作考慮也。略述對此事之觀點為：

（一）吾倆為同鄉，更為親戚，以鄉土觀念及生活方式論，似適於吾家暨個人間。

（二）吾倆家庭情形較易明瞭，而得雙方家庭同意亦易，可免一切徒然之誤會與顧慮。

（三）雙方皆有工作能力，且具有自力更生之青年精神。

（四）雙方皆能刻苦奮鬥，從痛苦中追求光明理想。

（五）我希望的是一個共同創造事業的賢妻良母，容貌方面，能周旋於客堂之上？即可。（潤妹較偉及芸如何？）

（六）我自愧的是怕奮鬥不能打破一切艱困，而在事業上愧對於她，故對此事，希望目前最清楚我們倆的你能給我進一步努力的指針。提及了潤的環境比較痛苦，希望能給予指導和鼓勵，並希望能轉告我關於她的實情。

7 月 26 日

一、午前七時赴交通處區分部視察。該處活動工作頗佳，可稱駐渝單位之最佳者，該處區分部能代辦郵政、書刊、福利事宜，尤稱特色。便訪張副科長湘漁、林副科長英杰，藉資連絡也。迄十一時半乘交通車返高灘岩，應文達午飯。

二、午後竟日未辦公，一以休息，一亦工作情緒毫無也。潤枰常在腦際隱現，投入初戀的我，痛耶樂耶，實在不能自知，想她也畢如此吧。讀「少年維特的煩惱」，徒增悠然之感。

三、科長為鼓勵余起見，已簽請補股長懸缺，業獲照准。但半年來對工作自知未能努力，實愧對長官之厚愛矣。

7月27日

一、晨七時赴渝市國府路二四七號本部軍郵督察處區分部視察，乘交通車七時出發，逕抵該處休息。幹事張禹鼎同志對工作頗具熱忱，深獲當局及全體同志之愛戴，故工作推行至屬順利。該部中山室亟需修理，現已集捐款貳萬餘元，待修理中。副處長陳序對黨務熱心，至堪欽佩，識教測驗成績亦佳。迄十一時始畢，邀赴招鶴樓用餐，十二時許由該處派小車逕送新橋，可謂客氣之極矣。

二、廿六日科長簽請補余為本科股長，書記長已照准。今後工作如何推進，方無愧於黨及長官與個人之事業，誠一亟須自謀者矣。

三、接七月廿三日月姊信，述及潤妹事云：「……恭喜你，對於潤妹的事，大概不生問題，我已當面問過她，她不但不拒絕，好像對你很有意思。你的照片她亦接受了，她亦答應寄你一張，這事情不是很順利嗎？希望你能慢慢的進行。……」照如此說來，再加來信及逕寄照片來此判斷，她也卻乎對我有好印象，正似我的對她一樣，我們果真能成為理想的一對，那不是天意嗎？

四、文祺送我的一枝「光華」鋼筆粉紅筆管，我的確愛它，可惜今天開始用就掉了。但貴陽的佳訊超越了任何的價值，我也淡然置之而已。

7 月 28 日

一、午前視察參謀處區分部黨務工作，曾與潘副處長暢晤（同鄉）。該部工作能經常推行，惜以經費受限制耳。赴軍械處未果，至以為憾。

二、潤枰應有來信，但迄未如期到新，至以為念矣。補發四、五、六、七份代金，共得七千伍百貳拾元，誠破天荒之首次也。擬分寄一、二千元赴筑應急需之用。

三、為陳毅夫兄款，育興及純青分任伍百元，但先後嚕嗦殊多。二兄對經濟不能稍有吃虧，朋友之道亦不能盡伸，今後改從道義上相交較妥也。而余對人對事信任太過，坦誠而率直過份，故易行而不通，至為自悵矣。

7 月 29 日

接毅夫兄信，允請訓事代為鼎力相助，但以年終考績時能晉升中校後再調訓為較佳，六政資歷允代力謀云。後日擬晉城面洽一切。

7月30日

一、午前七時參加總理紀念週，副部長主席，報告本部擴編之原則，已經軍委會大會決定，將來軍醫署、交通司、糧秣司皆由軍政部劃入本部矣。嗣後全國軍人待遇之提高，及整編機構之調整、兵役之改良，皆有重大決定云。（七月廿九日助龍彪兄洋貳佰元）

二、昨晚組科寢室聚賭，陳熙組將全部補發代金輸盡，真何苦來。育興等稍勝，但皆即行耗盡飲食也。余則終對此反對之。

三、久未接潤枰信，殊不知何故。桐偉亦無來信，更以為念。照例講，余十七、廿日所發筑諸信皆有復信矣。以今日稍暇，故乘機致潤一較詳之長候，除慰勉外，寄貳千元送長學禮及酌留紀念品之用，此間工作情形亦併告之。與思信談及此事，彼亦甚表贊同，囑緩行可也。

四、天將黎明時，本部寢室忽告大吵呼賊。此乃鬧「陰風」之惡作劇，軍隊及機關時為發生，初起於每一人之夢囈也。

7月31日

一、接潤枰信，知徐作霖先生代轉劃也。我係彼學生，且係父親知友，及振華表兄之大舅也。來信感情日進，今後似宜當斷判斷是否進一步增強愛誼矣。吾對潤妹寄來相片欠滿意，但願較佳則可矣。

二、來信稱劃款由杜府逕交徐府，而余與組熙伯所商，乃係由家父先付伊妹菊芳究如何之處，擬即函詢也。

8月1日

一、復潤妹信，對所詢各點，皆加允當之解釋，並討論「怎樣支配環境」，並盼寄較大近照，余亦擬攝後互換也。此事終日不安於心，煞費考慮，婚姻事大，戀愛亦屬嚴重，竊未敢草率行之，否則對己對人皆有損失矣。而潤妹之率直坦白，實至感動吾心，蓋未有少女能將私生活而告男友者也。

二、志同失業，來新謀枝棲。本部無缺可謀，懇托馮方濤、業衍璋兄設法之。

8月2日

人之相處與相知，能互諒而共信者寡矣，而每當利害與患難關頭，輒斤斤於私利是爭，頃刻間拋道義於九霄雲外，或則裝聾作啞，避鋒敷衍，總謀勿損於己。嗚呼，人心之不可測如斯，以忠耿率直如我者，誠不知何以處群矣。

8月3日

一、桐哥處先後發航空信（七月十五日）未見來復，至以為念。今日發航空快詢近好，並告：（一）仕妹事盼能坦誠告意見，以便參考；（二）潤妹事作何見解乞告，並容告潤妹近況；（三）專校證件事。

二、午後四時半本科召開科務會議，全科同仁十五員全體出席，打破歷次出席人員之記錄，開本科有史以來之極盛時代。但近月工作反毫無進展，豈盛極而將衰矣。

三、晚七時在科長家中敘餐，全體同仁出席。採用中餐西吃辦法，成績甚佳。菜分五味：（一）炒雞蛋餅（每人平均四蛋）；（二）炒青椒肉片（加木耳）；（三）炒蒜苗牛肉絲；（四）炒干絲（臘肉絲）；（五）紅燒牛肉；（六）炸醬麵。

四、晚為六月十五日（陰曆），皓月當空，正花好月圓之時也。但余等菜僅中途，忽黑雲彌漫遮月，並發大風，無奈遷入房屋就餐。此真所謂「美中不足」，亦象徵在極盛之時，即當「謹慎將事」，否則天有不測風雲，意外之事頃刻即可侵襲而來矣。吾人立身處事，正當在此等「時」能「戒慎恐懼」，否則必有失矣。

五、本部副官周謁華，專事逢迎長官，吹拍為技，而個性囂張，亦開副官之前例，本部同仁皆視為深惡之焦點，行為日趨下流，嫖、賭、煙、酒無所不嚐，前途實至可殷憂矣，擬通知翁副官以後稍疏近之。同時，凡為副官業務者，輒易犯拍上而凌下傲慢之失，以後吾人有機為主官時，誠對此項人員，特宜勤於考核方可，否則即易失部下之向心矣。

8 月 4 日

一、閱交部贈閱「交通建設」郵電專號，俾對於郵電常識有一概念也。並擬寄贈潤枰妹一讀，以助彼安心現職及努力進取也。

二、新購短襪壹雙，皂盒壹個。每見寢室太汙，輒心煩不置，同居不能講究公共衛生，此乃國人之最大恥辱也，況於曾受軍事訓練之青年乎。

8月5日

一、為本部同仁賭博而本科同志參與事，科長已得報告，並誣稱由本科發動云云。對楊育興之參與更為詫異，曾表失望之意。此原為不良習慣，而育興兄皆易染習，誠亦使余可憾也。

二、育興與純青日趨不和，互相攻訐，至以為痛。無利害尚相妒如此，奈何？

8月6日

一、國父紀念週部長主席，報告一戰與九戰辦理兵站之教訓與心得，殊多珍貴資料，而當局耿耿謀國之忠，可見感焉。每次紀念週皆步行來禮堂，以身作則之精神，當有以感動部下，但處長流仍皆乘輿也。

二、段純青兄生活日趨浮囂，宜有以糾正，否則亦負咎於己心矣。

三、「交通建設」郵電專號中關於郵政部分各文皆一一研讀，藉悉潤妹工作之內容及其發展之態勢也。

8月7日

一、近感科中已抵鼎盛時代，即余及育興、純青等亦日趨得意之時，但思天下事每「盛極而衰」，防患未然，吾人實應先事惕勉也。有感於斯，為提筆直書數行與純青、育興共勉，並提三事焉：

a. 根絕相互間惡意之攻訐，接受坦承之批評。

b. 力從道義與工作上砥礪，避免經濟上之糾葛。

c. 敦品篤實，戒除煙賭浮囂之不良行為。

二、研讀「交通建設」中關係郵政部份之各文，頗有心得，求所以瞭解潤之工作情形及其前途之發展也。

三、本部戰團同學聯誼會八月份茶會，決定郊遊北溫泉，業經周正琨同學等簽呈派卡車壹輛批准，屆時當可成行。經與周同學等商洽後，即行發出通知書也。

8月8日

衡陽城堅守四十七日以來，以外線援軍始終不能攻入應援，已日處危殆，全國緬懷忠烈，眷念不置。該軍方軍長先覺於七日晚十時來電報委員長稱：「敵人今晨由北城突入以後，即在城內展開巷戰，我官兵傷亡殆盡，刻再無兵可資堵擊。職等誓以一死報黨國，勉盡軍人天職，決不負鈞座平生作育之至意。此電恐為最後一電，來生再見。職方先覺，率參謀長孫鳴玉，師長周慶祥、葛先才、容有略、饒少偉同叩。」正氣浩然，誠不愧為中華熱血子孫，堂堂軍人，亦我蘇人之榮矣。

8月9日

一、接潤枰八月四日來信，詳知生活情形及贈「日記簽」壹個，該簽係「紅綢質」、「心形」，中繫「素絲線」，象徵愛情之赤誠而熱烈，更以至高無上之純愛潔心以連繫也。

二、晚本部為慶祝部慶，放映名片電影「亂世風光」，成績至佳。

8月10日

一、隨放映電影所派專車赴城，先抵公總局晤正權兄，旋赴資委員中機廠辦事處晤張大炳兄。溼中別後拾年，異地傾談，快慰萬分。知同學中來後方者，男生僅余與大炳二人，女生則僅宋惠琴與張青珍耳。惠琴服務筑郵局，青珍服務軍令部技特室，不愧為女同學中之優秀者矣。略詢利滇公司情形，知近年頗能獲利，故同仁福利亦較佳矣。彼曾於今春晤桐哥，知一切均佳為快。近伊擬轉學重大地質系四年級也。

二、赴中組部晤賈漢儒兄，彼係患盲炎初愈，尚屬初次探視也。旋同晤中央社唐忠業、代祖澐，繼再同訪中統局謝祺兄。隨出晚餐於北方館中，大麵餅餃別饒佳味。繼赴跳傘塔吃茶，巧遇鄉兄陳建新，久欲一晤者，今得暢敘亦快矣。旋折返中組部晤陳毅夫兄，洽談中訓團調訓事，知報告已簽辦轉請照准，或有希望列入下期調訓也，否則當待諸明年矣。年終考績晉升事，擬請毅夫兄代謀總政證件，以利年資之核算，亦有希望也。同學相知間互助互勵，乃可有事業共襄之希望，信哉。宿中央社。

三、戰通決先印通訊錄，以利日後參加同學之公開活動也。

8月11日

一、清晨六時三十分，第一次訪晤克誠兄夫婦於林森路下石板坡六十六號軍一廠眷屬宿舍，相見之下，至以為快，伉儷情篤，見面即可知矣。俊彬先生品貌均上乘，但較矮，不失為川中秀兒矣。寢室佈置雅潔整齊，一理想之戰時家庭也，面臨長江與飛機場，頻窗遠眺，江帆點點入目，位址屬適宜也。旋同赴新生活俱樂部早點，夫婦亦分別辦公矣。邀午飯，允之。

二、余左上唇脫一犬齒，久擬補裝未果，今日偏訪林森路諸鑲牙社後，仍未能得一家能如理想之補裝者，此因皆主門齒旁須鑲有一金齒方可，然此則余所不願者也。逕抵林森路華僑銀行晤緝熙伯，並談鑑璋數函，近況尚佳，亦快慰也。

三、午前十一時返馬蹄街晤克誠，同赴放牛巷晤李伯母暨俊彬先生令妹俊逸女士，款待備週，情意殷懃，同餐者尚有川籍二先生，係李先生之鄉親也。前以科中文祺結婚，並囑為介紹人，勢不可兩得，乃未能親為入城慶賀並幫忙，誠為抱愧。此次入城，一敘三月來之別情，抑亦流離後最快慰與歡樂之一日也。克誠與余相處至篤，可稱異性兄弟矣。俊逸女士較姐較高大，貌且較勝，溫靜而善客，何川中秀兒之多，誠出余理想之外者矣。伯母及李小姐急欲返資中，此以李小姐尚就讀資師高二故也。午後四時許，相偕抵新川戲院看電影「桃花湖」，銀幕中與戲場中伉儷雙雙對對，有情人能不同感孤單耶。

與克誠兄談及潤枰，知曾代課時授課伊數次，後到湖南讀書，曾代轉吳德基數函，稱人品中等，但甚厚實也。返新生活俱樂部晚點，余向克誠兄夫婦介紹在新所攝影之「亂世風光」，此純以江南及上海為背景，甚可為俊彬先生一欣賞也。繼返克誠寓所作「方城游」，余不善，且已疲甚，乃就新床甜睡。此後克誠兄已得安慰，誠可俯仰無愧於家庭國家矣。

8月12日

一、早點後即別克誠夫婦自由活動。先抵金門照相館加印照片，美術貳張，普通四張，價近四百元，可謂昂矣。繼至各綢莊挑選被面料，均價昂驚人，乃擇普通者費一百九十四元購之。入華華公司，僅購手帕壹方以自慰耳。旋返七星崗，逕以正權兄所贈換票證換票抵新，甚為順利也。

二、返部後接潤妹八月八日來信，知將贈余親製襯衫，何多情之切？余亦為之入情場矣。讀桐蓀來信，知曾患恙在昆治療，幸已痊愈返廠辦公為慰，在利滇強可維持，但甚盼余能至昆一行也。

三、北碚之遊已定明日出發，此次余以個人公私紛雜，未能克盡籌備之責，至以為悵。午後曾赴中山室與文達、振亞諸兄商進行一切。

四、潤妹處久未致信，正擬復連來之二信，但又接八月八日午後夜靜來信。情意綿綿，不知何從而復慰？天下女郎，多情似勝丈夫矣。精神困乏，急需休息，無奈，僅致一短簡耳。

8 月 13 日

一、清晨五時三十分在新橋車站司令部登車，「軍委會幹訓團畢業同學北碚旅行團」一行卅餘人，以最漂亮之交通車出發。

二、車行以機械欠修理，故一路拋錨，頗危險，稽遲時間甚多。迄十一時許抵北碚，該地市街整潔，洵屬一實驗區矣。遊中山公園，得觀涪陵產「老虎」及陝西產「狗熊」等，「狐」亦一見矣。二時許車向北溫泉開行，路頗曲折。三時許抵溫泉，購票（十五元）入外池游泳，男女同浴，生平尚係首次也。池僅及胸際深，頗適男女學習游泳也，愛人對對池畔，別饒情趣無窮。四時許浴畢出，共飲西瓜（十五元一斤）五十斤，至暢。北泉公園勝景甚多，但余等以時間不許，未能暢遊，僅至乳花洞及博物陳列館參觀，但得一試「漢洗」究竟，至以為快。至盛傳「漢洗」之神秘，則僅以物理作用成立，然亦足見千七百年前我國文化之高及科學之發達矣。五時車返抵青木關後油盡，竭盡全力謀之，此時可見辦事人員之精神，而知一般人之不足道，毫無負責與勇邁氣概也（姜濟川同學任青檢所工作）。借得礦油二加崙後，車繼行抵賴家橋，油復盡，商於輜一團十連，復借酒精二加崙返新。此行正琨、程幹二兄及文達、鎮亞皆出全力，服務精神，余至欽佩也。科長小氣太甚，四人共出四佰元，並另帶勤務，而且不能較盡領導之熱心，至以為憾矣。

8 月 14 日

一、疲勞太甚，清晨延至九時許始起床也。接桐蓀哥來航信，知對潤妹無意見，但知在湘時囑楊燕廷於十四中照呼也，恐尚係彼之高足云。擇友條件，來信云以品為第一，貌為第二，而以能甘苦為最要。至潤妹在長曾見過，今則模糊云。

二、接克誠信，囑代謀赴資中客車提前票，即以快信囑正權等力謀之。

三、復潤枰之連來三信，對諸事皆作答復，對黨團問題則留待討論也。余致月姊先後二信伊皆讀到，對余之觀點似皆贊同，但尚不願於月姐前公開承認也。來信亦屢稱來渝，余以工作不易調整，並不宜相距太近，故未再提，或擬俟正式交換近照後，抽暇赴筑面晤後再談一切。

三、接祝平信，知廠中亦黑暗異常，可嘆。彼與綵亦有不和發生，故余與仕之為友更難矣，然則以親戚為友，實亦太平凡也。

8 月 15 日

一、舉行本科第一次特種問題座談會於李科長公館，討論題目為「婚姻三部曲」——戀愛、結婚、婚後——。討論情緒頗稱熱烈，對於選擇標準、適當時期、初戀、熱戀時期、應取態度與戀愛之道德條件、「理智」與「感情」之運用，皆有精采之收穫也。

二、科長女友上海人何亞青女士亦列旁聽，李太太及張東木太太亦列席，對開會進行助益不少。何小姐尚無適當對象，李太太似有代向段、楊二兄介紹之意也。人較笨胖，但頗厚重也。

三、補發六、七月份薪給計貳千元，除決以寄昆明為「黎明」姪添製什物之用，諸姪余尚未贈送什物，同略贈一、二，紓慰余之愛篤矣。

8 月 16 日

一、為北碚遊，科長多帶眷友，引起少數同學之誤會，誠為美中不足。同學間稍以勞逸不均或利害不等，即不能互相諒解，則今後尚有何發展之望哉，況有心人另以冷眼看待，以為有何政治作用在其中。天下之事，庸人自擾與相忌之甚，可嘆矣。晚參加北遊結束會議，擬擴大為新橋戰團同學茶話會也。

二、接黃祖榮信，知尚能在衛訓所苦讀求進，至以為慰，並囑暇赴潤枰家一晤，以告所見如何？發祝平信，勉努力工作與讀書，勿以現實社會不滿為煩悶也，並盼與綵妹能互諒互勵。

8 月 17 日

一、羅家寶兄與楊瑞珍小姐談戀愛已抵沸點，但到了訂婚的階段，的確太值得考慮了，所以很容易發生誤會與雙方的鄭重顧慮。

二、因為日前戀愛座談會後掀起這個問題，所以科中似已陷於情場。

8月18日

一、給潤枰了夤長的一封信，和她討論了三個大問題：

（一）關於我寫給月姊的二封信，她都讀到了，要如何答復呢？這方面她來信已說「以深默的精神自認」，「並賴以後口述給我聽」，可說已給我滿意的答復了。至於我的態度早在二信中詳述，也就未再複述，但告訴她要到筑一行。

（二）關於黨團問題的意見，我贊同她：（1）廣泛收團員的濫；（2）以較優希望引誘的卑；（3）黨團員不能盡本位職責的批評，但也仍鼓勵她不失望——因為腐敗所以要革命——連帶提起我的職業問題，希望她供我參考和鼓勵，與督導我走上成功之途。

（三）關於她常想著重慶的夢，我替她修正為「我做著到重慶的夢」，希望能郵局調動工作為理想，否則也可考慮工作的轉變——會計或教育——。

8月19日

一、接月芳姐來信，她說我有了朋友忘了姐姐，哈哈，其實待她回信真苦哩。寄我長學甥照片，真是活潑可愛極了。她代潤找房子，以後相處更近了。復信代彼說了潤枰妹的意思，「以深默的精神自認」，但仍盼長期的幫助和鼓勵到開花結實，並盼能慰勉她安心現職工作，並指導她一切。

二、徐作霖先生來信，關切至情溢於言表，並囑多訪同鄉中先進益友，以為砥礪互助也。今後對同鄉似宜加強聯絡，以便戰後工作之聯繫較易也。

8 月 20 日

一、紀念週由湯參謀長報告我國後勤趨勢及戰局發展，明年似尚無勝利把握也。

二、與正琨兄、振亞兄閒談，知彼等亦以工作取勝於同仁與長官間。此乃我戰團同學之本色，對不爭氣而以團體為靠助者，皆敗類之無用份子耳。

三、張大經學兄囑代詢脫售房屋事，已得正琨洽商相助。

8 月 21 日

一、整理西南視察日記，補登於元月卅日迄貳月十八日間斷部分，以完整壁。

二、潤枰久無信來，殊以為念。家寶與瑞珍鬧翻，情場正多風波矣。

8 月 22 日

一、接克誠及正權兄信，知克誠令親已於廿一日晨乘車出發返蓉矣。擬借閱樹德先生照片，當可能也，並即日於思信兄處取之，共得祝地照片五十楨，恍如置身祝遊矣。擬通知克誠後，祝人敘而共賞之。

二、潤枰於八月十八日晨及晚先後來二信。我於八月初大約一星期沒有給貴陽寫信，所以引起了潤及月的記掛，尤其是潤枰，女孩子真難應付了。她也似乎感覺得我倆感情進步的太快了，所以有「慢慢談」的理智發現。這在我也早覺得，所以去信也有此暗示她，並告訴月姊。來信改稱呼為「貽哥」，事實上感情更急進了，我卻也更應慎重而坦誠。潤枰請代轉信給克誠兄，當然要代轉。

8月23日

一、參加駐渝直屬區分部幹事會議，監護營幹事遭申斥，有調動可能。純青應科長囑赴城覓員介紹，介駱駿兄前來。但聞書座有調純青前赴支持之說云。

二、發克誠信，告有祝塘照片伍拾楨，俾可神遊祝塘矣。附壽昌信，並請介一、二女友，潤枰信亦附轉。

8月24日

一、發潤枰信討論處世問題，對慢慢談的態度完全同意。

二、參加書記長老親七十壽慶，股長以上參加之。

8月25日

一、赴參謀處晤同鄉繆參議吟聲、潘副處長茹剛，談頗洽暢。數月相敘一次，誠亦至樂事也。

二、本部即將擴充，聞十月一日起軍政部所併機構即採後勤編制與預算云。特黨亦須擴充，聞將改科為組，並分設視察、秘書二室，本科則分設訓練、宣傳、編審三股云。

三、晚應書記長邀晚餐，菜肴至佳，書記長陪同共餐，頗快愉。本部較高級同仁歡樂之飲，余尚係首次參加也。

8月26日

一、赴孫家岩十九號，應張大經同學約前赴便餐，同赴者為楊育興、周正琨、楊文達、吳鎮亞。張兄係新橋當地世家，伊父曾任大元帥府秘書職，迄今房屋仍有卅餘間之多。此址擬轉讓本部應用，故特囑代為介紹，今已商正琨兄辦理矣。當日在張兄家午餐，洽談頗快，道受訓生活，尤別饒興趣矣。

二、午後壽槐庭邀六政伍紹穀來晤，適砥中赴城。我以六政老同事，雖無深交，理宜招呼，況亦戰團（三團）同學，彼此不分也。詳談六政情形，不勝今昔之感矣。

三、詹再吾病況較重，經濟亦迫。經科中同仁每名聯助貳佰元，共得貳仟捌百元，助其藥費，並探視後擬設法治療也。

8月27日

一、今日孔子聖誕，接杜潤枰妹及偉嫂來信，對婚姻問題已成吾心中之主題矣。復潤枰信，仍以探討職業問題為主，伊搬至月姊處住，稍慰。培學等亦囑好好進行，勿必再事另求。余對潤妹之傾心向余與月姊之竭誠愛助，實亦至感矣。

二、鶴亭家久未晤，未知志英姊分娩否？念念，擬擇暇於近日赴晤。發家信一封。

三、壽槐庭兄挈伍紹穀兄來晤，暢敘六政情形，至以為快。壽昌不得來渝，亦至以為悵矣。與育興兄於晚洽談今後為人處事各節，以部方及科中人事日趨複雜，當圖自力奮鬥，爭取有利立場也。

8月28日

一、為準備憲政聯合會出席事宜，稍讀書刊以備應付也。平時不努力，此等場合，今後恐不易隨便敷衍。貽蓀乎！其應速埋頭充實矣。

二、周正琨兄未婚妻即來，擬請設法介紹工作，此亦一難也。楊文達請介紹學生，亦難也。中山室聞將擴建，今後人事又難處矣。新橋同學會不易辦理，亦難事。紛紛不如意事正多，吾以應酬為困矣。

8月29日

一、午前七時赴中山室參加憲政聯合研究會，事前以職務未經分派，皆存心觀望態度，工作熱情亦見低落。羅、楊二兄意外延誤至八時半到會，科長焦急萬分，此種工作形態之鬆怠殊堪憂慮。斯時鐵郵已到會，誠令人自愧不置也。

二、會議進行情緒尚佳，經理處李科長濂報告內容充實，尤堪佩。秘書作結論，亦見扼要。特黨皆未發言，但本人準備不足，亦自覺學問太虛弱矣。

三、強允楊育興兄邀赴科長家談：（一）文祺眷曾先生新小任教事；（二）新小修建事情形；（三）本部擴大事與本科工作調整事；（四）彼等則打牌為娛。

四、允楊文達囑函吳校長淑清，請錄取交通處學生吳樹忠。

五、與段純青兄談天，深知其好急之性甚強，似有不可耐意。實則來部僅八月閱即任幹事，可謂優遇，即前育興屈居助幹，亦無話講也。今則以余及育興皆將升任股長，已有不安心屈居之意，如此怎可呢？權利即相奪或不能容，吃虧或稍抑即不能安，而不思自己努力如何？人家努力如何？老段誠心直口快，而究不失之「虛浮」二字也。愛摯朋友與同學如余者，苦心總不得人大白，余平生總甚悵悵也。

8 月 30 日

一、接潤枰來信，邀赴筑遊。果車輛與經濟方便，決可於一、二月內行之。

二、文達囑介吳樹忠學生，吳校長尚給面子錄取，稍慰。

三、伙委會本日大打牙祭，牛肉、豬肉充分供應，數月來之破天荒也。

四、業小書法比賽案彙評結果，發給獎狀九張，獎金四千八百元整。

8月31日

一、監護營幹事高明撤職，已決定介紹駱駿前來。午後即赴復興關財訓所一行，原擬晤睢大隊長友蘭，時間不許未果。

二、由大坪赴兩路口，經過復興關，俯瞰中訓團，相當雄偉，增我氣概。

三、到經濟食堂晚飯，僅費八十一元，可算便宜。此次抱定不揩油主義，一切車食一定自己負擇了。

四、到克誠家，俊彬的姐剛從昆明來。在渝成立家庭，親朋甚多，亦至苦。

五、晤克誠於一廠，頗洽。返放牛巷九號宿舍，神遊祝塘後即睡。

9月1日

一、訪國楨兄未遇，巧遇復蘇負責人孫翔風，略談同鄉會及復蘇情形。

二、金門取照片，便購絲襪一雙，即赴新生市場代老段取大衣，旋訪七崗。

三、在七星崗候車，特別優待送我了特約證，真是意外幸榮，同時替衛生署某女士也代賣了一張，可算是社會服務。旋在返新車中，遇重慶市政府地字二五二號證章職員太揩油女性了，我本于正義感，數度示色該人適可而止，並希望該女性能提抗議，但她太柔弱了。那人的手肘竟不斷在她的乳房擦著很兇，因為她在我對面，臉也飛紅起來了。我良心要我協助他，計上心來，就拿出日記本抄那男子的證章號碼。因此，他就安分了，她也得免再受蹂躪。男性太卑視與欺侮女性，實在不該，女性太軟弱，也是值得自省。

四、駱駿見過書記長，工作也許可以決定了，柴營長也表歡迎哩。

五、謝天驥是總務科文書股長，因為與范、魏不合作，迭蒙摒棄與難堪，現已進行辭職，並向同仁發出苦訴。他們要聯名挽留，我也蓋了章。他們也太手段辣了，可利用則用，否則就是請你滾蛋，人情與人事之黑暗，真叫群人長嘆。

9月2日

一、段純青也患病了，夏末秋初，應該保重身體為宜，生活力求安定尤為首要。

二、寫信給潤枰，可能一、二月中赴筑一行，問題在車輛與請假。寄去年照新加洗的一張，聊作首先的見面。並囑調查宋惠琴工作。

三、羅家寶兄與楊瑞珍是鬧破裂了。失戀的家寶，相當悠閒，可佩！

四、與思信閒談本部人事，勾心鬥角的人，真是無聊之極，可恨可悲，奈何！

9月3日

一、發潤枰信，並寄照片壹楨。如何去筑，念念在腦矣。

二、紀念週部長報告黃山會議經過，及本部幾件不好的事。整軍與裁併機關是黃會重心，公文馬虎與不切實際及賭風，是本部最壞事矣。

9月4日

一、接潤枰八月卅一日來信，詳述與徐雨蒼先生晤談經過，他老人家囑她做事要：（一）要有能力才幹；（二）要努力勤勉；（三）要涵養忍耐，（四）要有恆。的確是經驗之談，平實而最中肯的了。他對於一種成功與失敗的人的預測是：（一）正在服務的人，能努力勤奮，並公暇自己研究工作上的進展和學業上的進修的，前途發展是無從估計；（二）做事稱職，平庸守職的人，公餘也不再上進的，可說再無發展了；（三）是完全墮落腐敗的習氣染上，整天嬉遊的人，根本完了。她問我我無第四種人，並希望速去筑遊。

二、午後二時沈書記長電召談話，乃準時赴公館漫談。曰為謝天驥兄辭職事，大家聯名報告挽留，我也蓋章，所以垂詢較詳。我本於公正立場，意見為：（1）感情上挽留之舉，我贊同；（2）工作上需要此人材，我贊同；（3）此種越紀事件，我本不贊同，但希望因此而整飭本部風紀，我就贊同了。對於魏科長為人，我的看法是能：（1）誠對人，當然無問題；（2）否則表面與內心不能一致，今日能對某一個人如此，改日何嘗不能再對旁人？我總認本部人事糾紛起於庸人自擾，果能坦白真誠領導，同仁無不樂於善處也。對段純青與楊育興之印象頗佳，此余堪自慰者。對於本部風氣問題，余亦至希望轉變也。旋思信兄來晤，即同返部，聞將調家寶接天驥兄工作云。

9 月 5 日

一、編八月份工作月報。

二、復潤枰信，並寄克誠結婚照片。

9 月 6 日

一、午前閱讀本國地理。此書延遲迄數月尚未讀畢，至愧。

二、全金擬考瀘江東吳聯校，未卜能錄取否。彼能力求上進，頗佩。

三、天氣轉涼，讀書時期開始矣，身體亦宜加強營養也。

9月7日

一、接潤枰九月三日來信，盼能早日赴筑，並告月姐家庭之理想，及作霖先生曾赴月姐處家小玩。玉文照片盼得一睹云。

二、國民參政會三屆三次大會於九月一日開幕，充滿民主精神。美生產局局長納爾遜與羅總統代表赫利現抵渝，對經濟與軍事頗有磋商。值此世界大局直轉之下，我國之情勢急宜迎頭趕上也。

9月8日

一、晤程幹兄，請介紹赴筑乘車事宜。與廖弘及正琨約晤未到，殊悵。

二、駱駿來部工作事，已批人事組測驗，諒已無問題矣。

三、九月六日開戰團畢業同學第四次座談會記錄併三次北碚旅行團者，於今日油印完成。

四、復潤枰信，擬決心赴筑一行，但預計需款萬元也。趕編駐渝通訊完成，但草率過甚，自覺愧甚。

9月9日

一、午前會報後，書記長召集參加聯名挽留謝天驥同學之十八名同仁訓話，秘書亦參加之。對此事之前後情節，經詳為剖白，決心分別處分。午後手諭頒下，至屬公允。魏科長申斥，今後應至誠領導部下，周結超奔走號召誘眾，姑念勤勞，應予停職。總科參加人員周謁華、吳家桃、甘俊臣、楊善明各記過一次，其他宣、組二科著由科長嚴加管束。此事由此公開以後，諒本部人事之暗潮，必可風氣稍殺矣，誠為黨部幸也。

二、謝天驤兄為此事已陷神經病狀態，老實人無能而心胸太狹，亦至可悲矣。對結超兄之能努力工作，此次遭停職處分，擬與全金兄等設法挽救之，此亦為免造成人事裂痕而反造今後之隔膜也。

9月10日

一、接桐偉信及合家照片壹楨，諸姪活潑可愛，至引為慰。當即於午後復信，並寄照片壹楨，並附告對潤枰事之見。來信九月三日及月姊八月十三日二信亦附寄，以供參考。蓋同胞如兄弟，應坦誠相商也。

二、紀念週部長主席，報告滇緬及湘桂戰況，西南、湘桂吃緊，國內戰事之艱難與惡化，至為悵悵。然軍人與行政之不能提高效率，亦為事實困難，故參會及政府已決心提高軍人及公務員待遇矣。盟軍攻克列日，離柏林僅三百卅五里（蘇），法南矣僅五百里左右。大勢所趨，納粹年內可投降也。羅、邱即開魁北克會議，盼打倒日本早日實現也。

三、參政會民主與公開之風頗盛，對政風必有裨益也。

9 月 11 日

接潤枰九月八日來信，告敏生兄擬遊花溪，並囑代胡哲文女士謀工作。

9 月 12 日

一、為周結超兄事與全金商挽救之法，但成效如何，仍無把握也。

二、詩興大發，抄千家詩小冊一本，以便暇中吟讀也。

三、發潤枰信，可能於中秋節前到貴陽也。

9 月 13 日

一、午前參加駐渝單位幹事第十七次幹事會報，舉行分組研究。

二、午後五時，為結超兄留任工作事，與范秘書作最後之洽商。此事果能魏科長、范秘書讓步，則然後再請丁、李二科長說項，當可有成矣。

三、為潤枰事赴科長家與科長及太太相商今後發展，同時亦作請假問題之備案也。科長之意歸納如後：

（一）汝倆基礎甚見鞏固，雙方情意亦濃，似可順利發展。

（二）示於九月八日來信，頗為讚許，並給太太看後，亦表贊同。

（三）提出赴貴陽一遊事，亦表贊同，惟需時在半月左右，車行亦苦，金錢亦復不少，既去之後，最好能收穫代價。

（四）科長之意，最好去筑後即雙方辦理訂婚手續，並相信決無問題，目前即可去信徵求同意，由月姊代為說明。

四、便談駱駿兄事，務以少校給委。結兄事亦談，總以不換秘書及科長之意為原則。

9月14日

一、為赴筑與潤事，終夜轉輾不能成寐，考慮再三，總以時間或太早也，果能順利發展，則三生有緣，又復何言。原擬赴筑過中秋節，是則恐將延期十月十日赴筑遊矣。

二、晨起即赴翁思信兄家商談潤事，夫婦之意，亦表贊同。

（一）認為雙方既然相愛相親，訂婚似屬可去筑即辦也。

（二）可告月芳徵求同意，總為穩妥，到筑後情投意合，必無問題。

（三）手續可力求簡便，登報與攝照即可，否則置二金戒留紀念亦可也。

（四）我可去信志春先生代為你們說合此事，你亦可向家中述明，桐哥亦可徵其同意也。介紹人則敏生兄和渝方再找一人可矣。

三、毛志同學兄來晤，總政工作已決心不就，仍返興山田賦處服務，擬借川資若干。我以拮据之苦，實難盡如愛人之意，乃僅與育興同借陸佰元而已，但先後所費已近千元矣。

四、午赴書記長為太太生日壽，此次育興同附，藉參加幹部應酬也。

五、午後許偉雄自城來，始悉為趕赴北碚治嬸喪，伊以獨力負擔嬸（叔為共黨所殺矣）及二弟妹之負，亦至累矣。今日意外，勢應竭力相助，乃在無可奈何之窮境，送千元之。今日意外支出達貳仟元，應酬之困矣。

9月15日

為去貴陽事考慮至再，車輛、時間、經濟、時機，乃四大要素也。為與潤妹事更苦慮深思，以求理智與感情並重，勿失躁急之過錯。晚乃決心致信敏月哥陳述一切，並轉告思信及科長夫婦意見，並加己意之訴說焉。長達八頁，乃生命史中重要之史頁也，囑留後賜還也。

9月16日

一、國共談判之經過情形，已搬上參政會公開報告，分別由張部長治中及林祖涵參政員陳述，所有文件亦經全部發表報端公開。公開可以解決一切，可以毀滅一切病菌，公開的要求，可以使國家早日統一軍令及政令，公開更可使民主的真作風搬上參政議堂。

二、接潤妹九月十三日來信，盼早日到筑。我想代購呢大衣料，不知經濟可能否？筑遊所費約計萬元，籌措實較難也。

9 月 17 日

一、參加國父紀念週，副部長報告湘桂作戰情形，情勢惡劣，至以為念。

二、擬復潤枰信，此為五月五日（端節）富有劃時代性的文件後第二次，半公開的要求同意在貴陽訂婚。原信抄存壹份備查。

9 月 18 日

一、晨親發潤枰信，天意如何？實不可得而知矣。

二、兵站機關訓練通訊服務，本期為小組訓練專號。

三、官兵待遇調整，以增加反攻力量，為此次參政會主要議題。業經政府採納，自十月份起調整新餉章，以少校論，為月支薪金四仟四佰元，合計代金可得七千元左右矣。惜此項調整太遲，能早於一年前實行，則軍事當不致有今日之惡化矣。做事決心遲早，否則延誤時機，誠屬最大之損失，而無法補救者也。

四、羅、邱第十次會晤於魁北克，業經商決對日攻勢全盤計劃。一般國際輿論之判斷，抗戰勝利明年可待矣。

9 月 19 日

一、周希俊兄來晤，乃廿九年同赴恩施之直友也。彼先後留特室、省府、長官部工作，頗博長官賞識，此次調一戰區任長官部秘書處工作也。彼志切地方行政，與余志相近，無一不良嗜好，正直之為人態度與余亦相似，可為友也。

二、談及施垣同事，皆有顯著之進步成績，反躬自省，誠為自愧矣。嚴欽亮、徐道卿、王雪非、陶志良、王樹庭、楊光華等著工作成績，至慰，遠念。何伯言已娶闞會計長女為妻，任職鄂田糧處秘書，甚佳。黃華亦返渝矣。

三、得毅夫兄寄來總政發六政四科少校證件，至慰。

四、西南戰局吃緊，貴陽亦告吃緊，貴陽之遊，念念在心也。

9 月 20 日

一、希俊兄赴城後即轉一戰矣，帶信黃華來玩。發何伯言信。

二、發鳳樓信，託訂中央日報寄祝平，訂中周寄潤枰。

三、本部增加經費案，迭次簽請增加未准。當局忽視黨務，至堪嘆息，而黨務之奄奄待息，亦可自憐矣。

四、據新橋小學吳校長，傳聞中組部之軍黨處已經中常會通過撤銷，軍黨今後不復發展矣。余之過渡時期似將提早結束，應速謀轉入正式持久之機關工作矣。

9 月 21 日

一、華澤民弟來晤，彼近患痢，頗瘦弱，但此次考取交大航空系，至屬可喜。吾鄉大學生仍能得保持一、二人，強慰人意耳。伊弟濟民亦能來渝入先修班，更以為慰也。

二、接徐雨蒼先生函，並介謁祝兆覺先生（地政署署長），並多勗勉，其■擬拜晤後參加江蘇青年協會工作也。
三、復潤枰九月十七日信，擬五日前赴筑一遊也。

9月22日

發潤枰信，午前又接潤枰十七日來信，問我理想的她假使失望為何？澤民赴中院診病。九三軍陳牧農軍長棄全州，槍決。

9月23日

一、我自本月份開始了恢復正規的生活，同時也注意適度的營養，所以身體和精神，自己特別感覺到進步。自從潤妹通信進一步以來，也確予我精神愉慰。同仁都說「心廣體胖」，我真開始走上幸福之途嗎？
二、清晨石壁山頭的誦讀古文觀止，真是心領神會的特別感覺讀書樂。蔣經國先生自述，委座諭示中說，能精選古文二、三十篇，精讀而能背誦，出口便來，那麼下筆也就可以得心應手。我將決心選讀三十篇。
三、照例的部務會報時，書記長特別指示大家每星期六午後四時至六時整理內務，一定要把桌上和一切用品整理好，以養成整潔的習慣。由此可見同仁實在有些欠整齊清潔，我想起寢室的木箱，更不勝悵悵！

四、發潤枰信，告訴她可能在十月五日動身赴筑。

9 月 24 日

一、國父紀念週副部長報告黃會時的經過。召開的主要原因是檢討河南與湖南失敗的原因，在：（一）軍紀腐敗；（二）戰力減弱。而所以的主因，是：（一）吃空額；（二）經商——與民爭利。歸結是部隊待遇太低，不足以自存。問題嚴重到今天才爆發，真擔心其太遲了。

二、潤枰廿一日來信，述說貴陽受戰事影響不安定，要我暫時不去，那麼未嘗不可考慮，或許要待戰局而順延了。

三、楊育興兄墮性太重，出乎我意料之外，近日對他真傷神極了。我要對得起自己、朋友和長官，我一定要規勸他矯正生活。今日乘向我借錢的機會，發了他的氣，並寫信請他自我檢討。原辭大約如此的：

育興兄：

老羞成怒是懦弱的表示！請閉目沉思作做嚴肅的自我檢討，自欺欺人不是聰明人幹的事，我們要坦承接受批評，勇於自新！我有一貫做人的作風，我們要對得起自己、朋友和長官！請問今日六政的老同事還有誰？志弟貽蓀願共勉之。

目前他的毛病最大是賭錢，夜以繼日的幹煙（香煙）沒戒掉，又要吃酒，並歡喜到處逢人搶錢用，做事也欠缺主動精神，活像老慢牛般推、拖、延！長處還沒滋長，短處就蔓生，這樣下去將如何有前進！

四、段純青兄也是老氣橫秋，隨便的不得了，緊張的情緒完全沒有了。生病以來，整月的未曾安心辦公，專事以張銓講空話，生活不切實際，流於空疏，就正中他「浮」病的致命傷。更以育興兄的不爭氣，也可以此自掩較他好一些，以此推絕我的善意批評。所幸賦性尚正直，知過勇改的精神還有！

五、我自己的缺點也太多了，生活和工作，自動和思想，根本不能誘導同志共向善的方面發展！不然的話，應該可以早日砥礪了！個性的偏執和燥急，更容易引人不快，獨裁的性格也易使人難受。我將加緊自治的工夫，並求行動上領導大家向善處走！我來特黨剛滿一年半，但先後介紹了三個少校同事來，並且在同科工作，一方面可以自己安慰，一方面實覺責任太重了。工作不能開展是愧對黨國，學術不能砥礪進修是愧對朋友，如此也就辜負了長官的期望，我是如何的戒慎恐懼？「滿招損，謙受益」，今後不能自處是會鬧亂子的呀！

六、郁文祺結婚後變瘦了，精神也疏怠了許多，今天特別懇切的盼望他自己策勵自己，有為的青年要能始終一貫奮鬥到底，否則成功是仍屬空想的！

七、張厚菴的工作精神可佩服，但脾氣要寧靜，尤其不可有對人分階級看待的惡習，因為如此最易得罪人而埋殺成績的！

八、羅家寶兄的負責精神和容忍性都好，並且能特別發揚此種長處，實在值得欽佩。可惜生活太取守勢，顯出太平凡了！

九、張銓來科後，始終以放大砲過日子，不想在工作上或學術上求進步，一切也顯得世故甚深而好玩權術。來科後造成了不良的風尚，毫無貢獻而反遺害，這是我最痛心的！也是他所以失敗的主因！！

十、我今天犯了「臧否人物」的過失，但私衷希望是一個「好」字。我至誠希望本科能轉入好的風氣中生活著，前進著！！

9月25日

一、四月奇未接家信，思親之念倍切。作書告稟近況，並述擬年內赴筑月姊處一敘，並便晤潤枰妹，果雙方同意，則有訂婚之可能也，否則決待戰後再論也。

二、與彭仝金討論做人做事與讀書之態度問題，發現吾人尚未能克治自己以砥礪學行也。是則，個人尚不能對人公開，在日光之下澈空，以自欺欺人為得計，況論施惠與感化群眾也。利害與是非常在吾心格鬥，總以吾心之求安獲勝為是也。

9月26日

一、育興兄終夜未返就寢，日以繼夜，生活之失常如斯過去！

二、清起精讀古文於石壁山頂，仰觀群山之氣勢磅礴，遠眺旭日之晨曦普照，會神文氣之豪邁無垠，誠覺心廣神怡，悠然有我高於一切之慨矣。

三、朱自清教授所撰「經典常讀」，整日批閱完畢，對於經典常識之增進得益良多，可稱一國學概論也。

9月27日

午後開科務會議暨生活小組，科長闡述科中人事調整之意，及今日之風氣日非。舉其要者為：（一）不請假擅離，或越假無常；（二）生活反常，喜在部參加聚賭；（三）讀書風氣低落；（四）工作精神消沉。皆中要害，深足科中全體鍼砭也，而黨之壽命不長，準備轉變為最要者矣。

9月28日

一、接潤枰廿五日午發信，乃係復我九月十八日求婚者，意能坦白真誠的接受，毫無婉拒之辭，誠快愉萬分，人生至樂事矣。相信雙十節到筑後，必能情投意合，揭開吾倆幸福史之首頁矣。當晚即敬復告知時局無問題，決於十月五日動身到筑也。

二、與思信兄商籌八千元，僅允三千元，似宜再行設法另籌也。此事為人生大事，即稍費亦應該之事，決向家中設法劃用萬元，否則初入愛途即受經濟之窘迫，尚何幸福可言。今後謀經濟之健全實屬最要之事也。

9月29日

一、發克誠信，囑代籌或劃用伍千元至萬元，諒能鼎助也。緝熙伯處則尚無信來，未審能代劃伍千元否。

二處果成，則萬元可劃矣。自己再籌萬元，或可作筑行之用矣。

二、再發（午後）緝熙伯信，囑代劃五千元至萬元。與思信兄商赴筑事，經濟為一困也，旅途為二困，而一時籌措不及，實屬最傷腦筋者。總之，此事前未能妥謀，臨時實難矣。

三、月姊來信，謂潤妹完全同意，盼十月十日到筑訂婚。

9 月 30 日

一、赴筑壹節，為經濟籌措，頗為遲遲，此亦時間匆促為慮也。育興與純青不能在最重要時候相助，似不能做知己之友。固應原諒，但氣度太小，實不足為道，擬不予相援矣。

二、思信處送禮，購肉五佰元，老實辦法也。

三、與文祺談心，世事認識太淺，但純潔可愛也。

四、晚復月姊信，告恐不能如期赴筑也。

五、科中共仁，每人賞月餅壹斤，共食酒等為娛，亦樂事也。

六、赴小龍坎晤黃祖榮父親，彼仍囑伊讀書也。

七、赴筑事籌措不定，不知何為？劉賢文邀赴華岩，堅辭之。

八、接潤信。

10 月 1 日　中秋節

一、中秋節，天下雨，頗有冷落之感。午前復潤信，告去筑事，或不能遵時到筑，盼勿過事相矣。剛擬發出，又接廿八日來信，併復，並告囑祖榮續讀，呢料決斟量購之。昨晚月信同時發出。

二、接克誠信，囑劃款事，可能五千元，盼入城時決定之，不失相助之知己。

三、赴筑事擬必行，決於三日入城，最遲五日動身也。

10 月 2 日

一、赴筑事積極籌措，擬決然成行也。

二、參加擴大紀念週，軍醫署、交通司、糧秣司新撥三單位科長以上人員參加，仍任紀錄。

三、午後晤曹荃兄，堅囑赴筑，並商劃伍仟元，由桐哥寄新歸墊也。

四、旋赴交通處晤王懿兄，請其函介海棠溪司令乘車。繼晤張湘漁兄，請其介紹貴陽返渝時之車輛，皆蒙首肯。返高灘岩楊文達兄家晚飯，正琨兄適自渝接培力返，暢談頗濃。振亞兄應先謀差假證，到處順利也。

五、返部後趕工結束工作，以便預期赴筑也。九月份工作月報完成。

10 月 3 日

一、整日為赴筑事籌措與準備，決心請假十二日，業蒙照准。

二、華欽文伯來示，允為介紹人，並籌五千元。

三、張湘漁、李摶鵬二科長函介車輛，程幹兄亦函介，諸事順利也。

四、孔、倪、許三兄亦允以呢料不抽籤相讓，但尚未整個解決也。

五、潤又來信，熱切的期望，誠使我不得不赴筑矣。姻緣前定，勢將必成矣。

10月4日

一、午前一切準備赴筑事項，大體完成。孔兄等所讓呢料以當局稽遲，未得解決辦法，乃決心放棄此種持有機會，另在小龍坎價購之。

二、赴省行曹荃兄處提用五千元，並囑桐哥先匯新後寄昆可也。

三、午時在思信兄家提用萬元，伊等至望此行成功也。

四、午後三時赴小龍坎，購藏書、呢料壹套，價萬元另貳千五佰，以備與潤妹訂婚時之禮物也。此乃必需之物，以後購置不易，似屬最為實際也。長學甥或月芳姐需要外套時，尚可同時拼做矣。

五、晤黃祖榮父暨寄父，囑伊在寄父友桑先生處好好幹可矣。

六、公路總局晤正權兄，囑籌款以已足月未取，同進晚餐，至洽歡。

七、訪克誠夫婦，未遇。繼晤絹熙伯，相談至洽歡，推愛尤切，盼能成就後返渝也，並囑謁雨蒼先生，並能隨濟民返渝也。

八、晚即宿緝熙伯家，鄉親之熱切推愛，誠較勝朋友一籌也。

10月5日

一、晨起後即赴林森路米街子五十七號晤德昇先生，並與玉瑾學姊談潤枰妹事。伊稱三中時有錢先生學生曾某識潤枰，時加匡助也。

二、赴巴黎理髮廳理髮（可）後即赴一廠訪克誠，知赴江北未返，乃赴宿舍取行李後存玉瑾姊家。便於中審會晤楊燕廷先生，略談潤枰做事能幹，但性格較大也。

三、繼再赴緝熙伯家，知午前與容民兄相約一敘者，伊已蒞華僑後又返矣。五時再晤克誠，得面敘，知乃隨軍委會視察巡視也。繼俊彬來，共赴一園看電影「黑天鵝」，描述西班牙獨立之經過。其中景頭最佳者實為傑美與瑪格麗之情海離奇，熱烈之擁抱與接吻，誠使人神往！其中插片「春寒廣色」之舞姿與偉大場面，尤堪驚人稱豔！旋外出晚餐，共費八百元，並提用五千元。克誠兄相待之知己，誠足引慰。

四、晚仍返緝熙伯家宿，並談果訂婚如何辦理，並提五千元之。此次諸承戚友慨助筑行，果太失望，則不知將何處理矣。

10月6日

一、在林森社會部門口巧遇前江陵彌度寺區公署區員張步湘，知現於新部洪次長蘭友辦公室服務，甚佳，並知莊鴻安已高考取後赴甘肅擔任縣長矣。吳區長創秋一度任宿縣縣長後，現調省府參議云。

二、九時赴海棠溪東站訪倪司令及王參謀，以天氣連日陰雨，路途太壞，車行必較危險，決乃乘特約交通車赴筑。即商王參謀等，即獲於午後未經登記手續，而獲優先購票之權利。價為二二四五元。

三、渝市出境，須持正式差假證或出境證，余僅持特黨證書書，故總驗處不准放行。旋折返警局（十分鐘）領出境證，方得解決也。午後四時搬社會服務處「社人之公寓」宿，僅五十元，稱廉矣。是夜轉輾反側，潤累我矣。

四、以明日清晨八時即可出發，並計程雙十節必可抵筑，乃發快信通知潤妹，並告育興兄之。

10月7日

一、清晨八時特約交通車即能準時出發，可以為快。車行順利，天氣亦見放晴，處處顯示光明與順利，內心歡樂之狀難宣。但潤究如何？念念不釋也。

二、抵綦江午餐。同行浙江大學二學生頗可親，乃餐食宿共焉。綦江首次午餐較佳，加厘雞鮮美無比，出外營養亦重要也。三人共費七七五元。晤黃煜兄，知黃紱兄已抵渝矣。馮志成亦晤敘也。

三、車行總以潤妹念念不置，女人之魔力，何其大哉？英雄美人不可片刻相離，乃人類之天性使然也。余平生素遠女色，故七年尚能克慾自制。然自與潤相識後，情投意合，志趣與個性似頗吻合，乃不自覺日趨情網，感情難以自制矣。而選擇之對象，果以品德為首？抑以女色為首？更使我苦憂深慮。然筑行已成，謎已待揭，當斷之時已不可稍猶疑矣。果天意成我倆良緣，則自然之發展至此，余將聽命而已。留宿東溪。

10月8日

一、東溪出發，車行迅速而平穩，駕駛員技術甚佳。同行僅十七座，皆有座，但板凳較苦耳。然有潤為慰，亦足忘懷矣。

二、車行中苦無自娛，乃詩興大發，雖不知如何做法，但自發而吟而樂也。首將本日打油詩分錄於茲，以備日後之流覽耳。

（一）遇釣絲岩——川黔道中最險之懸岩

1. 崇山峻嶺重重岩，川黔最險釣絲在；
   回首當年開闢時，多少英雄忠骨埋。
2. 川黔崎嶇多險塹，釣絲空懸吊心膽；
   祗因貴筑伊人在，英雄吟詩遇天關。
3. 上懸絕崖崖有頂，下臨懸岩岩無底；
   最是險象心志定，且把詩詞悠然吟。

（二）遊花秋坪

1. 峰迴路轉峰路繼，花秋憑眺公路回；
   國家命脈在西南，奇蹟勳功萬古戀。
2. 迴環曲折七土灣，巧奪天工自古難；
   地當衝要西南關，仰天長嘯英雄在。

三、車抵桐梓縣城宿營，僅午後三時許，乃約浙大同學三人，赴節孝祠海軍小學參觀，並訪郁文祺之弟郁文弼。郁君少年英俊，志氣不凡，我海界後起有深望焉。喜得二首錄答：

參觀海軍小學有得

1. 強壯活潑稱英雄，朝夕攻讀新海軍；
   但願五年學成時，同掀太平海上風。
2. 萬般國仇鴉片始，最是痛心甲午恥；
   寄語中華新海軍，發憤圖強立大志。

10月9日

一、桐梓出發，以車行稍有固障，抵遵義即宿焉。

二、沿途多感，無以解懷，仍以吟詩自得，悠然不知置身重山矣。

（一）過婁山關

1. 迷霧細雨撲窗來，道路泥濘多破爛；
   低頭沉思伊人時，不覺飛越婁山關。
2. 奇峰夾峙闢雄關，瞰眺西南稱天塹；
   寄語江山英雄在，豈得版圖任破殘。
3. 婁關直瀉車疾飛，此身恍然菈天際；
   低頭細量初戀味，恰似騰雲坐飛機。

（二）錄豐收大熟

深山初晴一色新，四顧小畦遍黃金；
軍糧民食從此足，天佑吾民慶復興。

（三）公路植株有感

築時容易護時難，養護出產更莫談；

但願桐柳間隔栽，五年植樹即成材。

10月10日

一、遵義以銀耳暨茅酒聞名，擇購稍許以攜筑也。計購銀耳兩斗六百五十元。酒以不便攜帶，未購。刀肉及臘腸稱廉，各購一斤，計七百四十元。

二、天雨，雙十節慶祝各地不得熱烈舉行，亦可節約也。原擬節前抵筑，後擬節日抵筑，今則節日之午後始可抵矣。

三、車行稱順，心至快慰，但窗外雨淋，車頂有漏，日寒陰霾，倍覺秋思繚繞，憶念潤之情，無時可釋矣。

（一）秋思（車中）

1. 秋風秋雨苦秋思，人生難得青春時；
花開堪折直須折，莫待無花空自躇。

2. 重霧苦雨滴窗櫺，秋思撩亂意懶散；
破車爛頂到處漏，想時容易行時難。

（二）過烏江橋

1. 傍山倚水車行緩，峰迴路轉亭翼然；
烏江大橋臨江飛，人定勝天西南冠。

2. 兩岸奇峰生雲條，深澗烏江水連篙；
黔江飛虹綺麗處，借問知己入畫無。

（三）巧對

1. 水推水車車推水，山闢山路路闢山。

2. 人開汽車車載人，車行公路路通車。

3. 秋風秋雨寄秋思，重山重峰起重霧。

四、離遵義四十公里之刀靶水地方，物價最廉，豬肉老稱八十元壹斤，余購豬肉八斤，以供筑用煉油也。筑價 200 元，相距甚遠也。

五、午後八時，車抵筑時，苦天雨地濘，人力車一百五十元拉抵護國路一五一號時已八時半左右矣。敞門由月芳、潤妹迎來，昏暗中不知何語也。斯時情景，曾於車行預詩二首測之，錄右。

相見歡

1. 少小離鄉客筑會，鄉音無改年華催；
   阿姊相視若相識，笑問阿哥何遲來。
2. 相思心頭今相會，相視低首誰想誰；
   川黔雖然多關山，美人仍是英雄偎。

六、車抵時索價太昂，乃給壹百二十元，但仍入門內強索，乃給之。但車夫旋返，急呼被偷車胎，敏哥出視果然。筑時在如此高等住宅處，小偷橫行如斯，誠亦怪事矣。車夫強欲賠償，敏哥與之入二分局理之，久不返。與月姊往視，將抵時，已解決而回矣。（無事）事已將十時，略談即入睡矣。

10 月 11 日

一、潤妹樸實誠篤，為唯一可愛之處，學識基礎亦佳，且能不斷進修，至屬可取。但體材稍矮，稍欠調和，姿色則中常。但余以伊保持學生時代天真樸質，果能今後稍注意訓練改善，似可有進步餘地，敏哥亦如此說，故衷心以桐哥所說「品為第一，貌為第二」自慰。況吾倆應在「名利與姿色上打破難闢，方能精誠合作也。」伊處處表示慰貼之愛情，余亦實至感也。

二、午後敏哥請假半日陪余赴晤雨蒼伯，並邀來此晚餐，暢談吾祝地方教育與人材消長之得失，良多感慨。祝小蔡培甫、黃樹年之未能辦理完善，遺害祝塘教育與人才之沉落，實屬罪人。而祝地有為之社會中堅幹部，如黃用九等，皆以私見私利之重，不能造福鄉里，致地方未能得益，而個人亦失敗以終也。三則祝地稍富裕，而有造成不可挽救之沉淪之局，誠令人不勝其嘆然。余與潤妹事伊甚表贊成也。

10月12日

一、來此後甚為清擾敏月哥，我與敏哥睡床上後，月姊乃與潤妹睡地板。潤則來此後每日打鋪睡地板，此種吃苦耐忍精神實令人可佩。但筑地環境不佳，房屋亦無處覓，不得已出之，吾人當暫忍也。

二、午前十時許抵中正門郵局晤潤枰妹，並識同事密斯許。旋伊請假同出，經王陽明路赴「南明堂」參觀，雖天雨泥濘一路，仍見情語密密。潤天真地傾訴近年遭遇及在筑近年處境之艱苦，述及邱、楊等無理追求經過及董先生處之處境，益使人感佩伊鍾情之切乃爾。此種識別能力與奮鬥超脫惡環境之精神，實足佩慰。雖余之遭遇艱苦，有時亦過之，然以女子之處境如斯而堅貞不屈者，誠可貴矣。余除慰勉外，實不願再有以個人所■使其失望，故伊感情愈奔放，愈傾訴無窮矣。瞬即抵「南明堂」，以非星期日，該地謝絕參觀，僅得略為探視梗概。地區以花草栽植為主，以余視之，實無足稱道者，但地方幽靜，散步怡神，於都市中當不失其高貴之價值也。天微雨，共傘而行，繼則挽手而行，精神上起交感作用，余心亦為之蕩然矣。

三、中午，潤妹之同學二人來玩，同至月姊家中稍坐。潤已面紅耳赤，不知所對矣，介紹時無話可講，余亦為苦，誠學生態度也。

四、晚與潤枰赴小什字暨大什字等筑地繁勝區遊夜市。相談一切稱洽，對於訂婚壹節，敏月哥已再三徵余意見，但總以行裝甫卸，及由潤妹考慮後再說。今晚散步周而復始者，實有說不盡的話頭，然伊總不好意思向余提及也。余以事到如此地步，聽自然發展乃屬天意，乃轉詢我倆之事如何。伊即答以「你說就是」，而手亦愈握緊矣，繼則謂「星期日好不好」。余以伊現如此熱望，即毅然允之。旋即商討一切手續，決以簡單為主，並告伊尚有父親留戒指一只可作紀念，余則直告無之，但得購備少許衣料以供實用也。旋又抵大什字冠生園購糖果貳佰元，並共進西點咖啡，費貳佰八十元許。出後即相偕返月姐家，已九時許矣。

10月13日

一、連日陰雨，活動困難，至以為苦矣。伊等皆因公上班，不得陪余也。敏哥等均皆老誠篤實，不願以此多浪費時間，況精神亦於不勝。長學頗為活潑，即返家休息，尚須為彼所累，余亦深知此情也。

二、潤篤實而勤儉，似甚可嘉，但今後亦宜稍稍入時，俾負俗化也，此意敏月姊及伊皆能瞭解。今後從各方面注意，尚能有良好進步，有敏月哥為範，余亦至放心也。做事甚見勤快、敏捷，待余亦無微不至，長處固可使我引慰也。今後果雙方能力保上進發憤，尤其余之能力求前進，從事業上求發展，奠立建國基礎，實為最要。否則，有負伊之篤愛，我亦深愧與無顏見家鄉父老也。潤曾先後出示伊父兄來信，知倍為關切也。余以父兄信亦示之，共信互信之建立，實已毫無問題也。

三、午前整理四日來之日記，午後寫家信稟來筑經過，並告諸弟妹之。鑑枰兄處亦發二信，述告與潤妹訂婚之概況經過，此事實由伊一人提起，發展以至今日，誠亦巧事天成。

四、與月姊閒談，又知潤妹之次妹鑑玉已與念蓀弟訂婚，天下之事巧且奇矣。姊妹竟同入王家兄弟之手矣。

五、訂婚事敏哥力主節約，以登報及攝照即可，祇多則茶點招待親友以共歡，月亦如此見解。余則經濟固可，但總以不損潤妹之名譽為原則也，擬明日再商雨蒼伯作最後決定也。

10 月 14 日

一、晨起後與潤共赴三民後街資委會運務處訪謁徐雨蒼先生，恭請伊擔任介紹人，並介紹貴陽中央日報登訂婚廣告。老先生頗稱熱愛，笑諭潤云：「所以你過去總是說王先生好」。旋代修正啟事後，即同訪薛品元先生，巧遇於途，即託代登之，堅邀看戲，懇卻之。潤即逕返郵局工作，余則赴貴州省立圖書館參觀國防科學展覽會，內容尚佳，貴州苗傜情形，更堪增我智識。其他省立藝術館、科學館、物產陳列所、貴陽招待所，皆在同一處所，偉大而富於文化價值之建築，甚值吾人仰佩。

二、十一時半參觀返，赴郵局邀潤共返姊處。途中討論訂婚手續，一切皆順從余意，力求簡單，能打破虛榮之排場，此點至引慰也。

三、潤於午後請假二小時，同赴中華大戲院看電影「鐵扇公主」，係中國卡通片，剪拍西遊記一節，祇宜兒童、鄉下人看，甚乏興趣。但兩人緊倚而坐，尾尾談往事及告「黑天鵝」片場事，不覺片刻即片終了。購票時原係六排十一、十二號，女職員但臨時變了二個十一號，真是傷腦筋，幾經交涉，方得相讓。中華亦遭矣。

四、電影六時半到八時半，因為時間尚早，就再度散步於南明河畔。那時的情景，剛在整理日記的時候，接了潤來信，也有追述，所以就照抄一節在下面，以資紀念吧。

「十四號散步南明河畔，這時交織著狂熱的愛戀，將我們置身在浮雲、在天堂。當點點燈盞倒映交輝，瀝瀝照出了我們光明的幸福，我不知人間是何狀，但知我倆幸福的甜美在天上。在上流的急灘近旁，不是我們佇立片刻，這時合奏著澎湃的水聲，我倆是陶醉在初戀的甜吻中。那時我已悠然，祗有倚你而行，只有你的溫暖才能增加我的情愛。今後我已屬於你的一切，但願你勇敢維護。因為你有這次的『勇敢』，也有今後的『勇護』，你說是不？」

10月15日

一、清晨，因為要準備客人來，我代他們整理桌子和抽子，裡面實在太亂了，足足清理了二小時。不客氣地指摘了潤妹和月姐，因為我是喜歡清潔的，最不喜歡弄七八糟的，今後仍當囑潤妹留意。

二、午前九時徐先生來舍，暢晤至歡。談及祝塘一切，得結論者三：

（一）祝小沒有辦好，蔡培甫是罪人，所以影響以後人才的培植。

（二）祝塘有才能的，未能顯身於祝塘有所貢獻，結果於己於地，皆受損失。

（三）祝地富紳未能對地方建設有所貢獻，而論及河南諸村尚有少數學士者，厥在家一人之備辦小學，竊以為慰。

旋許小姐來，同在敏哥家便餐之。

三、訂婚啟事業經登出，潤枰喜購拾份回之。午後二時同赴中國攝影社攝照，合拍大二寸暨小二寸共三張，共1,054元。午後三時許，濟民與其昌來訪，談家鄉情形及在筑情形甚洽，留晚飯之。

四、晚，徐先生贈貴陽大戲院票五張，因天雨，未能邀同遊，至憾！僅月姊與敏哥同赴，京戲係厲家班名票，演來精采異常，較渝市尤佳。此乃後方唯一之京戲團體也，惜余與潤枰皆不能欣賞耳。

五、本日為余與潤枰妹訂婚之期，一切順從敏月哥之主張，力求簡約。一方面余實亦無力從事浪費，但潤妹亦能曲宥此點，依從我之意志，並無分毫之異議，此種精神實屬偉大，深使余感愛也。本日余倆興奮之情溢於眉宇，誠亦人生最樂之時也。

10月16日

一、午前赴大西門交涉車輛，此因郵車尚未有把握也。知交通車甚擠，乃赴川桂線區司令部訪傅副司令啟羣，蒙慨允搭乘稽查座，並介函謁車站司令曾約三氏，當蒙給於公文乘座十八日交車，至以為歡，亦服務交通機關之便利也。

二、午後，潤妹請假半日伴余遊貴陽。曾訪劉穀蓀先生暨沈湘南（潤稱湘姊），知劉先生與贊叔同學，與父親亦熟也。湘姊則以作方桌戲，未及晤也。返購港島之■■戲票，共 44 元，但劇甚惡劣也（潤請客）。並便遊河邊公園及參觀貴陽師範學院之。

10月17日

一、天氣放晴，與敏哥作花溪遊，貴陽唯一名勝所在也。整個名勝區以中正公園包括之，中有水，即南明河，有山，曰麟、龜、鳳、蛇等五山。其中有名之勝景，分曰濟生橋、平橋、壩上橋、中正堂、尚武俱樂部、花溪小憩、扶風洲、放鶴洲、觀瀑亭等，頗多江南鄉村美景，較北泉自然而真切多矣。午後三時天雨，乘馬車返筑，距離十九公里南郊也。

二、余以離筑在即，邀潤再看電影。在貴陽大戲院看美海軍陸戰隊宣傳片「七海雄風」，睹美人從軍之英雄，至足欽佩，反觀國人之鄙視軍人，誠至嘆息。片中頗多美麗景頭，又饒戀愛者，甚適余倆口味，故影情愈緊張，余倆之緊倚愈密，值不可分矣。余以人生行樂之時，理宜共樂，乃喜作潤妹乳遊，伊亦樂為接受，而妞妮作態，「五（鼻音）聲之味」，值使心神俱醉矣。此乃初戀中與南明河畔同樣值得回憶之一幕也。

三、晚與潤清理行裝，準備明日出發也。伊購糖壹包，囑余帶食之。呢料與被面及線與粉四包皆留潤妹，以作訂婚紀念也。枕套伊怕羞，故未製就也。以所帶物箱中裝不盡，伊臨時代縫口袋壹個。種種熱誠之愛情，余至佩慰也，今後互相砥礪，互相努力，皆共同之幸福所繫矣。長學甥之押歲錢亦由伊代出千元，臨別囑事，亦一一照辦，至慖、至慖！

10 月 18 日

一、晨，天雨，潤與月堅囑勿送，敏哥則送至站，俟辦公時間到後始別也。

二、車行稱順利，午後二時即抵烏江宿焉。在中國旅行社便購貴陽花溪、苗胞照片各壹楨，價 240 元，購田子苦精四包，價 64 元，板栗購九斤，價 1,503。

三、車中戀戀潤妹，恍然仍在身旁也。喜作早日看電影時之打油詩三首，即於寄潤信中附出之。其一：「相偎胸際頸依頭，相親相愛誰慰誰；最是神遊乳峯時，身輕恍似臨仙洲」，其二：「密逕相座手挽手，我逢喜時彈爾腿；妞妮癡情五聲時，恰似巫山雲雨隨」，其三：「英雄美人原相追，奈何今日家國摧；但願凱歌東旋時，朝朝暮暮形影隨」。打油詩似太輕謔，未知潤妹生氣否，但車中至苦，以此作樂，諒允宥於我也。

10 月 19 日

一、車行順利，於午時抵遵義，購銀耳五兩，知科長前未購為悵，故代購之，價 44 元。茅酒為名產，購二瓶贈華欽文姻伯也。客飯每客九十元，價廉而美，物價較筑便宜三分之一矣。

二、抵桐祥宿營，時促，未及再晤文弼。

10 月 20 日

一、車行稱利，至東溪宿營。久未沐浴，化二百元行之，頗稱舒適也。

二、東溪肉廉，每斤僅七十二元。購豬蹄二只，分贈翁、許二家也。

三、同行多冒險商人，動輒以萬元計。有自溫州採購藥品卅萬者，可途渝得三千萬之，無怪多亡命徒樂赴死矣。

10 月 21 日

一、車行勉強抵渝，已晚八時半。旅舍已無，宿德昇先生處，晤敘稱歡。

二、過綦江時，巧遇李郁華工程師，導淮同事，彼擬請假赴筑中南建築公司矣。暢談老同事情形，亦可慰也。

10 月 22 日

一、晤緝熙伯，贈茅酒二瓶、齏粉壹匣，並商談濟民事。後共邀赴玉瑾家，攜酒壹瓶共飲。赴克誠兄家，邀夫婦亦抵玉瑾處，午後一時，共敘至快。席間談論祝塘問題，更多議論，緝熙伯尤為最焉。

二、與克誠夫婦看電影三俠客，余請客也，送粉、齏各壹匣，代潤贈也。在克處看意誠、有誠、紀誠來信，三弟共一封，頗饒興趣，再讀不厭。此乃八月一日來者，可稱最快者矣。宿克誠處（發潤信）。

10 月 23 日

一、晨起急欲返新，乃赴七星崗候車，擠甚。改至小龍坎後，黃包車轉新。在小晤祖榮父，告伊子近況，對伊不能自愛上進，至以為悵。

二、返部，一切順利，至以為暢。但至午後五時許，發現箱中呢大衣等被竊，誠亦意料所不及矣，但一切情形毫無異狀，顯係至熟之同事所為也。余誠心待人如斯，而所得者若此，夫復何言，但以筑行皆順利，心中到也坦然。意中想，此必人家「狗急跳牆」而出此，則以我之犧牲助人，雖苦了自己，仍以「消災」自慰也。但世風之不故，如此之寢室中尚能被竊，實在不能說了。同時，天下事也實在沒有太十分滿意的，所謂物極必反，到了最得意的時候，就要更戒慎恐懼，不可疏忽。余之所失，即筑行太大意了，否則放在思信兄家中，還有什麼問題呢？

三、午後曾晤書座，垂詢筑市情形及杜潤枰一切，對伊能考取郵局備為讚許，並稱來年可調渝工作，即調新橋亦可辦到也，心中至慰。

四、糖果吃掉了六百元還不夠，實在太不值錢了。原擬同事稍加菜，表示聯歡，因呢衣服被竊，也就無心於此矣。

10月24日

一、發潤信，告返渝一切情形，對在筑一切，抱歉與快慰皆多。

二、赴省行晤曹荃兄，知伍千元已寄到矣，贈粉、齏各一包云。

三、整理衣物，並清查失物，知除呢大衣外，所失尚少也。

四、發家信、桐信、克誠、緝熙、敏月哥等信各一封。

10月25日

一、發鳳樓、正權、國楨、雨蒼先生信各壹封。

二、整理日記。

三、接潤廿一日長信，述在筑一切，愈覺其可愛之處多矣。

四、請正琨兄等吃糖，程幹與燕廷皆囑介紹友人工作。

五、與文祺、育興赴小龍坎看電影「大蘿葶」，場面偉大而稱精采。

六、呢大衣被竊後，科中推論紛紛，而段純青適於此時離部，嫌疑至大。但吾以伊為余所介紹者，果有不軌行為加之於余，尚復何言邪？

七、小龍坎大光拍賣行代售夾大衣壹件，未扣佣金六佰元，當時余亦未清即回，今日得信如此云云，余乃乘看電影之時送還之，可使余心自安也。

八、段君純青承諸友好之介紹，兼為同學，由余力紹來此。雖工作能力尚可應付，然為人做事究欠忠誠，故久而玩生，終不能自解於人，而造成非離之局面。今一旦較佳機會之來，適時而去，余之重負亦稍釋矣。今後再也不願多紹人矣，此實太傷神也。

10月26日

一、復潤枰廿一日午時信，接潤枰廿一日又來掛信，得訂婚照片，成績甚佳。潤笑容可掬，特別拍的頂好，我反較差矣。前料潤和我同拍必佳，真是猜中了。去信添印壹打，我自己添半打，並放八寸壹張。

二、鳳樓從軍未決，來信商調。以國家到此田地論，當捨從軍無他途，但前車可鑒，使我人失望甚多也。擬來勤部工作，或能設法，程幹已電詢，但仍宜俟機進行也。發祝平、澤民、君淮等信。

三、科中事務清閒，遠非昔日緊張可比，大好時光，正可利用讀書矣。

10月27日

一、科中事務清閒，似宜整理一切，以備年終之檢討也。

二、返部後因失竊，經濟不免以意外受損。克誠兄來信，俊彬病倒，至以為念。五千元原擬家劃，但恐仍須匯渝也。

三、與翁思信兄算賬，本月當能收支相抵。今後實行日記賬制度，以清查生活之是否合理也，並勉潤枰而實行之。

四、整理「影集」，亦作樂之法也。

10月28日

一、智識青年從軍運動已激起全國之熱烈高潮，十萬優秀青年入伍後，當能鍛練一批理想之新軍矣。幹團女生二百餘人志願參加婦女工作，為母團增光不少。但過去余為志願參加幹團受訓，未獲良好之印象，滿腔熱血，未為國人所共諒，迄今多有失望之心。願此次十萬從軍能有絕對之堅強意志辦好，不再蹈十萬幹部訓練之覆轍也。

二、軍政部所屬交通司、軍醫署二單位黨務已撥隸本部，經范秘書永炎、李科長及丁科傳琳視察結果，遠非理想之佳。一般黨務之腐敗，至堪痛心矣。

三、自與潤枰訂婚後，應力求經濟上之節約與學養之進修，否則余將無以慰潤枰矣。勉乎哉！貽蓀！

10月29日

一、星期日午前給潤妹寫長信，詳述我倆勝利的原因，並告真切的愛情建築在相同的賦性上，摯誠簡樸、坦白前進的精神，「名利和姿色」是虛偽與虛榮的作祟，我們要打破它。並告筑行共用三萬伍千元，連損失共伍萬元。至於返新時尚剩五千元，到部後尚能足用也。附寄打油詩，實則寄相思之日記耳。

二、潤廿五日發信，附寄貴大同學來信。意在證明此次在筑訂婚一切簡單，完全尊重我的意志與諒解我的苦衷。對此次潤的諸多委曲與順情之處，余實深感，但余篤愛於伊，實可告無愧也。但余「名利」誠不能滿虛榮女子的要求，好在潤絕非此流之女子也。迄今伊當寄居月姐家，每日地鋪為苦，但無寃言，然余實無時不深念也。吾人吃苦奮鬥之精神，誠可自譽與示範於未來之子弟矣。

三、寄來新枕頭壹個，今晚試用。余將與潤並肩而睡矣，夢邪，是邪。

10月30日

一、整日為工作月報打算，擬二日內完成交卷也。

二、本日恢復伏地挺伸運動，及照吃雞蛋每天二枚，以求身體營養與運動之最低維持也。

三、整理什物，擬即重振讀書之精神。

10月31日

一、工作月報完成，內心稍感愉慰。

二、接桐哥來信，對潤妹事甚贊成，並盼能早日結婚，經濟上當能予以助力。前款可不必寄昆，作兄嫂一部份賀禮也。

三、為毛鳳樓兄事，程幹兄頻來電催詢，實苦應付。但事實上根本時機沒有成熟，我也無力助也。果軍醫署與交通司二單位調整案決定，則當可盡最大力量圖謀之。

四、桂林外圍戰緊張，距桂市僅四、五十里，恐近日筑市又較緊張矣。余為免記掛潤妹計，似宜早日設法安置渝市工作，但目前財力與諸多條件未具備，亦遽難進行也。況兩性同在一地，用費必大，且結婚之時間，勢迫而提早，亦余所不願者也。蓋滿足而幸福之家庭，除精神條件外，物質上之經濟基礎，實不可忽視。果終日以此為苦，尚有何幸福與快樂邪？

11月1日

一、接潤枰信，知接家中七月來信，尚述壹千元劃款時，而不知我倆已成最摯愛的一對兒矣。來信比我「太陽」，我實感惶愧，學問與道德上要努力充實，否則無以副潤妹之熱愛矣。去信勉為「月亮」，願共受日月之精神感召，發揚日月一樣的光芒，造福人群。

二、潤的住的問題，相當嚴重，我何嘗一日忘懷。調渝工作，也另有許多困難，我確乎費思量矣。

三、接水利會秘書處韓壽晉先生來函，詳述鶴哥甚佳，志英姊於十八日起行，廿四日過廣元。即航函告慰之。

四、潤妹來信，囑代更一「枰」事，此在筑時曾喜謂更之也。我自用「貽蓀」迄今，亦未有新名，乃決我倆各取新名一個，以為合作之紀念。余取名「王澄」（意澄清吾澄也），字「澄中」（意澄清中原也），潤枰取名「杜潤」（意潤澤也），字「潤華」（意潤澤中華也）。未審伊歡喜否？

11月2日

一、史迪威將軍調回美國，羅總統招待記者宣言，係因伊與蔣委員長意見不合，純係人事上之關係調整。高思大使亦擬辭職，但與史氏無關也。中美關係，或有暗波也。

二、桂林已入城防戰之揭幕，敵已攻北站。回首初春時桂林之繁華，今入戰地，誠不勝慨然。青年乎，其速從軍報國，否則國之不存，家將焉附。

三、楊文達兄來訪，談及新橋同學會久未召開茶會，責余要負責。但余以眾皆不負責任，獨責於我，我實缺乏趣味矣。訪程幹兄，談及鳳樓兄事，擬必要時來新工作也，否則連任科長也。

11 月 3 日

一、晨赴思信兄處探病。伊係前日晚生急性嘔吐，腹痛甚劇，昨、今則較佳，但精神仍弱，擬囑赴中央醫院檢查也。伊前曾在常德患盲腸炎，割治，故腸胃甚弱，亦一原因也。

二、致潤妹信，長四頁，作坦白之商討來渝問題，其要為：

（一）來渝後之房子困難與工作困難。

（二）目前經濟基礎之艱苦與今後應建立充裕的「自足自給」經濟。

（三）調渝條件之是否具備。

（四）與思信先生併購房子的意見如何？

（五）囑做大衣，並賣去皮衣做合用衣服。

（六）抄寄「憶杜樣」詩，以取樂焉。

三、際輝來信，誤為結婚矣，並稱帶上好白糖相贈云。肖某來視，未晤。

11 月 4 日

一、接克誠兄信，告彬已病痊，並家中僱女佣人照料，擬請假二月休息，以後則考慮長假也。此缺擬設法由潤妹來渝擔任，未知能否。致克誠兄信，僅述擬提早潤枰來渝，未知能同意以潤代彬職否？

二、擬業小學期概況表及教員名冊，轉頒飭填也。

三、報載成渝公路翻車慘劇，竟車翻後站方不負責救濟，互相推諉，司機則一逃了事。而最慘者，重傷竟因為無人醫治，反遭鄉民剝脫衣服，僅剩一內褲，活活凍死。戰後國人互助救卹之精神與道德已淪亡殆盡，見人危不但不能救助，反乘機圖謀不義之財，值衣服亦剝之。嗚呼！國人之道德安在？危矣！

11月5日　星期日　陰雨

一、因中山室尚未修理竣工，國父紀念週暫停舉行。眾皆稱快，可見一般對集會之缺乏熱忱，即黨工同志，亦深中此病也。

二、研閱中國地理，披覽各種農礦物產地、產額統計表。對國人農業之停滯於原始耕種時代，礦業停滯於舊時人工開採，而並世各國已猛晉於電機時代，誠不勝其可警惕矣。

三、倪筱春、楊育興、張厚菴奕棋為娛，兼以賭注金錢吃酒肉，始則甚懽興，繼則微故而吵矣。厚菴藉地位低，不顧面子，尤大肆狂叫。以娛樂而尋煩惱，誠不如余之靜閱書本矣。

四、接潤枰信，知長學甥患病，敏哥已請假三天，至以為念。睢小姐請假，伊亦倍忙，故說明來信甚少也。伊之環境不能寧靜，我實為不安萬分，而來信對我慰安無微不至，更為感矣。

五、談商務出版健與力雜誌，茲摘錄其中「兩性關係與性慾衛生」一段中有價值部份，以備日後之參證焉。

A. 弗洛德嘗說，從廣義言，人生最重要的慾望，厥為性慾。此種慾望，如調節得宜，常可傳導為強烈的情緒，而情緒即為創造的主要份子，蓋其能啟發創造的動機和供創造的對象故也。

B. 人生最美的恩惠和最尊貴的才能，都是得自深厚的性關係之親和力。戀愛之力，殆為我人精神上無上的滋養。

C. 性慾不正常的發展或受抑制過甚，在個人則能引起心理失常或精神病和損害，身體健康。

D. 禽獸對性慾祇求官感上的滿足，而我人則應以另一種更深刻的意義為重（包括精神上的慰藉、神聖的愛情、幸福的家庭，和社會優秀的民族以及其他許多反省的思想和行為），縱慾實無異於禽獸行為。

E. 生理上正常的夢遺，也是排洩過剩的分泌液以減少其蓄積量。性慾被稱為卓越的藝術之淵源。浪費精力的人，必不能完成大事業。

F. 節慾的真諦：所謂節慾，並非禁慾，或強為抑制順調而起的情慾。節慾之意義乃指按照各時期順調而起的性之需求，以調整我人的一切行為。節慾之間接方法，灌輸適當而實用的性知識，充分的運動，適當的食物，兩性社交正當的發展，良好的娛樂等。

G. 縱慾淫樂之主因有四：一、剩餘精力無適當的發洩——自生理言之，身體無充份活動者，其性腺往往活躍異常，易受激動；二、神經衰弱與精神病——失眠亦能使性慾旺盛，精神過於緊張與終日憂鬱愁悶，亦足致同樣的結果；三、缺乏良好的兩性社交訓練。

H. 抑制性慾之要訣：最重要的是堅強的意志和高尚的品格。性智識的灌輸，尤其在少年與青年時期，不容忽視。將思想轉導至其他與性慾無關的方面，也是一種最有效的壓制性衝動的方法。悉心研究學問，能幫助我人抑制強烈的性欲。致力於學業、工作、體育、訓練以及正當的娛樂，都能使思想遠離性慾的挑撥。肉體方面，不外避免酒、咖啡、煙等刺激品，在臨睡之前，切勿飽食或難消化之食物或多量飲料。衣服過緊或過暖，牀褥過於鬆軟，往往也容易使性慾衝動。

I. 嚴重階級之自瀆（手淫）行為：能引起同性愛、虐待性或被虐待性淫亂症，以及性部暴露症。自瀆過頻，能使脊髓受過分刺激，以致膝部以下之部份軟弱無力，知覺遲鈍，且常發冷。背部亦常感痠痛，大腿與下腹亦形衰落，生殖器官自當不免衰敗、性神經興奮性減退，喪失其控制力，遺精早洩等症相繼發生。

J. 自瀆之原因：常由於性部的快感或此種感覺的

幻想，以及好奇心，或年齡較大者的引誘，始示於淫猥的圖書等，以致性慾衝動即發生。或為環境之刺激，或兩性隔絕過甚，好奇心之高漲等。

K. 自瀆之預防：（一）灌輸充分之性知識——但不宜過早與籠統實施；（二）嚴厲斥責與直接教訓，反能引起不良反應；（三）父母應具有充引之性智識；（四）使兒童明瞭用手撫弄生殖器常有傳染性病之危險；（五）兩性間之倫理與性道德至為重要；（六）應使男女兩性順調或自然的性關係自由發展，惟須嚴密指導；（七）分化愛情——男女青年純潔的戀愛；（八）運動能使思想轉移外，尚能防止性器官受過分的刺激；（九）避免放蕩怠墮的生活，勿與淫猥的環境、企圖，以及思想汙濁的人接觸；（十）根本有效的方法，厥為啟發愛情健康之心。

L. 調協的性生活：家庭的悲劇或夫婦之間情感破裂，往往是由於性關係不能調協所致。而縱慾與性能衰弱，則為性關係不能調協的主因。祇求性慾之滿足，而不顧對方之情緒如何，則容易使對方由厭惡而轉趨冷淡。美國一女子離婚的理由，就是因為她的丈夫往往驟然迫其實行性交，而不在事前與她「調情」（make love）以激發其情緒，結果女子獲勝。故欲使性生活不致單調，必須常使對方得到新的刺激，譬如時間、位置等的變化，便能發生新的刺激。夫婦性生活中，有一點要注意的，就是男性常犯過於粗暴的過失，這種過失，往往使對方的感情轉趨冷淡，使其性慾受抑壓，無以發揮。在新婚之初，女性往往由於性的好奇心，以致情緒極端高上，但祗限於短期之內。夫婦性生活，其歷程應由肉而靈，由享樂而理想，由目前而推向永遠，唯有遵循這條原則，兩性之間方能保持純潔的性關係，並使得以調協，裨益個人健康以及促進種族幸福。

M. 縱慾之害：縱慾在新婚夫婦最為常見，性慾無節制，能浪費精力，使壽命短縮。其結果致男子能使肌肉和運動精神的興奮力減退，易於發生疲勞，並且恢復遲緩。脊髓受過份的刺激，以致膝關節以下的部份難以入力，知覺遲鈍，且感覺寒冷。此外背部也會起沉重的感覺，大腿和下腹的肌肉以及生殖器官也呈衰落的現象，但對於性的刺激，卻甚為易於興奮，遺、洩等症相繼發生，終至釀成陰萎的狀態。至於女子所受的害處，則為控制性機能的神經中樞興奮力減退，如此不僅使性的感覺遲鈍，且能因男子精液中的蛋白質過份的混入血液中，以致引起所謂「精液免疫質」。許多婦女不能生育，就是由於這個緣故。

N. 要增強生殖機能，在食物方面宜多食富於鐵、磷、鈉、鉀、氯、矽、鈣、硫、碘、等礦物質的食物，如羊乳、蛋黃、菠菜、紅瘦鮮肉、大麥、羊肉、魚、芹菜、胡蘿蔔、雞鴨之肫、南瓜、番茄、茄子、豌豆、蔥、花生、紅皮橘、魚蝦等。

O. 各種腹部和腰部的運動，對於性能的增進，都有很大的幫助。此種運動對於脊椎、神經、消化、排泄等作用，也很有益，這些組織和機能，對於生殖系統之健康，直接間接影響甚大。其中最基本而有效的，莫如身體向各方面灣屈和扭轉的動作，「仰臥坐起」、「仰臥舉腿」等，急速的長途步行、登山、跳躍等。希望讀者們不要把寶貴的光陰耗費於太輕易的運動，隨便的使身體向前後左右灣屈幾次，並無助於此種目的之達成。婦女們應練習一種以鍛練骨盆與會陰之部份之運動。

P. 兩性心理上的特徵：男子好動，女子較靜。男子工作能力或活動能力較強，性好鬥，並長於應付突然發生的事件。而女子工作能力較低，惟其潛勢力之發探，能較男子為持久。女子心理特徵最顯著的，厥為富於感動性，此種特性使女子富於感情，易受激動，對新的刺激易起反應，精神機制較不鞏固，缺乏精細的辨別力和集中力，患歇斯脫里亞症之傾向也較大，易於赧顏、喜笑或流淚，以及對新環境之適應較男子為易。但女子卻具有捷敏的、直覺的，和理解事物真相的能力，其本質變化性也較小，可見女子的保守之傾向較強，並具有較大的種族固定性。女子所以傾向於耐性和自我犧牲，以及其形態、官能和性情，常能鎮靜男性浮躁的氣質，乃為此種固定性與沉靜的天性結合之結果。女子所以為男子最上之伴侶，使終日孜孜不倦、努力不息、心身緊張、氣質浮躁的男子回復恬靜，獲得無上的安慰，也就是出自此種天性。

Q. 性之心理，男子在性愛方面，通常是能動的、放浪的，在交配的時候，對異性之追求，其熱烈之程度幾達於極點。惟女子則異是，反處於被動的地位，且具有一種羞恥之心。此種羞恥之心，乃出於原始的本能，一如動物中所見者，實為女子第二性徵中最顯著的一種。雌性動物僅於熱情奔放時始能承諾雄性的要求，其他時間均拒絕之。在求愛之時，女性常為「拒絕與承諾的遊戲」，以遷延交尾，增高熱情，俾使雙方調協的充血作用益為旺盛。此實為男女性關係中一種極重要而複雜的歷程，由此亦可見女子的熱情須賴男子之宣導。換言之，男子具有提高女子熱情的任務。女子的性愛，具有受動的態度，其戀愛係服從的、供給的，於是每使人誤認女子的性衝動較男子為弱，實則女子性衝動較弱，全屬外觀而已。且女子的性衝動，如無真正的戀愛為之提挈，則大都微弱冗慢。又女子在性行為中，事實上並非全然處於被動的狀態，而亦有主動的部份。蓋如有真誠的戀愛，當受高度刺激之時，其亢進和愉快也甚為顯著，並呈充血與充血脫去的狀態。但是女子達亢進程度不及男子迅速，且其性感覺又非常廣大散漫，不若男子之緊張和集中，因之女子的性衝動所需刺激的部份自較多。再者在性行為中，戀愛或靈魂之於女子，亦重於肉體的享受。其所以如此，大部份為母性與建設家庭的天性所驅使，而男子則大部份為滿足其自身的情慾，而以女子遂行此種目的。故歐西哲人有云，在兩性生殖的機制上，戀愛之於男子僅為一段插曲，而於女子則為其全部的生命。性並不限於性器官，實係通達全體的，男女兩性雖有不同，但是具有互相彌補的關係，故雙方都有同等的社會價值。

六、晚赴省銀行訪會計處曹科長荃，漫談國內外時事暨家鄉及求學時代往事，至以為快。伊哥曹嵒即將出國考察，負責全國電氣之設計云。

11月6日

一、抄摘健與力月刊「兩性關係與性慾衛生」一文摘要，增我性常識不少矣。

二、桂林已入圍城，西南戰局日緊，國家誠至危急存亡關頭矣。

三、致潤妹短簡，慰伊之工作忙碌與情緒不寧也（長學甥小恙）。

四、研擬三十四年度工作計劃綱領，完成草案，心稍自慰。科中同仁工作分配不勻，老張（銓）實太暇矣，精神無消耗，更趨浮囂也。東木兄及筱春兄等皆暇於工作，終日以私事為忙。黨務可嘆矣。

五、近日早起時■■，恆心與毅力尚不足。曾間隔晨讀，至自慚也。

11月7日

一、應文祺囑，寫「總理的自由論」壹稿，以崔書琴先生、孫中山先生的自由論為底稿，直乃摘記耳。久未執筆，倍為苦思與難握筆矣。

二、駱駿去監營後尚能推動工作，至以為慰。伊負責苦幹，乃可靠之工作同志，與純青之浮動決不可同日而語。純青來信，已抵銅空軍入伍生團任政訓工作，亦以為慰。

三、終日每有餘暇，輒念潤枰不置。此種自然順調而起之感情，誠偉大矣。

11月8日

一、桂柳戰局轉緊，曾養甫交長、谷正綱社長分別赴筑督辦搶運救濟事宜。桂局逆轉如此，其速正出乎意料之外，西南大局，正急危矣。

二、翁思信發杜志春伯信，附致鑑枰兄函，述告近況。

三、接潤長信，述告相思之情，至為摯愛，慰我多矣。胡哲文之愛人蔡傑因進行不順利而趨消極，我意勉強不好，自由發展其實實在也。

四、裝訂「高試活葉資料」壹冊，今後擬集中力量於高試用功也。

11 月 9 日

一、整日編撰訓練通訊，集中精神應付，至以為苦，幸已完稿也。

二、復潤妹信，告接來信後三小時沒有睡著。老實說，簡直使我犯了手淫，慾火既已順調發展至頂點，我已祇有因勢就導也。對伊提到的「我們造成為一」、「時間不我留」曾提出許多研討和探討，但我老實想，在渝市環境要結合，物質太苦，實無何幸福也。對伊之事業第一、身體第一原則甚為感動，連帶想到了請她注意近視眼和養成抬頭挺胸的習慣，我想她不致會不諒解吧？

三、羅斯福總統第四屆當選為美國大總統，打破了美國的紀錄，也是打破了民主的紀錄。這巨人非但美國需要他也，和世界和平需要他，我們中國尤其熱望他當選總統，更加強對我的協助和共同努力。

四、晚赴文祺家漫談，頗為盡興。人生得一、二好友放懷談天，誠樂事也。曾瑞霞能享福，也能吃苦，更能受精神上的痛苦，我確乎佩服她的偉大修養。老實說，潤的修養好，也是我愛慕的主因之一。

11 月 10 日

一、赴理髮社理髮，巧遇魏科長來，代付工資。國人尚客氣也。

二、赴新橋浴室洗浴，大池水淨潔，人稀少，自帶衣物、藥皂，甚清潔。所費四十元，亦廉也。

三、接偉青姊來信，長八頁，對余倍為關切，至以為感。對潤枰之崇尚樸實，頗讚許。

四、深夜緊急警報，余等以郊居無懼，坦然安睡也。

11月11日

一、午前，科中動員貼標語、掛傳單，紀念國父誕辰及發動青年從軍也。

二、復潤枰信，附寄偉姊原函，諒以赤誠介紹也。婚事與來渝工作，盼伊能採主動，如此則以後堅苦當更能諒解也，亦屬民主精神。

三、午後赴渝求精中學參加沈書記長妹沈康君與曾懿仁先生之婚禮，在精中思恩堂舉行。採宗教（基督）儀式，完全由會長牧師一人主持也，如此儀式，可稱簡單節約。儀式後即舉行茶點也。曾府兄為曾虛白先生，現任國際宣傳處處長，係蘇琴人也。

四、於求精中學附九十七號訪陳長官公館，晤譚秘書衍慶、黃秘書華。黃華六政一科同事，且為同學，別後二年相晤，心中至快。略談知長官現返渝，故工作倍忙，出任軍政一事，似有可能，但尚未定案。西北局勢亦緊，國共有衝突可能，國事至此，誠令人痛心也。

11月12日

一、今日為總理誕降第七十九週年紀念日，全國舉行擴大慶祝，同時亦為本黨成立五十周年紀念日也。

二、全國智識青年志願從軍運動，定今日開始正式報名，意乃繼述總理遺志，以完成革命任務也。

三、教三團赴印遠征學兵壹千四百名，於昨日在陪都新運廣場舉行熱烈歡送大會，據本部代表孔馥華報告，慷慨熱烈，使人流淚也。該批學兵皆係志願軍，大、中、初學生，公、教、商、農、工皆有。本部參加者以有周結超同志、暨前陳正暘同志，及楊育興之姪楊元運，副部長之姪端木令公子則以中正學生身份參加也。車列過市，新橋民眾狂歡相送也。事前警局並未通知，皆係民眾自動放炮也，是則民心未死，正氣尤猶。

四、接潤枰七日信，告我決為新增名字及訂婚紀念，仍鑄金戒貳只，並稱此亦後母給伊之紀念也，並欲濟民弟帶渝也。伊為我而所為之努力，的確使我感佩萬分，天下之多情女，竟如斯耶！來信述對打油詩之所見，皆能捉住重點，喜愛「恰似美夢睡中醒」，與「花開堪折直須折，莫待無花空自躇」數句，尤足觀其心懷，盼望能早日洞房花燭矣。但能確認經濟為家庭之主要條件，並應以不負債為原則二點，可見理智亦堅強也。

五、午後復伊信，詳述兩地相思之慰，並告遠征軍過新情形。對婚事仍主慢慢設法解決困難，以達目的之提早結婚也，但總以伊能稍得安靜幸福為要也。

六、晚七時，赴沈書長嫁妹酒宴，本部處長之流皆參加，共五棹，熱鬧異常。新郎曾先生係國立音樂院教授，強演奏一曲，音調宏而亮，雄壯而熱烈，誠美矣。新娘雖年廿六，但身材俊秀玲瓏，姿態，活潑輕美，然酷似林黛玉式的美人也。惜新郎太健高，新娘較瘦矮，身材不能協調，似不失為美中不足也。

七、購豬油壹斤，價貳佰貳拾元，近擬以油代蛋也。

11月13日

一、晨，思信與永炎等談及昨晚書座家喜酒之次，誠屬空前未有。據悉內情稱，此乃姑嫂不睦所致，蓋以新郎新娘早為表兄妹，上海同來，似可早為結婚，勿必來此再為叨擾也。而男方與姑皆小氣太甚，觀禮時茶點亦未招待女方親友，故嫂亦生氣云。漫談及書座子女皆薄情感，為父母者勞苦而不獲享受奉待，誠亦精神苦矣。自思迄今無有報親者，實汗顏無地矣。

二、汪精衛病死（十一月十日於日本名古屋），陳公博繼偽寇。亂臣賊子遺臭萬年，至此定論。

11月14日

一、接潤枰十日快信，告知近況。寄來合攝照五楨，除分寄父母親及桐偉哥各壹楨外，餘貳楨寄返潤處，留壹楨擬送思信兄也。

二、桂局告急，柳州已巷戰，敵且進犯「宜山」，貴陽亦必告緊張矣。潤之工作如何？請調乎？來渝另謀乎？頗為人考慮也。來信亦述及此事，但總以吾意為轉移也。喜欲從軍，熱血固似男子之沸騰也。

三、參謀處前幹事上校編輯徐鴻晉先生之子二、女二、姪一，皆奮志從軍，先後報名。青年熱血沸騰，可歌可佩！中國復興，繫於我代青年矣。

四、國人地理智識太差，張股長東木竟問余貴陽到南寧幾遠？南寧到柳州幾遠？以黨之宣訓科中校幹事，尚不知重要都市之位置如斯，國人地理常識之缺乏，誠可懼矣。余近日研讀地理與輿圖，倍覺過去地理常識之不足，興趣倍增。

11 月 15 日

一、工作疏怠，終日以研讀地理為娛，稍較荒嬉者為佳耳。

二、駱駿在監營成績頗佳，書座擬調回本部，至以引慰。

11 月 16 日

一、參加本部特派專車，赴城兩浮支路中央圖書館參觀中國國民黨黨史展覽大會，萬人擠擠，列隊相候者數千人，行列長達里許。自九時三十分候起，迄十二時始入中圖大門，足足候上兩小時半，可算是生平破天荒了。入內，瞻仰總理暨先烈及總裁等之奮鬥史蹟，嘆國事之如此頹廢，吾人誠不勝自愧萬分，而廁身黨務，未及有所貢獻，更感慚矣。迄午後二時半始畢，腹空已甚矣。

二、晤俊彬，知克誠於午後亦赴參觀矣。迄六時許始返，相晤至歡，對戰局之逆轉，則同聲驚訝。傳聞筑市被炸，懷念潤、月不置。潤枰來渝否？念念不決，克誠意則早日來渝再說也。

11 月 17 日

一、天復雨，真是悶人。晨書敏月哥，囑潤妹來渝否可與商之。聞被炸貴陽，當去信問之。潤能早日來渝實佳，惜工作不獲調耳，則來渝閒居亦困也。然日後交通不便，旅行更艱，不能及時抵渝，更以為苦，亦值得慮矣。

二、接潤十三日信，告敏月哥行李將帶渝，甚為贊同，此間抵小龍坎甚便，赴紅會取可也。潤如時局突變，則盼能決志來渝可也。

三、購雨傘壹頂，價叁佰元，昂矣。

四、直隊及九隊一班老同學龍飛來晤，知中組部派本部工作，並以中校任用，至以為快。早年蒙冤同學得共事一堂，至樂也。

11 月 18 日

一、接桐哥十四日來信，囑可先設法潤妹到渝。戰局亦日緊，決快函潤妹決心來渝也。

二、發潤妹壹信，囑可調即調，否則取得正式離職證件後，可來渝另覓工作也。並囑錢不夠時，可暫移五千元後匯還也。來渝注意事項，皆已詳告矣。

三、發桐、潤、祝平、緝熙、軼慶、壽昌、伯言、際輝、純青信各一。

11 月 19 日

一、參加國父紀念週，副部長報告：（一）戰況——桂局逆轉出乎意料——今日筑方之準備，務祈全力達成使命；（二）改組——責任越重，應更努力；（三）中訓團學員——應於三個月內發揚受訓精神，並求事實效果表現。

二、為潤妹事行函作霖伯、克誠兄，並函陳書記長設法在新工作。

11 月 20 日

一、接潤十六日來信，對我的許多批評，誠然接受，但總不免有些不舒服。我也太隨便而坦白了呀，但相信她能瞭解我的呀！晚復潤枰及給見枰信各一。

二、思信今日生日，略送禮物而已，我也太老實了。整日在他家吃飯，並與他鄰張主任秘書接談一切。

三、為潤妹工作事，寫了書記長信，請在新橋郵匯局設法工作，成功耶否，靜待事實了。

11 月 21 日

一、今日有二件好消息，打破了沉悶的大局。第一是中緬邊境的大捷，芒市已為我克復，八莫也衝進市區。眼見中緬、中印新路暢通，那麼物質與裝備重武器等問題可解決，建國與建軍同具高度的希望。兩邊作時間與空間的比賽戰，我失桂柳而得中緬印公路，當然尚能稍以慰也。

二、中執會大調整，打破了抗戰以來陳陳相因的死局面。新局勢要求用新人，嚴重局面要求用有才幹的人，重任年老的看不起，更要求用年輕人。所以軍政部何應欽辭職，而陳誠登台了。財政部孔祥熙辭職，而由次長俞鴻鈞升任。組織部調陳立夫，比較哥哥陳果夫更能幹，而象徵今後黨工的加強和鬥爭化了。教育部由朱家驊擔任，也象徵今後求質的注意，量的方面，要大量轉入軍隊也。中宣部由王世杰擔任，當然加強國際外交，尤其是對英國方面。梁寒操調海外部，比較張道藩能幹些。說到內部的調張厲生秘書長，當然值得重視，內政部的沒有成績，新縣制有名無實，早為時論所批評，今後張部長必能有一番新刷新。整個的黨政軍主管部都調整，當局的理由是「加強政治，提高效率」，遂行計劃之實現。我們看去似乎夠勁兒，時機也到了嚴重關頭，希望新任的幹員們能及時圖功，以效黨國則幸矣。

三、西南戰局仍緊，敵人自正面及側翼脅迫貴陽的企圖，至屬顯然。潤妹決囑伊先來渝後再說，今日發代金叁千元，全部寄她充實旅費算了，並請程幹兄寫介紹信以利交通工具的方便。我對於潤妹，既允鑑枰兄之囑，今更訂婚為唯一愛侶，當然絕對負責，不惜任何力量支持她的一切，這可算是共甘苦呀！

11月22日

一、為楊育興拚會事，張東木兄特別顯得老油子，惟利是圖的滑腔，還要一付架子十足賣老味。我根本瞧不起，而厭惡他這種人，實在太可怕了，專是敷衍一切而不負實際。

二、科長所囑代憲兵司令部王科長謀車事，已得劉朗清協助，經車站司令批准。但潤枰事尚未得程幹兄辦妥也。

三、為慶賀副團長出任軍政部部長起見，召開本部同學聯誼會，並決定於廿四日晚舉行，屆時並歡迎新撥三單位同學參加。

四、接潤枰十七日信，對請調似難，敏哥則主暫緩也。

11月23日

一、赴合作社購平價分配甲安芝布九尺、蘭布一丈六尺，共價九百四十二元，合市價約叁千元，可留為潤枰衣料矣。育興兄等以經濟急迫出售，誠亦公務員之窮態畢露也。

二、赴部辦公廳訪程幹兄，知赴山洞矣。囑信尚未寫就，或意中遲遲也。此或日前介紹友人工作不遂之故也，然我力不逮，奈何！同樣介紹亦苦，國人禮尚往來，介紹了，此後就要返介紹的，當然祇可屈就些人了呢。

三、便訪參議室繆參議吟聲，商談潤枰是否來渝。彼意為可稍緩來渝，第一，郵務辭職可惜，郵員更不易考取；第二，郵務有交通工具，撤退容易，決可安全，女職員更能先退；第三，辭職後再參加不易，今天救濟不及，遑論自願辭職後再請求乎；第四，貴陽尚無大礙，來渝工作太難了。故意中覺言之甚有理也。

四、午時前范秘書告以書記長囑代介潤枰來渝區工作之意，可否即請葛處長在總局設法調渝區工作，而不必辭職。余以此最好，乃請秘書即如此辦理，代書記長函請葛處長之。並即發快信告潤枰，並附寄貳千元以充需要之時用之。

五、張銓兄在科中高聲太甚，連看報都受影響，當然辦公不說了。我爽直的批評他，要他輕聲些，但竟遭閉門羹不接受，反而似乎我干涉了他，發起了牢騷來。天曉得，自己曉得，我有何言？

六、老程的的介信送來了，還打了個電話通知，究竟是負責任的。

11月24日

一、陳誠氏出任軍政部部長，英國輿論特別好，一致崇揚為最能幹的指揮官，並欽佩委員長改組政府的決心，認為政府加強了地位和權力。

二、魏得邁亞參謀長發表談話，曾謂與陳部長已二度晤談，結果甚佳。陳氏為卓越能幹的將領，出任新職，必能加強盟軍合作，裨益抗戰勝甚大云。對於戰局，認日寇已不能再犯黔省，越南增兵也是虛詐而已。

三、午後科務會議，科長報告別人家黨務工作的蓬勃，中山室內容充實，反觀自己的蹩腳，實在傷心。一句話，錢不肯化，當然難為無米之炊。

四、青年志願從軍運動，已在走下坡路，實在危險。市政府、市黨部、三青團，一國三公，大家爭取領導權，大家推諉不負責，事情就變糟起來。至盼當局能急謀補救才好。

五、飯後到新橋小酒店喝酒，破天荒吃二兩，已有醉意了，但也是學習呀。

11 月 25 日

一、本部中山室因修理無電燈，臨時改於軍醫署中山堂舉行後勤部戰團畢業同學聯誼會聯誼晚會，以余負責籌備，臨時緊急通告各單位，並負責統購糖果等物。

二、午前工作會報，對於新來三單位之人事、經費等項，書記長報告業已解決，今後則可注重於業務之整頓與發展矣。對於明年度中心工作，余主增設「軍民合作」一項，書座等主留「社會服務」，余爭主甚力，張東木兄則以不明實際情況妄主意見，誠可笑也。今後或仍以余之主張為採用也。

三、為籌備今晚同學聯誼晚會，余午後傾全神於此，諸凡準備工作，無不顧慮周到。對於主席報告事項，早為提請科長準備，紀錄報告，早為自己分列準備，其他列次記錄、重填調查表、簽名紙等，皆妥為安排。關於控制會場之中心提案，亦經擬具請有關同學合署提出。其事務方面之茶葉、茶杯、佈置、協助人員皆經約定，即傳令兵與傳令兵之糖果，亦為計及無誤。

四、晚七時許，同學絡續到會，計廿五員，分別晤敘，至為熱烈。本次以逢副團長出任軍政部部長及新來三單位同學，故特別熱鬧。同學分頭填表、簽名、簽到、話舊，頗能控制熱烈情緒。七時半開會，適告滿座，尤見濟濟之多士矣。李科長被選為主席，余任記錄，進行至為順利完美，對於中心提案之加強，基層組織劃分若干小組，與成立常務委員會，與籌募基金及年費各項，均獲順利通過。當場推選常務委員八人，余亦列焉。至九時左右告終，成績最為美滿也。

五、在軍醫署黨部聽無線電收音機報告，對陳天赦同學之脾氣與粗劣性格，頗表不快。黃滿基同學與張犖同學似甚修養好也。延至午夜一時半返部就寢，已疲矣。

11月26日

一、參加國父紀念週，部長主席，對近月部中工作情緒與效率之低落，頗多責備，對各主官提示做事要（1）求快、（2）求新二點，頗為中肯。

二、得潤枰信，為廿一日發，知筑並無空襲情勢，渝市之謠言誠可惡矣。請假事必待總局以人情活動，未知此次書座之相助，可得成焉？

三、張東木兄有離科出任糧秣司總幹事之可能，此則伊與科長及科中同仁皆不能善為妥洽相處之必然成果也，實則留科亦無貢獻之處。成否則待揭曉。果成事實，則育興兄之調長編審股股長，當可於年內實現矣。

11 月 27 日

一、赴新橋浴室洗澡，覺舒適暢快，此實衛生之道也。午後打排球，久未運動，亦覺興趣特別濃厚。今後秋冬之交，實較佳之運動季節矣。

二、接志義兄信，告副團長赴陝，月初返渝，任軍政部部長，並盼勿過事聲張，免遭人妒。此亦長官實幹之風也。伊則聽令工作也。

三、請科長寫信潘明紀，查詢書記長致葛處長信之交辦情形，並請從旁協助。今晚代稿後，明日請寫後發之。

四、復潤枰廿一日信，告代謀請調工作情形。晚，整理聯誼會記錄。

11 月 28 日

一、接月姐與潤枰信，囑代覓房子，與告筑市情形，必要時擬月與學甥來渝，及復匯寄二、三萬元，以便從速購草房數棟，能將來同潤合住則至佳矣。

二、為潤枰妹請調事，請科長函請潘明紀兄協助，即發之。

三、眾皆赴城參觀中正鼎球賽，余鎮守科中，整理月報附件，閱讀則情興毫無也。晚，廢物利用做信封廿個，亦消遣之法也。

四、報載玉池陷敵，局勢又緊，正視大局，實不容國人怠忽矣。

11月29日

一、近日練習排球，興趣甚濃，但週身倍為酸痛，好現象也。

二、接偉姊信，知近年實經濟困難，伊母至念，囑二弟助之，但祝三、祝平皆未成家，於心亦不安。父親亦囑助桐哥，但余力不從而未之，今且移用五千元，心實不安，然吾儕誠可告無愧於國家與良心矣。

三、偉姊附來芸芳妹信，知父親年邁體弱，不是傷發，就是火箭發，遠聞至以為不安。為子不能稍盡奉養，亦愧人子矣，然國家如斯，夫復何言，願早年凱旋，得聚天倫，於願足矣。繼母所出之祝生弟妹皆不健康，誠不知何故矣。

四、潤又來信，述及對結婚之意見，希望不太草率，和怕結婚之累，實則我亦主嚴莊儀式，桐偉哥之意見參考耳。至於結婚之期，我決聽潤自決，我不能有最低的條件，怎樣結婚呢？過去曾自誓非到中校階級不結婚，也許要實行的了。

五、獨個兒到小龍坎去看「會真記」（即西廂記），影片是好，插曲更好，古裝愛情片要算國產第一，看了可以舒情暢神，慰我良深。插曲寄杜樣，也算她陪我看了一樣。

11月30日

一、得書記長交下軍郵處葛處長飛復函，謂囑事調職已致函貴州郵政管理局局長相機玉成等語。當即附致潤妹，並代擬請調報告壹件，如能如願以償，則當即獲年內來渝矣。思信兄前之草房，便詢是否月姐欲購。

二、中央周刊自張文伯氏擔任副社長整頓後，已見革新。鳳樓囑代推銷，正擬少徵百份記錄，此亦為黨國效力工作，兼為個人能力之測驗也。

12月1日

黔桂邊區戰局轉緊，敵已進陷六寨，犯我黎明關。按敵自陷宜山後，不旋踵即深入如許，何軍事之不可力戰卻敵也。戰局之嚴重，已被中外共認，抗戰愈抵最後關頭，誠為愈艱苦矣。潤身在筑，以女流，至為念念也。

12月2日

一、天氣驟寒，無大衣大足以禦矣，乃以破舊棉大衣用之，溫暖固佳也。

二、書記長告昨晤葛處長飛，已囑無論如何設法調潤來渝，並示復音。我多方設法，已盡人事，諒必可有成也，則吾心自慰矣。

12月3日

一、發華緝熙、錢德昇先生函，囑轉請徐局長商請調潤枰妹事。

二、天氣轉寒，時事轉緊，沉悶之空氣襲人，至悶煩矣。無以消遣，自縫破衣為娛也。如是則精力集中下，實拋卻煩悶心事矣。

三、午後吳德昌來玩，乃通隊老友也。囑代謀張滌瑕兄去蓉車輛，允轉請姜濟川兄助之，晚即代書介函。老友所囑，棉力應付耳。

四、思信邀赴書記長家玩，遇伊小姐沈英漫談，現中大肄業也，相談黨部工作及中大情形恆一小時許，乃首次之敘晤也。伊欲吾等作品圖，頗難之。

五、書記長擬活動其他較佳工作，並聞特黨有異動云。

12月4日

一、接潤枰妹快信，知筑局轉緊，已開始緊急疏散。月姊暨學甥已於一日赴黔西暫住，伊則隨郵局如何也。字裡行間，似較嚴重，並盼能寄覓車介函。但此信早寄，諒可得矣。所寄貳仟元已收到，余苦不能再寄若干，但已快函請陳國楨兄劃匯五千元，並代逕寄，未卜能如願償否。

二、敏生暨雨蒼伯來函，所稱相同，筑局已受影響也。但果國軍能堅守抵抗，則以黔東南之山地，敵人何能越雷池壹步哉。

12月5日

一、筑局日緊，各方揣測紛傳，以黔東南之山地尚不能堅守，則何堪設想。月芳姊赴黔西後，潤枰必為著急矣，早日欲其決心來渝，則今日可無此憂，然變局之速，豈能料哉。

二、新民晚報載黔綏署已於十一月廿九日佈告市民迅速撤退，否則強迫云云，可見局勢之嚴重也，並於十二月一日辦理難民疏散登記。是則潤枰妹在吾意料，必已隨郵局後撤矣，念念在懷，謹默禱其早日安抵渝。

三、精神緊張，工作反不能提高，思有以小說以閱為快也。

12 月 6 日

一、時局誠然嚴重，但潤來信（一、二日）仍然安心地工作著。她的精神真好，能有堅強的自信心和愛國心，留在戰區服務。我除為她擔心外，我祇有向她崇敬，她，真是一位理想的中華女青年呀！

二、緝熙伯來信，也說國家存亡在此一戰了。除德昇先生函轉去外，他叫我最好到前方服務，便於照應，也便於報國的更積極化。他真不愧為老青年，不愧為忠義之邦的青年領導者。假使此次本部能有派人到筑的機會，我是決心會前去的。

三、八年來家庭遭受了敵人的摧殘，我們是骨肉分散在天涯海角。老父受盡敵偽的凌辱嘔打，現在傷已重嚴，每屆陰天就發。做兒子沒有能孝奉父母，難道連父仇也不想報嗎？我八年來投入軍職，就是為著貢獻一切於殺敵的工作，直到現在，我始終以沒有親身到前線殺鬼子為愧，但也必要更努力於軍事工作才好呀。潤！將來是我的力量，我願她在戰火中更鍛鍊得結實些，那麼今後在她的力量灌注入我的時候，我也必能較今日更能奮鬥而致力於報國的工作了。

12 月 7 日

一、報紙正式公布獨山陷敵了，貴陽的緊急是可想而知呀。但戰局是好轉了，離都匀不遠的八寨已經克復，相信士氣一振，立刻會更好的。

二、重慶已展開「拿出良心來」的勞軍運動，時急矣，不願做亡國奴的人們，每個人要出力出錢，否則，敵人到了，那還有個人和家庭—— 一切呀。

12 月 8 日

一、企待著潤的來信，今天終是沒有。但晚報的消息太好了，「獨山克復」，從此貴陽可以轉危為安，士氣更振奮，可以全線反攻呀。我高興地給潤寫信，我說：「潤，我愛祖國，所以我更愛我為祖國奮鬥的愛，同時，深信祖國必能賜福我愛祖國的愛」。

二、業勤小學的全部規程是修正好了，科裡除了我能動外，他們都好像死一樣呀。黨的工作沉寂而怠忽到如此地步，國家那能不危險呢？

12 月 9 日

軍政部部長陳誠氏上台後，對於軍政之刷新，頗見積極。最近五項積極措施為：（一）改善士兵待遇，副食費由 190 元增為五百元，草鞋費倍發，再增三兩米加菜加油；（二）貴州部隊緊急措置，供應與副食應用暫准不受預算限制；（三）現在全國軍政機關二萬多個，擬取消雜牌機關二千個以上；（四）整訓三十個師，以能打仗的為原則；（五）今後改善士兵待遇，採取改發實物辦法；（六）取消會議之紛紛，重要事項採取當面請示辦法解決，以迅時機。能見軍政振新有望，不勝快慰，但特黨與政治部重複設立，恐將合併矣。

12 月 10 日

一、陪都一片熱烈勞軍聲，國民到了今日，也應該覺悟和拿出良心了。

二、參加國父紀念週，副部長主席，報告湘桂和黔桂戰局，湘桂路上桂林和柳州的不戰而退，野戰軍的望風潰退，桂、黔二省之如入無人之境，誠至可悲矣。國軍待遇雖低，但亦不能卻戰如斯也。今倖九一師能迎頭痛擊，稍殺敵勢，此後整軍要圖，誠不可獲緩矣。

三、中周推銷事，今日在中山室利用紀念週時機宣傳。原擬徵求大批訂戶，但結果失敗，僅得六份，亦見同仁購買力之低弱也。

12 月 11 日

一、得潤枰六、七日來信，敏月哥已赴黔西，更見孤單，局勢仍見混亂，以逃難為憂。行李寄雨蒼伯處，並告必要時徒步，但以旅居為可怕云。請調時局關係，不能順利進行，雨蒼伯主緩亦亦同意也。去信慰其勇敢工作而已。

二、濟民、其昌二弟入大學先修班，囑代謀清寒證明書，即商請魏科長等辦竣後逕寄之。

三、中周第一批代徵訂戶二十名已送鳳樓兄處，囑即分寄。社處亦發動代訂，然各方面成績甚差。余希望之代徵訂戶百人運動，恐不能完成矣。

四、祝平從軍，不能強勸也，僅囑其果能從事飛機工業，則彌國或甚於從軍也，並盼先告偉姊後決定之。

五、明日開執委會，書記長臨時召三科長準備會議事項，急迫之情，如臨大敵，平時則馬馬虎虎，凡事不豫，何能立哉。

六、克誠兄信，告沙選才兄求侶心切，對姚小姐慧之事諒無問題，如抵渝時，或聯袂來新一敘談也。

七、育興兄對苦心經營之棉花，又告放棄矣，今轉向芳鄰紅座發生興趣。楊公朝三暮四，談愛似難成矣。

12 月 12 日

一、黔境敵已肅清，我軍克復六寨，進迫南丹矣。

二、近閱西廂記完畢，總覺文言不如白話通俗易曉也。

三、今日偶閱清宮二年記，得稍睹清宮之秘幕矣。雖屬閒書，亦能廣我見聞，及一審清末宮廷之政治實況。

四、近旬來每夜易犯輕手淫，苦思太甚所致，宜力戒也。

12 月 13 日

一、接潤枰九日信，知貴陽還是混混吃緊，敏哥沒走，但她一個人住月姊院子，的確怪冷靜了。她或許要到師院去住，但我希望月姊就能返筑的。

二、清宮二年記閱完了，德菱公主可算偉大的女性，慈禧太后也偉大，可是一般的太監和宮眷實在太主擅和壞事了。光緒親政沒能實現，慈禧鼎新也沒成功，實天數滿清也完了呀。

三、苦守衡陽的方先覺軍長脫險歸來，他守四十七天，大公報說「我們的英雄回來了，我們的抗戰精神回來了！！」實在當之無愧。桂林而宜山而獨山失守的軍人們，自己照了鏡子怎樣？

四、巴金小說「憩園」看了一半，牠我引起懷念「爺」——在陷區受苦，「媽」——在九泉含冤，我陣陣酸痛，我將痛苦才能心寬！！

12 月 14 日

一、清早正看「憩園」起緊，巧的陳國楨兄來了，談了江蘇青年協會馬元放主持——復蘇社——戰團同學會等許多事，他總認為講空話的人們太討厭，也同我一樣的感覺呀。他到衛生署總務處看邱科長，據說他代銷「建國」的「硫化鋅」，沒有吃中飯就走了，並告有和王叔和副軍長到瀘州開發雷馬坪的事兒。

二、潤枰九日來信，知道敏哥沒有去黔西，大局好了，我很安心，但請調的事，總得設法進行才對呀。她第一次寫信偉青姊，措辭很好，我就將他抄下來作為勝利的記錄吧：

偉青姊姊：

　　這次貽蓀兄來筑的事，是你們最關懷的，幸而天助，他渝筑間的旅途很順利，謝謝兄姊兩人的盛意，還指示了許多的主張，我們得一一採納參考，不致弄得一無主張，想有這樣關切周詳的兄姊常常指示，我們真受益無窮。

　　十月廿日給貽兄的一封冗長的信，姊姊從百忙中偷閒如愛護小弟而陳列的諸點，我也從轉來而閱讀了，惟有感激姊姊的愛護之心，並且祝禱著兄姊闔家健康與幸福。

現在我郵局工作還算輕鬆，住在月姊家，一切都承月姊的愛護，當然是叨擾她不少。月姊每日在貴醫工作，家裡用一個老媽媽帶長學甥及燒飯，生活亦很節儉刻苦，敏生兄也是一個老實省儉的人。這次局勢的突變，月姊和長學甥先去黔西，本來敏生兄在今天開車走的，因為局勢好轉，停止疏散，已經不走了。貴陽城裡已疏散得很空，人數減少，今天的現象已恢復市容，又得熱鬧繁華起來了。我們郵局也是很有次第的疏散，所以，你們可不必為我們擔心。以後願與姊姊常常通信，報告兩地情況，餘待後告。祝安康。桐蓀先生另。

妹潤枰敬上　十二、九

三、郁文祺同志決心從軍——知識青年志願從軍——上峰已批准了，明日要在社會服務處報名呀。關於他和瑞霞我都愛和護過，並以赤誠愛護著，他的家也使我留戀過，痛苦得更利害過。現在，他既然志願從軍了，我願他拋棄了一切，創造另一個理想的天地在心中，能展開人生最有意義的奮鬥史，從苦鬥中培植起國家新生的幼苗。時代是偉大的、有為的青年，要衝破青年時代的一切桎梏，才有他的前途和光明。文祺！我願你從那一天起擺脫一切苦惱，開始你新的生命和歷史！張東木兄也要調糧秣司擔任中校支上校薪總幹事，他雖是同學，但他油了，我看他沒有做事的勇氣，祇有著應付人事的一套吃飯本領。我愛的是肯苦裡奮鬥和永遠努力上進的人，他將在我腦中容易忘掉的。

四、巴金的長篇小說我第一次看，牠就是「憩園」，他給我痛創的記憶起往事，叫我遠視著將來幸福的理想。這裡面我激發得要流淚，我要對得住自己，對得起父母，更要對得起愛我的潤！我的現在努力是不夠呀！你要更奮鬥、努力，並且要持久有恆！

12月15日

一、天氣冷得很，幸好今年公家發了棉衣壹套禦寒。棉衣實在是最好的，穿得舒服和溫暖，遠較一般時髦的呢料好，但人總喜歡漂亮而不求實在，至於忍寒挨凍亦不惜，這真是難費解了！

二、中周已有四十戶了，我想利用社會服務處來號召，希望達到「百戶中周訂閱運動」的目標，但成功的希望還是沒有把握的。

三、潤八日的來信今日到，九日的早於昨天來了，戰時郵政發生了故障呀！昨晚給潤寫了一封較長而溫暖的信，報告她此次讀「鬱雷」、「清宮二年記」、「西廂記」、「憩園」的心得，其實是感慨吧了。

四、黨部的工作沒有顯著的進步，當然政治部要抬頭了。兵站、醫院也設政工人員，今後兵站機關再設政工，當然特黨的價值更低了。書記長沒有魄力辦事，爭取不到部長信任，自己又不振作，當然要失敗呀！科長和老楊，我們三人皆不勝慨然，老實說，我們決不是垮台的幹部，假使有這一天，我實在是不願意想像的。

12月16日

一、接桐哥航快，附寄芸妹雙十節後一日信兩封，含章弟雙十節前有信壹封，詳悉家鄉一切，甚以為慰。穎弟繼續求學，芬、含和愛，譽為「我不啻得到再生的母親」，暨驥齡師舉辦祝塘中學，實為最足引慰者。但老父多病，芸妹亦生病二次，至以為慮耳。

二、復家信，給父母親信告近況一切，給芸、穎信勉穎力學等，給芬、含信囑前芬自修及含弟力學等，附代瑞祺致母信，午後即發之。

三、復潤枰信（今日來），並附寄芳妹信，告家鄉一切也。

四、瑞雪紛飛，乃近年川中稀有之氣候也。

12月17日

一、天陰而仍飄雪，紀念週人少矣，以參謀長湯垚民擔任主席，人更少。國人劣根性難去，苦矣哉，此所以特黨之以書記長，更不易推進工作也。

二、緬北八莫克復，遠征軍與駐印軍瞬即可以會師矣。桂省已攻迫河池，亦稍慰。美海軍攻菲島之明多尼島，阻斷菲島為兩部，而開入中國海之門戶，可慰。

三、周希俊兄來信，已入軍政部部長辦公室工作矣。張滌瑕來信，已抵成都，助一人亦一樂也。伊成績尚佳，書法與文筆流暢，出我意料之外也。

四、晤瑞祺姊，談姚慧（蕙）小姐事，沙選才兄迄無表示，雙方至急。瑞囑促克誠速決，並告沙兄情形。乃於今晚快信詢之，並告祝地情形，及商潤枰請調工作事。

五、今天和育興兄偷拆了芳鄰李鎮釵一信，此乃伊投大公報館之稿件，係對女青年從軍而發。育興兄擬進攻，故助彼勇氣以謀之耳。雖未蒙登載，但寫來甚佳，可知高中程度無疑。內中有云：「竹籬外再沒有窺視的眼睛，她們努力的抖落掉那已背負了幾千年以來的封建枷鎖」、「知識女青年志願從軍給予我們一個多麼偉大的啟示，如今，我夢幻的醒了，睜開朦朧的睡眼，翻看著過去八年來流浪生活的日記，裡面充滿了多少的痛苦與辛酸！不能再如此忍耐下去了，如再不知反省，這些血債、仇恨，將會一天多一天的在心底堆積著——一直到使自己窒息。傻子！你不喊痛，別人不會把你心裡的創傷來醫好——我的手已輕輕叩開了我心靈慚愧大門！」啊，芳鄰呀！你卻是在封建的枷鎖中生活，整日埋在房中，沒有接受自由空氣的一刻兒，更談不到性愛的自由！你要英勇奮起，切莫再做傻子呀！你硬忍痛，又誰能摸著你的隱病呢？祇有奮鬥，打破枷鎖的桎梏，才能還你的自由與幸福，同時負有救助與同情力量的人，也要拿最大的勇氣去救助才能有救。

12月18日

一、報載八莫克復，中緬會師在望，中印公路即可暢通，喜也何如？

二、三民主義青年團幹部學校暨知識青年志願軍政工班政治部蔣經國來公函社會服務處，請予戰備行軍經過新橋時賜予協助，經即會同警察所設置茶水站，並趕行佈置社會服務處。為製藝術字，科中同仁趕工至深夜十一時許，大家動手，有說有做，精神可嘉也。

12月19日

一、清晨佈置社會服務處，發現昨夜所做標語字，部分不合要求。其中少數係育興所為，深為引憾，對伊之服務不能有負責態度，我總為悵然。小組會議題材迄未辦理，深為傷神也。■■腳做事，亦可憐矣。

二、張東木兄調糧秣司中校支上校薪總幹事已成事實，明日即可成行矣。科長亦望其早離，不能工作之人，科中實無用處也。余平生做事，以事為首要，總反對不做事而講交情之人，能做事則稍予交情可也。

三、社會服務處副總幹事有接任可能，余正擬謀設法中。整頓之原則，為建立信仰首要，調整機構及人事次之，以生產為自給之道也。

四、郁文祺弟從軍志願，殊可嘉勉，一旦跳脫困境，自能前途無限量。為安其心志，解其後顧之慮起見，久為謀完善之道，旋決以以曾瑞霞（太太）代理其職務一道為最佳，俾家庭照料有人也。與科長商量亦表贊同，經進與范秘書、沈書記長請示，亦深同意，決簽請特派員照准辦理也。余則將來能得社處忠實同志，更快樂矣。

五、晚赴文祺家，在伊房與伊老太太、太太商討文祺從軍及善後問題，曉於大義，勉於正氣，道於遠樂，解於目前，深得三人欣慰樂許。余不負文祺之志，更不負朋友與青年之道，更可對國家告慰也。告別入營之日，當贈於「鵬程萬里，豈群鳥所能識哉」，以勵其志而共勉之。

12月20日

一、午前開駐渝單位第一次擴大工作會報，到各單位同志廿餘人。

二、推銷中央周刊之計劃，未見順利發展，擬設法補助之。

三、鄧科長來的太遲，那時科長和我皆離，未及談及潤枰事，至憾。

四、晤周正琨，商同學學事。伊之周小姐入軍統局做事，正傷腦筋矣。

12月21日

一、接月姐黔西信，知又過八年後之準流亡生活也，幸即可返黔。

二、潤枰十四、十五來信，告葛處長已赴貴陽，即住二支局云，甚喜，今後可就近懇請調渝矣，復勉努力一切。
三、擬社會服務處工作計劃及慰勞志願軍辦法等。

12 月 22 日

一、參加社會服務處委員會，被派兼副總幹事一職。
二、突聞書記長告科長勤部撤銷議，科長與余商前途，同意以進行軍政部特黨部工作為最佳。
三、寫信周希俊、劉志義詢軍特之特派員、書記長人選，並告有請調之意。書陳毅夫詢軍特事，並請代預謀一切。擬致兵役部吳司長自薦函（劍秋）及上劍公書。

12 月 23 日

一、致劍公書經科長修正意見後，重行書之。內容係：（一）上候；（二）告聯誼會事；（三）詢勤特合併後軍政部特黨書記長人選；（四）盼轉任職能賜予愛助提攜；（五）附候副團長、張主任秘、簡、譚二秘書。
二、後勤部改組之說傳之甚熾，人心顯現動搖。是則各報相繼發表「俞飛鵬研究交通」，有改組交長之說，及業已發表戰時運輸局局長之故也。總之勤之易長則必矣，改組與否，尚待事實證之。
三、克誠兄與沙選才兄來約，適會報。旋共午餐，並通知姚小姐蕙赴瑞祺姊處相晤，雙方印度甚佳也。

12月24日

一、紀念週，副部長報告成立二個後勤司令部事，並囑安心工作，勿信謠言。

二、赴監護營駱幹事處，工作環境甚佳，柴營長堅邀早餐。

三、午後接洽軍醫署英美兩國新聞處時事照片，改於社會服務處放展，當晚全科動員佈置完成。

12月25日

一、社會服務處展覽美國新聞處時事照片，參觀者甚為踴躍。

二、接潤賀聖誕信，知月姊即返筑矣，雨蒼伯仍返筑。

三、本部改組之說盛極一時，人心惶惶，影響工作至巨。機構朝令而夕改，本部折充甫定，又以改組為苦矣。俞部長任交長則必矣。

12月26日

一、接濟民信，清寒證明書已收到，告祝平志願從軍云。

二、社會服務處更換英國新聞處時事畫片展覽之。

12月27日

一、本部改組之說已成眾說之宗，人心惶惶，已趨不能工作之狀態，可悲也，甚矣。據一般可靠消息，則改為後勤總司令部，隸屬於軍政部管轄，由陳部長自任總司令，端木副部長副之。但目前迄明年四月止，仍維後勤部名義，由端木負責云。

二、潤枰來信，情思纏綿，實余最大之快慰也。復信亦極情場之愛慕相思，謹以祝伊之新年愉快！幸福與勝利。請調壹節，囑於新年後五日堅決行之，並請葛處長相助。至我倆之愛情，新年即將展新的階段，吾人將英勇於接近與安排也。

三、函沙曉風，請代謀杜潤枰請調事，未卜能有希望否？

四、書繆參議吟聲，述願追隨人事工作，並請代謀潤枰之請調壹節。發潤枰快信。

五、英片展覽回畢，全力辦理徵募知識青年志願從軍之慰勞事宜。

12月28日

一、新橋各界知識青年志願從軍經新橋社會服務處、重慶市徵集委員會第十七登記處登記者，先後卅餘人，經正式檢驗體格，決心前赴者，計有十七員。目前所募慰勞金計貳萬捌千餘元，實物毛巾五十餘條、肥皂六十餘塊、牙刷六十餘支、牙粉五十餘包。經分配為每名慰勞金壹仟元，毛巾貳條、牙刷三個、牙粉三個、青年牙膏壹支、香皂壹塊，擬明日午前熱烈歡送也。

二、本部改組在即，特黨部之是否存在，大有問題。余亦擬此時有所更張，但此次年終考績為晉升中校良機，故尚擬稍待。曾以總政少校委令及民校校長委令送科長參考之。

三、潤枰請調事不獲早日成功，實傷腦筋，如能早日成功，則余心可安，勿必以此為念矣。否則請調不成，今後或擬設法赴筑四戰區總監部工作，是則相處仍歡也。

四、本部郁文祺同志以老母咯血、幼妹待哺、新婦剛來，故從軍壹節，仍主暫緩。且本部動盪不定，彼任中尉宣傳員，則底缺來日無可保留矣。經已同意緩行矣。

五、近日辦理社會服務處工作，尚覺興趣，惜進行不如理想耳。

12月29日

一、天陰雨，誠為美中不足也。今日為新橋各界歡送知識青年志願從軍，原有十七員，但來此者僅四員，揚子江委員會一人，鍾南中學二人，餘某部隊傳令壹人。鍾南有學生「馮金元」係武進人，其父現任交行儲信部主任也，足見知識界子弟之從軍熱忱也。彼係兄弟三人，最長，年僅十八歲，次弟尚十歲及二歲者。而真正新橋人則一人亦無也，可嘆！

二、歡送茶會開始，即行茶點，繼即遊行新橋一趟，有遷區及新橋二小學學生歡送，雖微雨，仍熱烈也。爆竹甚多，熱鬧空前，惜參加人員太少耳。月餘之忙碌僅得四人，僅足以收宣傳之效耳。慰勞金及物品，每人仍發壹份，餘則悉留。科長做事之「量小」，誠使我不快矣。

三、書記長老太太壽終。

四、本部易長與改組之說，日已成熟。大公報已發表交通部部長曾養甫辭職，將由俞飛鵬繼任，辦公廳方面亦已準備移交，前赴交部接任。聞史濟寅有長總務司、董參議長人事司之說，果繆參議吟聲赴人事司任職，則余赴交人事司任職，以後與潤枰同在一部，似屬理想矣。但此次中校晉升及銓敘之機會，似不惜放棄也。後勤改組將由陳誠將軍主持，能留職固亦佳也。

12 月 30 日

一、郁文祺從軍未成，但太太與老母之衝突已起。太太實賢淑，但老母係舊式女子，不能滿足過去時代翁姑之慾望。然母子之愛，恰被夫妻之愛所奪，故「妒」與「舊」迫使虐待媳婦，竟致動手嘔打。為子者誠難應付，無法遷居，暫於科長家中，可謂家庭之苦劇矣。

二、范秘書老太太係繼室，亦不能滿范太太之一切，故時惡言相加，使范太太忍而可忍，故竟潑婦或在商中大吵。女子不懂道理，男子誠苦，而處新舊交替時代之女性，更以為命苦也。

三、沈書記長太太亦屬擺架子而不懂事者，故欲得賢助，誠人生至要事，亦幸福之所繫也。

12 月 31 日

一、最後一次國父紀念週，部長主席，無任價值報告。但以時間提早八時舉行，故趕時參加僅二百餘人中之五、六十人，可謂少矣，部長頗表不滿。但以明日即赴戰時運輸局任局長，故亦無苛責也。

二、昨日新橋中心小學假本部中山室舉行懇親遊藝會，以人數太多，維持秩序者更不出力，甚為紛擾。余等往參觀，目擊此狀，如不協助維持，內心似有不安，乃決心代為維持，使秩序漸趨良好，然後觀之。是則雖育興、家寶勸不必干涉，而余以正義感，勢非相助不安也。

三、原定之新橋社會服務處軍民聯歡晚會，本擬發入場卷等，並已印就，但以主持之曹鶴林係新橋地痞，不懂公事手續，但云與衛生署合辦，一切已打過招呼，入場卷等皆可不用，科長亦允之，事之糟如此，以二大單位在新，稍有行動，即須仰賴此等地痞流氓，而不惜順從之，誠使吾不能忍也。今日中國地方惡勢力尚未清除，至屬可慮，果政府尚與此等人同流，國事當有何望哉。

四、晤訪曹荃與繆吟聲，皆未晤，至以為悵。赴思信家一敘。

五、接桐哥寄「一年來之雲南省經濟委員會利滇化工廠」一冊，詳悉該廠係軍工業之化工廠，裨益抗戰至巨，前途之發展更未可限量，至以為快。

六、寫家信及見枰信，但未能發出耳。

一年來之自我檢討

一、工作方面：崗位工作可告無愧，但未能如去年之積極領導開展，純係居被動之工作立場，實非戰時工作態度。

二、讀書方面：雖內心時抱進取之心，然「無恆」以持久，故時讀時輟，且無整個讀書計劃之執行，故成績甚差。

三、精神方面：得潤枰愛友，志趣與品德相投，終於十月十五日在筑訂婚，今情愛日篤，至堪引為精神深慰者也。

四、做人方面：對於「要始終站立人家前面奮進」、「氣度上去涵養砥礪」二點，表面做到幾分，實則仍遠弗達也。

五、身體方面：鍛鍊不能經常實施，但尚能節飲食，慎起居，更以精神有寄託，故年中得弗病而常健也。

六、經濟方面：「堅守」、「自給自足」二原則，不思非分之財，收支尚得平衡。以訂婚之故，移用家款達貳萬元。但失竊尚不止此數也。

檢討結果：

個人之努力，尚未盡應盡之努力。已有之收穫，不能以現有環境衡量，當遠視理想而自愧矣。

附錄

3/24 接父親 2/16 手諭：告芬嫁用三萬許，購田用叁萬許。星煒公暴卒用 12 萬許，賣田十餘畝，自打油餅廠壹個。接楊舍郭淦犨詢貳千元劃款事，囑速辦沙府事。

3/24 復家信，告吳劃款事，為 1：1.25，共領用 2,500 元了事，告澤民劃款壹千元及近為沙府劃款叁千元各節。自此信起編號發信，為新家字第 1 號。

4/14 發家信新家字第 2 號，報告沙府不受三千元事及轉見枰兄信。

4/30 發家信新家字第 3 號，囑芸妹能來渝工作，囑穎弟克盡子職，並多來信。

5/9 接家信 3/31 發，家中均安。沙府事未辦妥，殊悵，三千元已早劃陳府矣。同日接芸妹信。

5/9 發家信新家字第 4 號，告桐哥病好，此間亦佳，詢芸妹是否來渝事。

5/30 發家信新家字第 5 號，告近況尚佳，詢芸妹是否來後方，並轉見枰信，告潤枰取郵試。

6/21 發家信新家字第 6 號，告克誠結婚送禮千元，及貳月餘未接家信，並詢芸妹是否後來。

7/11 發家信新家字第 7 號，告近況。近代潤妹劃壹仟五佰元，並欽文處貳千元，附致芸、穎、芬妹及志春伯信各乙件。

7/13 接家信 4/29 發壹件，陳府三千元已照劃，沙姓仍囑清理，家鄉則高度清鄉為苦，以桐偉經濟拮据為念。

7/14 接家信 5/10 發壹件，附芸妹信。知芸暫不能來後方，婚事盼自決，沙姓仍須清理也。

7/15 發家信新家字第 8 號，告近況及潤枰妹事，暨對仕妹事，沙姓事即與榮存兄商辦。

7/31 發家信新家字第 9 號，告近況及代劃事，並轉鑑枰兄信。

8/28 發家信新家字第 10 號，告近況並贈禮事，並分函贊、采二叔。

9/24 發家信新家字第 11 號，述與潤枰有可能訂婚性，及其他近況。

元 /18 接仕上年 10.26 日復余同年 8.25 日信，文理皆佳。並即復（元 /19 發），多所慰勉。

元 /27 給仕第三信，報告將有西南行，並囑與芸妹為友，及注意身體。

2/28 給仕第四信，報告旅中情形，此前所允者也。

4/5 致仕第五信（接姨夫信後），囑平和靜氣攝養，習操家政、女紅，教弟妹勤學為娛。

6/2 致仕第六信（接平信後有感發），比較真實性的給予安慰，並贈照片，並鼓勵和芸學習偉哥。

33 年 6 月起迄 12 月止貽蓀物質建設計劃大綱

1. 金戒壹枚
2. 印花被單壹條
3. 綢被面壹條——已購
4. 大皮箱壹個
5. 墊絮壹條
6. 自來水筆壹支
7. 綢襯衣貳件

民國 34 年（1945 年）

三十四年急需酌量添置的物品

一、冬大衣——呢料

二、棉被壹床——雙人用

三、被面壹個——綢

四、被單壹條——印花

五、皮箱壹只——大型

六、皮鞋貳雙——黑色、黃色

七、襯衣貳件——府綢

八、單軍裝壹套——嗶嘰

九、油布壹張——大

十、手錶壹個——中等

十一、鋼筆壹支——中等

十二、線毯壹條——大型

十三、熱水壺壹個——中等

十四、鏡子壹面——中大

十五、中華通史——壹部

十六、高考用書——全套

十七、英文字典壹本——中

十八、雨鞋壹雙——較好

十九、金戒子壹只

廿、西裝褲壹條——較好

廿一、布料——數段

廿二、床——壹張，5 尺

廿三、傢具——全副

廿四、炊具——全副

廿五、板箱——壹只

三十四年努力之目標

一、不論擔任何項工作，希望得到中校地位或薦任的資格。

二、工作力求向實在的業務方面求發展，最好脫離黨工。

三、有機會受訓的話，能入中訓團最好，以增新人事關係。

四、江蘇同鄉的聯絡，本年應予加強，以爭取好的協助。

五、好的工作同志應予相協共進，以為共同奮鬥的臂助。

六、隨時爭取工作上的主動性，以求獲取長官與同仁的信任。

七、原有長官和同學、朋友，仍應保持密切連繫，以求互助。

八、自己的學識，應隨時努力充實，學問是事業的根本。

九、對人對事的態度，應力求和謙積極，避免無謂的應酬與阻力。

十、身體應力求健康的增進，合理的社交與團體活動可以參加。

十一、對於潤枰，應保持愛情的熱烈增長，使雙方更認識與瞭解。

十二、對於婚姻問題，應隨勢移而作決定，不可探之太切，而誤事業。

十三、對於澗枰，應善導於共同理想與事業的追求，昇華其物慾。

十四、經濟上應求絕對之自力自給，刻苦節約，厲行戰時生活。

十五、對於必需的物質條件，應酌量逐步添置以應必需。

十六、對於必備的書籍，應酌予自己購置，並限程閱讀。

十七、家庭應多寫信請安，除勉弟妹升學外，可勿預聞。

十八、哥嫂、月姊等至戚，應多連絡互助，以發揮同胞同鄉精神。

十九、助人為快樂的事，隨時隨地，要建立助人的好習慣。

二十、常識的豐富是進步的基本條件，報章雜誌必求閱讀。

卅四年元月七日　貽訂
聞後勤部改組之第一夕

民國三十四年日記卷頭語

時間與毅力是成功的要件，吾人必須爭取有利之時間奮鬥，恆久之毅力前進。過去八年之努力，已啟示國家之新生，個人之前途，吾人英勇邁進，深信勝利必屬於我無疑也。

國家已臨最艱苦而接近勝利之年，個人亦已接近從艱苦中追求幸福之時機，我必須要奮起，突破艱難的一切阻撓，完成我生命史中最光榮而光輝的史頁。

努力吧！貽蓀！奮鬥吧！澄中！你應該展開你勝利之翼，遨遊於自由之中華。

1月1日

一、晨起後第一件事是給潤寫祝福的信，她——應該是我一九四五年最崇愛的人物——賜予我了幸福。

二、應科長囑赴伊家便餐，同赴者為育興、家寶、厚菴、文祺等數人，亦即科中之台柱者，未贈禮，僅合購糖果數百元自食耳。喜為方城之遊，除育興可以猴稱王外，寶與祺皆不諳熟也。余加工學習，兼請曾樣為參謀長，強可肆應耳。然亦破天荒矣。

三、晚於衛生署中正堂舉行軍民聯歡晚會，金署長寶善亦參觀焉。節目平常，但少女頗多，育興頗以為苦矣。

四、戰時運輸管理局俞局長飛鵬就，我本部隨往人員甚少。繆參議吟聲隨任人事室主任，此所以卅日晚訪不遇矣。原擬早訪，但以工作不便未果，今後或擬趨謁，並談前赴該局工作問題。

1月2日

一、本部以改組、新年、書記長喪假，故工作更陷停頓狀態。眾皆混然不知何如，余亦企求一快自愉，乃允家寶約赴小龍坎一遊也。

二、在小龍坎以電影不佳，轉趨沙坪壩一遊，呼吸青年氣氛之空氣，亦可一助清新思想。逛書店，價太昂，望洋興嘆而已！返小龍坎，商店競為冬季大賤賣，乃便購生平之第二瓶「蘭花脂」，然尚係第一瓶之用也。旋在許姓店購毛巾壹條，價 290 元，亦廉。此以宜興同鄉所設也。

三、許姓店之老闆即許仲華之兄弟，聞悉至快。但據告仲華老兄已返蘇病逝，不勝悵然，老友溘歸，何天不假年耶。聞昌玉姪已讀書高中，近當接濟云。回憶廿七年送教養院之情，宛如目前矣，擬後日再訪許先生詳談之。

四、家寶兄各方面尚稱健全，做事負責為最佳。後日余需幹部時，似應網羅勿失之。

1 月 3 日

一、昨接潤妹信，以久未讀余信，似悵望而痴情之甚，而又接信，知以獲信為快矣。伊能以余故而慨助黃祖榮棉絮，余至佩伊之寬弘而篤愛余矣。

二、偉桐來信，均佳，偉於明年四月又將分娩也，廠中營業佳，得維持為慰。偉轉潤妹信，獎掖之甚，至慰。

三、潤之請調事，急於實現計，今日詳告進行辦法，並冒昧直陳葛處長一函，由伊轉致。克誠兄處已囑就商錢先生，可否再圖代調貴陽儲匯局工作。選才兄來函，關於姚小姐事，託代謀照片壹楨。

1月4日

一、發繆吟聲先生信，擬在戰運局謀工作，以求脫離黨工也。

二、發潘明紀信，請代謀潤枰請調事。

三、接沙選才兄，囑代謀姚小姐照片壹楨，請瑞祺代圖之。

四、育興將陷色迷，終日忙於芳鄰「李鎮釵」的單相思，誠亦苦矣。

1月5日

一、公伙加肉「打牙祭」，組織科黃炳琳同志老歡喜搭便宜吃客飯，老張（銓）深引不滿，特別為他出了一張佈告「食字第一號」，真也有趣。吃肉的時候，因為分配不甚平均，甘同志和老張（厚菴）大鳴不平，似乎吃暗虧，連累伙伕遭訓一頓。戰時生活真是光怪陸離。

二、楊育興專心打算芳鄰的主意，「女大不嫁」，相當害人相思的。老楊近來食無味、寢不安，明白是害了「單相思」呀。今天，真如運氣好，老張（銓）拉了芳鄰的小紅娘來（李鎮錚），六、七歲的小女孩，實在天真活潑又美麗，無怪老楊想吃天鵝肉啦。下午小舅子和中舅子都來借書了，工作做的順利，老楊該安慰得多！

三、郁文祺的太太和婆婆不能相居，被迫著文祺實行分居了。科長此次真的盡了乾兄（結婚是擔任主婚，說曾樣是乾妹妹）之責，除招待將近一星期外，又代謀自搭草房壹間，利用人力，和老詹（再吾）的協力，自己拼命地砍了樹和竹並稻草，實行自力更生辦法造起來了。戰時生活夠藝術了！公務員也夠奮鬥了！而新舊時代人的衝突，也夠痛苦的了！太太也夠麻煩的了！

四、兵役部即將成立特別黨部，到那裡工作，也許要實在些，不妨有機會一試！

1月6日

一、與育興赴科長家，探郁文祺搭屋，已成大部，可無問題矣。但以太太不能遵文祺意向老母陪禮後搬出，小夫妻又生氣了。文祺不能耐心而任氣所致，以造成家庭問題之不和而分裂，誠屬不幸。老母之固執守舊，不知篤愛兒媳，亦無福之老人也。文祺太太不能瞭解家庭處境，善為應付，更不能體貼丈夫痛苦，多加原諒與溫慰，亦多失矣。

二、晚，原擬赴繆參議或曹科長處，但以逢鎮亞兄，臨時折赴高灘岩。知楊德安兄晉升秘二科科長，正琨亦代工委員主任委員。聞部方改組後決由副團長兼長，端木則副之。屆時黨部撤銷，正琨等盼能留部他處工作，果則秘處或較理想也。

1月7日

一、國父紀念週部長主席，前述報告概要於後：

1. 總值星官周處長報告人數不確，一再舛誤，部長即席責令當場清查二次。固屬人情過份，亦見國人之敷衍因循之甚矣。

2. 報告自民國廿六年抗戰成立後勤部以來，七、八年間，愧無建樹。決以兵站辦理之困難，地位之痛苦——被動——，尚能維持八載，而無大隕越者，皆同仁努力之成績，至為引慰。
3. 今後改組為後勤總司令部，隸屬於軍政部，由陳部長誠兼總司令，機構合理調整，必能發揮功能。至於本部人事，可無大問題，仍可安心工作，以求進取云。
4. 此次辦理移交各署司處，務必財物報銷等件件清楚。我最反對成立「清理委員會」，不應該要清理我們的一切才好。
5. 此間中山室甫行修理，即告破壞不堪，可見做事太馬虎塞責，應即查明監工與驗收人員禁閉，以後務盼大家做事切實。但中山室之壞，實係新橋中心小學藝術會所損，然當時無一出而報告者，誠屬怪矣。余心不安，臨去時面告端木副部長說明之。然工委會修理不堅固，而洵屬事實也。

二、思信今日殺了一個肥豬，得百斤左右，皆自己鹽而食之。原擬邀姚萱、姚蕙二姊妹吃晚飯，志毅赴邀未晤，乃未果。她為她們介紹，同我一樣熱誠，可慰，亦沙、姚至幸也。

三、本部改組已決定，我的工作方向確已問題來了。脫離黨工呢？還是苟安？究向何途發展呢？可能的有四：

1. 本部縮編而不撤銷時，仍留暫時工作。
2. 本部合併於軍政部特黨部時，轉任該部工作。
3. 向戰時運輸局繆主任那裡活動。
4. 向改組後的本司令部各處活動——秘書處最好的。

四、得潤元月二日信，知在元旦曾洗浴昏倒，而原因係請調而失眠也。來信對我工作特別關切，所見正確，至為感佩不至。余得如此賢內助，果他日事業不得有成，斯皆余之過矣。復多慰勉。

1月8日

一、接毛鳳樓兄函，附寄中周六卷五十一、五十二期壹冊。該刊「珍貴的友情」，有我和壽昌代徵中周經過的信。壽昌和我取同一行動，的確感奮，我們和老毛能互助協助事業的發展，也更覺得引慰和愉快。

二、郁文祺因母媳不睦，被迫分居，本科李科長及同仁始終本愛護同仁之心協助，至足引慰。本科同仁方面，由我發起，每人自由樂捐，計得叁仟伍佰元，以充彼新建草屋之需。

1月9日

一、昨晚，原擬由思信夫婦邀約姚萱、姚蕙姊妹餐敘，並談沙、姚為友事，但臨時姚因病未到，其他被邀者為范秘書永炎、魏科長道性、彭全金等，以彼剛殺豬，故亦邀彼等快餐一頓也。席後，徐建中談及

「子岡」——女僕——已死，則余總覺不免稍有虐待也。同日得周傑超自印度遠征軍「印度軍郵第五〇八局會字第九六七號信箱附三六號之八」來信，不勝感嘆，而伊之英勇精神，至深佩慰。

二、接克誠八日來信，知俊彬姊於五日上午分娩，一舉得雄，至深慶慰。以部中改組不安，未能進城道賀，即匯寄叁仟元請選滋補營養之，此亦實用也。

三、午後二時，舉行結束性之科務會議，分別討論告一段落的科務，並研究將來演變之可能。最後張銓與科長等閒談相術，公認俞部長好在南人北相，而科長適為北人南相也。相不可篤信，要在勉人之自勵上進耳。

1月10日

一、行政院九日常會決改後方勤務部為後勤總司令部，直隸軍政部，本部各處正趕辦移交中，聞決於二月一日正式改組云。

二、近日心緒欠寧，工作科中無形接近結束，圍爐漫談，更無所不談。余精神不振，口中無味，閒來反覺生活難過，誠亦常理也。

1月11日

一、昨天給潤寫了信，勸她不要迷了愛而更增苦悶。

二、給譚衍慶信，詢劍公新任務，及後勤秘書處處長人選及軍特黨特派員與書記長人選，以備來日調動工作時的準備。

三、十二月份的工作月報辦完了，是最馬虎的一次，大家吵著，實在無心寫！

四、金門照相館寄我照片及底片，雖以被我攻擊申斥的結果，可見商人還有些道德性，更見毛病在小職員不負責所致。

五、俞飛鵬發表交通部，曾養甫出國考察說。盟軍登陸呂宋，至快。

1 月 12 日

一、昨晚惡夢中夢遺，致精神終日困倦，午後休息假眠三小時。

二、消費合作社發售平價布，計六種任擇壹種，當即備款一五〇〇元選擇烏花布壹段，長壹丈六尺，較市價為廉也。

三、午飯時小楊（瑞珍）命弟來找家寶兄，附致一信及名歌集二冊。女孩子多古怪，年雖輕而一切皆精明通達矣。國文進步甚快，可奇。

1 月 13 日

一、盟軍於呂宋登陸，頗有成績，至以為快。國人應加緊準備，以迎接美軍於中國海岸登陸矣。

二、接潤九日寄來快信，附寄伊父信，知祝地平安，伊為孫男週歲，並大舉親友相敘，辦滿達一百■■桌云，耗洋卅餘萬元等情，至慰。月姊亦於九日返筑，備歷準難民之生活，皆即日復之。

三、晚，赴四川省銀行訪曹荃兄，談話頗投機，討論國內外大局及黨派問題，志趣相投，議論更為有勁矣。

四、勤部改組，不知特黨究如何也。劍公處尚無復信，擬於軍政部方面有以插足，則追隨辭公之願或可早達矣。果劍公出長後勤總司令部，尤望能調秘書室工作也。否則，劉千俊在出任軍政部特別黨部書記長時，亦願調該部工作也。

1月14日

一、赴沈書記長家，為老太夫人吊奠，並午餐之。

二、午後與駱駿赴歇台子睢友蘭大隊長處，以午睡未晤，遇太太招待，尚能招呼客人，不失內助。駱駿邀赴城，擬便道鑲牙，但以經濟困，未卜成否？

1月15日

一、晨赴渝，與楊文達同往。首赴稽查處晤余政毅，未晤，旋赴廣東酒家早點。晤許時奮，知即開新年同樂會，已進行籌備云。

二、赴民生路新華隔壁戴志強醫師處修補犬齒。是齒脫於民卅一年於黔江時，迄今數年未補，總覺漏風不便。以文達與戴醫師善，故擬補之，但索價九千元，誠驚人之高昂矣。除當時付訂洋貳仟元外，擬稍俟日後進行，以無此巨款支應也。

三、赴軍政部，晤譚衍慶、黃華於部長辦公室，並在部共進午餐。旋周希俊來，共晤至暢，知何伯言已任部附室上校參議也。徐燦如亦來，擔任人事處上校主任處員，並盼一晤云。

四、赴總務廳人事處晤燦如於午後，相晤至歡。寒暄後即堅囑速赴該處工作，並稱已代留二缺，可暫以少校任用，並可同在處長室工作，並以劉處長雲翰為部長親信，追隨最佳。至於黨部、戰時運輸管理局，皆囑勿就可也。立囑余速決，並即寄履歷、自傳赴該處，以便簽辦等語。余以稍待考慮後即再作復答之，並告擬六政老友敘餐云。

五、晤玉瑾，晤談亦至快。旋訪克誠，因事外出，乃逕赴仁愛堂探李俊彬，男孩甚壯，尤可愛，但以初生較困難耳，大約尚須住院五日後方可外出也，每日住院費達千元，亦云昂矣。克誠返，相敘並作長夜談，甚快。伊亦主我入軍政部人事處工作也，以余之對人事興趣，及保持柳公、辭公系統，亦應毅然赴軍政部也。

1 月 16 日

一、早點後赴巴中軍黨處晤陳毅夫兄，伊已調長貴州軍隊黨部組織科科長，支上校薪，至可為慰。伊擬二月一日在渝舉行婚禮，太太即係女生大隊同學宋文林，現任榮休院少校幹事，即擬同調貴陽工作也。關於晉升案，或可於行前相助玉成也，並告赴軍政部似較理想，並以保持校級為原則也。

二、晤戰時運輸管理局人事室主任繆吟聲，新官上任，訪者甚多，大有應接不暇之勢。余事告以可緩簽辦，余則告以擬赴軍政部人事處，詢彼意見如何，但告以待結束改組後為妙！否則人情上難說也。旋即匆匆返新矣。

三、過小龍坎晤許慶元，即係許仲華之堂兄，知仲華已逝，至可悲矣。品玉現在貴州玉屏國立廿中學讀書，伊曾接濟其用費云。

四、返部，接繆吟聲、徐燦如、申際輝、虞子貞、潤枰信，至以為快。敏生擬來渝工作，以後當盡力助之。

1 月 17 日

一、決定於元月廿日召開新橋勤戰同學第六次聯歡晚會，以便同學相互作改組前之暢敘或相別時之互敘也。

二、得潤枰信，知蔡傑兄贈我襯衣，但伊請潤轉囑代購呢料壹事，以昂貴之價需壹萬八千元，實不易便到也。為此到小龍坎一詢，返時已甚疲勞矣。

三、午後科長赴城中組部探聽本部改組消息。據育興告，第一原則為保持現狀，由軍政部指導，第二原則為分區（供應區司令部）成立特別黨部，是則本部改為區黨部也。我以大局希望甚少，決心赴軍政部人事處矣。至於本部晉升中校壹節，以得科長簽辦，或可得中組部通過也。

1 月 18 日

一、接潤枰十三日信，告我見枰之長兒是九月廿九日彌月，推算是八月廿九日生的，再追算我倆訂婚是陽曆十月十五日，巧即陰曆八月廿九日，真是巧合之極。伊家大為稱慶，辦酒壹百餘棹，誠安排之妙矣。潤囑代姪兒起壹名字以為紀念，經決定取名為「漢興」，此所以取義於「澄中」與「潤華」合作勝利之日，即為「漢族復興」之日矣。

二、書記長交下軍郵督查處葛處長函，囑稱杜女士請調事，已與王局長面商妥善，可具呈自費請調東川郵區，以利進行。當即快函請潤進行，至以為快。

三、周希俊兄來晤，至以為歡。晚赴科長家，漫談今後工作問題。余意如特黨部存在，而書記長、科長不變動，則能得中校地位，或可蟬聯，否則決赴軍政部人事處工作，以維持此正式路線之追隨也。

1月19日

一、希俊赴城，請伊帶去燦如處簡歷、論文、記錄、綜合指示各壹份，該處工作仍希望進行為宜。

二、育興兄進行李鎮釵女士事，頗為順利。已通信二次，文筆流利而富於熱情，至以為佩。小紅娘「鎮錚」利用送信，亦至為妙。來信坦白忠懇，學術甚佳，原係桂市中之高材生，擔任文藝股長等活動云。有云「愛需要恆久的忍耐」一語，誠至理也，願祝伊等早得幸福與快樂。

1月20日

一、本日召開勤戰聯誼會第六次聯歡晚會，到同學廿餘人，會場情緒仍熱烈，余堅被舉為主席。交換同學有關福利，經決議本會不因改組而停頓工作，而應更發揚此種精神也，對於學籍問題及今後同學之工作態度等，亦皆檢討。余自主辦此會以來，能在惡劣之境遇中指導與互勵，私心自慰。今日副團長出任軍政，吾人亦坦然置之，蓋吾人為真正之精誠而合作於前，決非臨時附勢者可比擬矣。

二、聞王淑芬及錢慶燾抵渝，多一同鄉，至以為快。

1月21日

一、國父紀念週由端木副部長主席，報告改組情形，僅存在參、秘、副、人、運輸五處，餘經理、衛生、軍械則兼處，僅名義耳。主官更換，編制縮減，僅四百餘人，可謂後勤部之慘矣。

二、勤總經費已不能獨立，則特黨之存在大有問題矣，擬加速進行軍政部人事處工作，午後及晚，趕將自傳謄寫之。

三、陸大特黨部譚森同學來，伊係六期一隊，籍四川開縣人，尚英俊有為，似可連絡結識也。

1月22日

一、李科長今晨六時得雄，母子俱安，誠至為慶喜，午後與科中同仁前赴道賀之。

二、中午，倪筱春兄續紘之喜請客，在本部行之。時周希俊兄介友鄧君來晤，擬乘便車也。附告何伯言先生告伊稱，燦如兄欲請我至人事處工作云。復代設法，並請轉自傳也。

1月23日

一、沈書記長復葛處長學禮信，由范秘書擬稿後請程炎兄代繕，並即逕請潤妹轉呈，且連同呈文並呈，以便就近向王局長謀之。是則自費請調當已不成問題矣，擬即明日快寄。

二、得壽昌來信，對工作事甚關注，囑謁劍公也。余亦至關心伊事，雙方誠不愧知己矣。雨蒼伯來信，對潤枰諸多獎飾，對於借贈皮袍壹節，更以為道謝云。

三、合作社購藍色布壹段，長一丈六尺，價六四元，較市價較廉也。

四、發穎弟、見枰兄信，並發吳文燾、周傑超等兄各一通。

1月24日

一、赴渝，與張銓訪友到處無意相同，至以為巧矣。赴戴志強牙醫師處鑲牙，過時未果。抵孫無我醫師處探問，價亦相似也，可見戴醫師信用甚佳。

二、赴軍政部晤周希俊兄，知本要赴儲備司幫忙新司長接收，下午則在科工作。忙人特忙，暇人則無事可做，可見我國人事不能上軌道也。但新作風要新人去做，故澈底改革各級機構與更迭主管人員，亦屬必要也。

三、晤徐燦如兄，談工作問題，伊望我赴處擔任少校處員，專任核銷及蒐集資料之責，以減輕伊本人之職責。處辦室有卅餘人，乃秘書室兼總務科也。燦如擔任主任處員，實即主任秘書也，余則擔任秘書職務也。蓋彼已以少校簽准，任處室之收發指揮全權也。以劉處長雲翰係部長紅人，少年英俊，頗為有希望之長官，追隨實至佳。余決參加該處工作，並為後日母團同學效勞。

1 月 25 日

一、早點後赴七星崗戴志強醫生處鑲牙，進行順利，缺隙二年許之牙齒，經以金及磁牙補為正矣。計價九仟元，原付貳仟外，今日又付肆仟，尚餘叁仟元，擬後日送還之。

二、返新，知王淑芬與錢慶燾來新，又多一對同鄉矣。

三、本部舉行最末一次工作會報，全體人員出席，沈書記長報告原黨務機關改組後，本部候令改組之情形，及發表本部成立以來至改組時止之感想。旋即報告三點：

（1）本部貳月份全部薪津待遇等保留一月，俟領到後即全部照發，以清手續。

（2）在部務會報，已力爭本部同仁應與後勤部人員同享一切改組時遣散之權利，並已通過，各位自願資遣或請派工作者，可即由科繕呈彙辦。

（3）各項工作，應即遵秘書之規定，準備於一月卅日二時完竣移交準備。

（4）由各科長籌商聚餐及攝照事宜，以留紀念。

四、於書記長請同仁發表意見時，余提請二點：

（1）編印本部同仁通信錄。

（2）統發本部同仁服務證件。

五、晚與錢慶燕、王淑芬夫婦暢談至快。淑芬係祝小同學，且為戰一團三期女生大隊畢業，雙料同學矣。

1 月 26 日

一、接潤枰廿二日來信，匯來貳萬元，囑購呢料，並即託便帶筑。為友服務，誠極熱心。

二、午後，為張銓、羅家寶二兄實授少校事商得同意，赴科長家請伊幫忙辦理，但喜作方城為名，竟爾未及談起。余乃第二次試作，竟做「小相公」一次，並輸去 340 元，然純以應付計耳。返部後以此事即欲進行，乃函陳科長商辦，科長即來部草簽呈矣，余之晉升中校案亦併辦。

三、沈書記長垂詢請調事，並詢願否赴貴陽總監部擔任總幹事職，果願，則可電向繆總監接洽也。余以杜女士調渝事尚未決定，容緩圖之。嗣並詢育興去否，可見對余與育興之關切矣，私心至慰。

四、接潤廿日來信，知祝平弟已於十九日抵筑面敘，並分訪雨蒼伯及月姊矣。伊志切報國，至以為慰，但伊近蒼老，故潤等不主張即去從軍也。合攝訂婚照底片寄此，即可加洗矣。

1 月 27 日

一、龍飛同學來部辦理離職手續，彼已抵司法行政部民事司服務矣。老同學係同班者，陪同午餐，招待用費 450 元，此乃應酬之必然也。晤談同學過去及在渝服務情形，社會普遍對六期同學印象至佳，甚引為快。

二、下午在寢室整理書籍，以免脫離時之臨時匆促也。

三、晚，科長返部，自渝中組部返也。邀科中同仁，告以中央圈定為軍隊黨員競選五全代表之督導員（全國十區），擬邀科中有力同仁全部暫調中組部辦理此事，然後分發督導競選，待辦竣後再隨科長工作，則屆時科長調昇書記長可無問題矣。余則決仍擬進行軍政部人事處工作，除今午後發信外，擬再力請成為事實。

四、育興與鎮釵的愛情進行神速，釵之坦白熱情，至以可佩，誠育興之幸矣。今日赴歌樂山護校報名，尚來信育興，處處採主動的精神，更是英勇的女性了。育興為調職事至慮，經囑伊暫隨科長赴中組部為得計也，且與愛情事決可無妨也。

1 月 28 日

一、晨，原擬赴沙坪壩合攝本科戰幹同學合影，以天陰及科長有客，乃決改期進行。

二、本日在家清理書籍及信札，凡友朋之信件，皆擇取其較有價值者留壹函，此以備日後之參考證信，要亦儲備人才以利選用之旨也。

三、與王淑芬談戰幹團受訓情形，伊乃祝塘之唯一接受戰時訓練之女性，亦余唯一之江陰戰團女同學也。

四、發燦如兄信，告決心赴軍人工作，簽祈可也。

1 月 29 日

一、丁科長發表秘書處二科科長，原擬帶彭全金、楊道弘、黃彬林、陳熙緝及魏科長同赴，詎以人事不足編配，僅能帶魏道性及陳熙緝二員，餘則同為遣散也。

二、特黨是否能發三個月遣散費，各方殷切熱待。因為范秘書活動部附，遣散名冊延至午後五時由程炎兄逕送部中，能由批准，在端木副部長之一筆也。

三、本科張銓兄平日工作不力，好講大話，雖表面大家很客氣，但自書記長、科長以下對他實無好印象也。此次代伊向科長說項，擬請部方轉請中央實授少校助幹，但書記長不允也。至於我之晉升中校，以年資已滿，成績優良，當蒙允准。羅家寶兄之晉升少校幹事，亦可通過。文祺則擬遞補上尉助幹也。此案或■於明日方能辦理矣。

四、潤枰寄來貳萬元，已於午前提出。機會甚好，即於新橋拍賣行購得藏青呢料壹套，擬二日進城時帶城便交筑也。接潤廿五日信，知寄去介紹信已收到，請假事已商雨蒼伯進行矣。但或擬於過陰曆年後始能調渝也。

五、此次余晉升中校，在黨工繼續工作，則決無問題，並可能調軍政部特別黨部服務。但余以脫離黨工計，則擬不惜犧牲，改就人事處少校處員，以求人事關係與前途之宏大。此以年輕時代，學習重於一切，不必以官階為慮也。燦如兄處尚無信來，未知能成事實否。

1 月 30 日

一、接譚秘書衍慶兄信，囑晉城一晤，原或推想係劍公面邀有所垂詢，不料並無何事，僅以伊奉派勤總任中校秘書，詢後勤情形及新橋情形耳。

二、晤燦如兄，知人事處大抵減員，且前欲調我之缺，處座已有調孫某科員之說。伊以勤總日日命令仍以沈書記長發表，故囑仍安現職，或稍待之。故人事處方面似有問題矣，但余以人皆知我赴該處工作，一旦不去，實屬意外，故可能時仍擬赴處工作也。況在部內同學太少，非建立據點不可，私心至願以我之苦幹爭取同學之信譽，以便日後引進優秀同學也。即以我變更路線與覓求賢良長官起見，實亦屬理想，況燦如之辦事精神，我素所仰佩也。

三、赴川鹽大廈二樓中航公司晤嚴韻小姐未遇，返組熙伯處，蒙邀晚餐，用達 400 元許。父親曾致伊信，惜未面拜談也。談今後工作、為人做事，頗得教示之處。鑑照叔之不良遭遇，臥病樂山，人才不得長展，即為病折如斯，良可惜矣。

1 月 31 日

一、赴萬騰祖兄處，將呢料請託毅夫兄帶筑，即留社處也。

二、晤毅夫兄，知勤黨部未作最後決定。告軍人處進行情形，伊意可進行中組部接毅夫兄缺，主辦各級人事，並介謁伊科長，匆促未多談耳。我意始終在軍政部，否則中組則以此缺稍理想耳。

三、中午，本部作臨別之最後會餐，並攝紀念照。史委員濟賓及彭委員熙同皆參加，並發表惜別談話。沈書記長說明工作困難三點：

（1）無幹部。

（2）無經驗。

（3）機構變化迅速。

六年來皆能克服，而至有今日之成就。今後應：

（1）保持精神連繫及發揚之。

（2）記取工作經驗發揚之。

彭委員訓示，除引述書記長各點外，對：

（1）本部八年來為抗戰之貢獻，無愧國家與職責，深引本部同仁得以自慰者也。

（2）特黨工作亦然，故今後應發揚後勤部精神也。

史委員訓示，除引述沈、彭訓示外，對本人未能多對黨務貢獻，深引為憾，而今日之成就及獲取之工作經驗，至可寶貴云。

四、范秘書永炎以沈書記長讓其參議，或得成功矣，兼任區黨部總幹事，亦可無問題也。丁、魏即各得其位，獨李科長稍苦耳。以據要津，魏科長得■■上校矣。余則無論如何，遣散後再議也。

2月1日

一、出席本部歡迎後勤總司令陳部長誠視事。自離團迄六戰別後，已二、三年未親聆訓詞，今日見氣概軒昂，至引為慰。

二、在本部中山室舉行陳兼總司令視事儀式，即席訓詞，大要為：

（一）後勤之重要意義。

（二）俞部長八年來主持後勤之功勞，及特別值得效法的精神。

（三）今後之重要工作：（A）建立制度——統帥系統與軍政系統之劃分；（B）劃分職權——使權職分明，事權專一；（C）調整機構——實行簡化、裁併；（D）提高待遇——安定之過程。

目光遠大，做澈底之更新，國家之幸也。

三、接徐燦如兄快信，知軍政部人事處已不可能保委，此以緊縮之際，萬難實行新增人員也。余之理想不免受挫矣。

四、羅家寶兄赴中組部軍黨處進行助理幹事工作，便交毅夫兄信，商伊缺可否進行。值午後回部，知已玉成，並得周處長兆棠及科長、楊匯川先生等一致贊許調用，私衷尚慰。但正權進行中之後勤總部替譚衍慶兄缺事，則不可能矣。以處長親筆書記長堅調，余決明日即行赴部報到也。

五、與家寶兄赴沈書記長公館呈處長函，並請示一切，及今後為人做事應注意事項。蒙書座剴切指示，至深感動。摘其要如下：

（A）我之思想有條理，工作有計劃，如能善加「修養」工夫，前途無限希望。言外器重特甚。

（B）因為「修養」尚欠，故犯「鋒芒太露」之病，今後宜注意「含蓄」工夫，萬事要「慢一步」做。

（C）今後到軍黨處工作，以能力論，可以勝任，但做事開始宜「少講話」、「少多事」，務待一切諳熟後行之。

（D）文理亦可夠用，且尚通順，但尚欠「清」、「淅」，故仍宜加用工夫，對於名人「疏呈」等類文字可閱讀。

（E）今後如志願黨務，則赴軍黨處實屬理想，且亦宜於此項工作也。以隨轉入普黨，有機並可對於縣之執委等幹，以求深得基層經驗。

（F）對於介函周處長，可請力於提挈，並述原為年終晉升中校，此次可予栽植也。

臨行並親送至門口，並囑先請范秘書囑信稿。

六、晚整理物件，及分函潤、桐、燦如、選才兄等知之。

七、楊育興兄與李鎮釵女士之戀愛，進行已達白熱化之高熱度，本日赴沙坪壩時，且曾同攝一照（第二次會面），此女誠多情矣。倆人以終身相許，願祝早日成功也。選才來信，與姚小姐亦進行順利，至快。

2月2日

一、午前整理什物，半日內告別二年舊居，慌亂之極矣。

二、午後二時二十分乘新橋班車入城，三時三十分左右抵部處科中。行李暫放科中，即赴兩路口參加陳毅夫兄婚禮。由黃科長文超主婚，周處長兆棠證婚，到同仁及學友五十餘人，儀式尚稱簡單而隆重。儀式後為經濟餐，四人一桌，每客貳佰元，似屬經濟。但事後返科，同仁有不滿此種辦法者，皆餓而未飽者。萬騰祖兄等之籌辦太簡，或亦有失矣。

三、臨時睡於毅夫兄之寢室（13）號，科長亦同寢室，粵人，甚為爽直焉。

2月3日

一、午前開始研究業務。知昨晚鄭霖兄所告皆係實在而繁鉅。

二、昨晚與鄭霖總幹事談科務，承告至詳，今後能得指引工作，當可順利熟手也。科中同仁皆見忠實活潑，預料皆可交友，至以引慰。

三、午時毅夫兄來談工作移交，午後及晚繼續辦理。余擇要標最重要者，皆用十行紙分條錄之，以備處理工作之參證焉。

四、午後赴毅夫兄處談科中情形，對於每一同仁之個性及工作等項皆分別介紹，以為做人處事之留意焉。對於來部服務之注意事項，凡薪津之核定、日常生活等，亦皆詳為告我。同學之關係能減少許多不必要之業務■■及人事困難，實具大利也。

五、李科長敬伯來處，對於部方情形及伊本人之調派工作及晉升事皆有分別接洽。潘公展兄託介見立公，未知能得見否。伊擬於書記長名義派出督導選舉後，即返部決定工作，特黨存在■■活動秘書，或調軍特宣訓科長皆大有可能也。

六、余此次來處服務，以下級調上級，實已榮幸。如能晉升中校，而擔任幹事名義，則至以為榮矣。今後如何發揚精神、工作能力，爭取長官信仰與有助於團體，則皆余之職矣。

2 月 4 日

一、晨起後即與家寶兄返新橋取行李，途於小龍坎下車，知冬料已拍售，得實收四千貳百五十元。余以需添物，見西裝壹套尚可，當即商得售價貳萬壹千元先訂，並付定洋陸千元也。

二、晤吳鎮亞兄，並在伊等處中飯。正琨、文達皆未及晤，留條告之。勤部優秀同學，皆獲蟬連工作，至以為慰。

三、分訪書記長（遇於公館）、思信兄、李科長、曹荃（未晤）等。李為晉任事，託帶信勤總協助，應恐伊為悉也。余等在部後，此後困難者厥為人事之情面問題難決也。此事則務以成功為幸。

四、在思信家吃飯後，即乘黃包車抵小，轉車晉城。知書記長有出任兵役部會計長可能，翁亦擬隨伊到差服務也。如何，容待事實耳。然陳其采與伊親戚助其，或可成就也。

五、抵部後整理什物，務以稍定為安也。晚，即補二、三、四日各日日記之。

六、接潤枰信，知呢大衣已做好，轉寄書記長亦收，不日可呈文請調矣。

2月5日

一、開始辦公，處理案件頗為生疏，但較之未辦過人事者，想必諳熟多矣。科中武同學愛民、朱同志炳鑫、金同志國鈞等皆友善，青年朝氣與精神，不亞於宣科，至以為慰。

二、彭全金來晤，囑介進行秘書處工作，以伊努力工作，不失俊秀同志，況為同鄉溧陽人，乃介徐燦如先生，請轉介慕公之。燦如兄又轉介衍慶兄，余又託衍慶兄與希俊兄協助，諒可必成矣，私心引慰。

三、科中工作緊張，較之勤黨判若天壤，諒可恢復六政工作情形矣。

四、與家寶赴南京三新池洗浴，水濁而不快也。喜購花生貳百元，乃請科中同仁吃，而聯絡友誼也。

2月6日

一、科長再度來處，為晉級或晉薪事頗多活動，但以請潘公展先生協助，科中反為不快也，軍特科長亦尚有問題也。

二、本日工作稍有頭緒，能一星期過去，諒可應付及肅清積壓矣。

三、科中武愛民同學，河南人，爽直忠實，對余甚加愛協助。朱佩鑫同志為楊道弘兄表兄，熱情好友，亦至可聯繫也。

四、陳毅夫兄夫婦去筑，呢料囑帶，並致潤信。史同學工作事，亦請便中協助代謀。

五、業衍璋兄自筑返。此兄年僅廿五，然看去已卅餘歲矣，學能均佳，但自傲之病，實較余尤甚焉。迄今伊尚不能佩服於我，一如我之不能欽佩於彼也。然努力苦幹，亦皆余等之優點也。

2月7日

一、天氣驟寒，陰雨連綿，兼為飄雪，余頗以無大衣及雨鞋為苦矣。工作方漸瞭解，然積壓太多，不勝負荷之重，終日埋頭伏案處理，頗覺時間之短促矣。

二、柏林已入圍城，曾幾何時，莫斯科之危即變為柏林之危，軍事之不可測也，難矣。聞羅、邱、史會議已商決德國之處置問題，昔日威威乎滅十七國之德意志何在？師出無名，無怪其之慘敗矣。

三、美軍已佔領菲首府馬尼刺，昔日席捲南洋之雄風安在？日本之必敗，殆亦定論矣。然吾人如何獲取自由的光榮的勝利，尚待最後努力，否則機會錯失，國將何以復興也。

四、致潤妹及作霖伯、柳劍公函各乙件。謝濤同學來晤，盼能得渝方戰幹同學全體之熱誠協同舉辦新年同樂會，免再生枝節意見。

2月8日

一、中夜大雪紛飛，晨起已滿城皆雪，乃來渝後首次得觀之雪景也。

二、本科業務特繁，而人員至少，皆有不勝負荷之感。終日伏案處理積案及來文，弄得腦發痛矣。

三、據金同志告，我與羅皆以助幹用，僅支薪一三〇元而已，如此乃大吃虧，則我勢不能在此努力工作矣。經與武愛民同志商量，擬再詢科長如何也，否則原擬來此擔任幹事，且待晉中校後辦銓敘者，皆成泡影矣。

四、接潤枰信，囑仍以赴軍政部為佳，請調成功否，尚不能決也，慶燕則囑少連絡。

五、李科長敬伯晉薪（少將）已經簽辦，諒可順利照准矣，但余等之晉升專案迄未報部，誠亦怪矣。楊專員明不瞭解我等情形，李科長理應照呼，奈何毫不知實情而亂簽也，怪矣。

2月9日

一、為敘職級與薪給事大傷腦筋，做事不守信義，奈何！原意堅辭不幹了事，但人情方面諸難卻顧，忍之而已。

二、李科長晉薪事，雖經簽准，然以鄒建中倒鬼，處批緩議。倒霉之事連來，我真是惱火之至。

三、勤特年終考績仍可照辦，則晉升中校仍可照辦，則留任黨工之原希望仍可達到，以中校送審可也。如特黨存在，或李科長赴軍特時，皆可希望調任中校也。

四、終日伏案辦公，八小時尚不夠應付，混亂而公文紛雜眾多，科中同仁之辦公至苦矣。

2 月 10 日

一、科中同仁業務稍熟者仍得偷閒玩玩，朱佩鑫雖單位甚多，尚得在一星期中請假三次半日進城也。我以業務生疏，原有積壓，故連日頭暈眼花，尚不能應付掃清。況精神不快，原以幹事用者，忽以助幹簽辦。然無可如何，靜待發展耳。

二、雨後初見轉晴，與家寶赴社交會堂看電影，人稀少，片亦不佳。電影出，曾吃湯團及油豆腐，苦中作樂也。

2 月 11 日

一、原擬赴小龍坎者，以取衣無款，臨時作罷。赴理髮室理髮，高價至四百元，誠生平之破天荒也。旋赴七星崗戴志強醫師處付訖鑲牙洋叁仟元，了我心事也。繼即至克誠處午飯，並赴冠生園購德昇先生年禮壹仟元、克誠兄處魚壹尾 124 元。仍在克誠兄處吃飯。原擬赴德昇、緝熙處，皆未果。

二、俊彬尚未痊愈，小孩撫養甚苦而累。克誠以業務忙，亦不克全力招應家庭，故俊賓時向余等訴苦。後選才兄自新橋來，知與姚小姐甚好，至以為快。余目擊結婚後之女子，完全失卻自由，教養子女更是辛苦萬分，值此生活之高，以男子一人收入維持，誠至苦而迫矣。今日盡興而返，精神甚舒暢。作潤枰信，擬於明日發之。

2 月 12 日

一、今日是大除夕，部中上午勉強大家辦公，我以無處多逛，在家中索性辦起公來。一方自己消遣，一方也可清除積壓，免得心中負責太重的。接桐哥信，至以為慰。發家信及潤信。

二、午後三時，辦公的情緒已提不起來。接潤七日信，知請調遭本地股批壞了，一直幫辦也批壞了，但還想看葛處長想法的。成功一件事實在不容易，請調也花夠了氣力哩。

三、午後三時逕赴軍政部人事處晤燦如兄，知近以工作繁忙，身體不甚強健，此實國家尚未能使優秀公務員得身體之保障也。知劉處長曾詢我工作，彼意仍擬邀我赴部工作也，我仍希望將來赴處工作也。壽昌亦有信，頗有來渝意，曾晤黃紱，不減當年活潑，反顧我之蒼老，判若兩人矣。得潤二日發信，至慰。

四、赴許玉瑾家過年，至快。略談俊彬事及淑芬事。返部得潤、際暉、紹基信。

2 月 13 日　卅四年年初一

一、昨晚應本科武愛民同學邀，在寢室作長夜談，並敦請黃科長文超參加。他則普黨處司總幹事東山、徐瑞萍同學也。科長歷述軍校二期畢業後之任事奮鬥經過，總以兇鋒太露、個性太烈，遭折甚多，至堪吾人警惕也。伊特別注重身體之鍛鍊，迄今勿怠，兼善按摩、論相、易經、詩書，外形雖純為軍人，然博學不愧文人也。司同學負責忠實，勇於任事，四期同學，不愧為有為學友。武同學忠誠處事，洵可友善。徐同學任事負責，能力亦佳，不失優秀同學。此後皆可連絡也。科長「外軍內儒」、「涵養漸深」，既有卓特之體格與能力，來日事業之發展，實未可限量矣，此來不過暫時耳。以余宜帶兵，囑從事軍隊工作為佳也。迄午夜四時三十分報曉時，甫就寢焉。

二、六時晨起，群鳥聚鳴，旭日突現，一片勝利景象，吾人至引為快慰也。擬赴城遊，在兩路口晤唐忠業後，巧遇徐燦如，乃同赴何伯言處，未遇。繼至柳劍霞先生處拜年，並遇黃超人，略詢勤特及此間情形，對六政同學關懷之情，至堪為佩仰也。余等皆未送禮，亦未出押歲錢，誠標準之部下對廉潔之長官也。

三、午後復進城，訪鳳樓未遇。繼至緝熙伯處，得拜讀大人十一月十六日（十月初一日）致伊信，至以為快慰矣。赴軍一被廠，便取克誠民卅一年日記一讀，知時余尚在戰團班長訓練班受訓，而伊與章和淑皆通信焉。婚姻前定，不可推測矣。五時許抵克誠處，與選才、姚小姐等共敘，並邀外遊年景，在百老匯喝茶為樂。三時許曾與緝熙伯赴德昇處暢談，涉及軍政黨各方面，熱烈而激辯甚烈也。

四、余苦修養不足，鋒芒太露，急圖克制此病，乃於今日在北斗書局購「曾文正公嘉言類鈔」一冊，用以潛心研讀，悟人與事之道理安在，余將力行之。

2月14日

一、一般辦公情緒低落，舊習數千年相沿，一時不易改變也。商店亦皆休假，閉門不作生意。新年中特殊之現象，厥為物價之陡漲一倍以上。戰時消費之甚，不減平時，此其主因也。

二、駱駿來晤，告桂教育長回國主持東南幹訓團說，伊擬進行副官處工作，或軍政部特別黨部工作焉。

三、晚與槐庭、家寶共賞社交會堂之電影「歡樂年年」，由陳雲裳主演，情節與內容雖舊，但尚不失為娛樂佳片。看眾至為擁擠，亦新歲求樂之所至也。

2月15日

一、發沈書記長信，告來此經過及以助幹助理員簽事，特黨及軍特情形亦述一二，並詢年終考績案辦否？兵役部發表否？附告潤枰情形。

二、朱佩鑫同志隨便拿了武愛民同志信紙以後隨便開玩笑，兩人險些兒生起氣來了。年輕人做事隨便，說話隨便，尤氣盛，實在是最大毛病，余亦犯此，故於昨天警告同桌，每客飯同志不得搶先吃飯和菜。人獨能忍，然我則以警告他為快也。

三、李科長來處，仍擬活動晉薪事，並希獲得秘書地位。我亦擬返特或赴軍政部服務，此間實非久居之所也。

四、楊道弘來處，知遣散費及三月份代金尚有希望，經濟可稍裕也。

2月16日

一、得祝平自綦江青年智識志願軍二〇二師六〇五團三營八連來信，知已入營受訓，曾被竊，失去國幣伍千元，及所有證件及照片，可見份子之複雜也。箱子二只擬囑送黃煜兄處暫存，以免遺失也。

二、整日清理積案及裝訂登記冊二本。愈工作愈覺科中業務之混亂，少人力雖為主因，但大家未能全力辦公，實亦難辭其咎，迄今年終考績案尚未辦理，實在糟之極矣。余來此以後，以毅夫兄積案為苦，迄今尚未全部清理明白也。

2月17日

一、得潤枰來信，知曾晤葛副處長，關於請調事，當可有希望也。

二、後勤部已發遣散費，擬明日返新提取後添置服裝，但做大衣或製西裝，不能確定也。

三、晚訪何伯言先生，至佳。中央團部編審，已較六政時為清瘦及幽默矣。

2月18日

一、晨返新橋，與牛角沱站長吳普揚談，知簡秘書已返渝矣。乘車逕抵小龍坎下車，原擬看電影月宮寶盒，但陪都大戲院已被中大學生搗毀，該院公告被「暴徒搗毀停演」。大學生與暴徒對照，誠亦可奇矣。步行返新，遇楊文達兄等，知吳鎮亞兄擬赴昆明後勤區司令部工作，已訂購飛機票矣。晤駱駿，囑詢廖弘是否遣散也。抵部，在思信家吃中飯，家寶兄同之。返特黨，與育興兄談「芳鄰」順利進行事，知已在小龍沙坪照相共攝壹照，操袋示余，與我與潤枰所攝無二致，以自由戀愛而一星期中即達高潮而共同攝照耳，實乃余生平第一次看見。彼等在非常之局面下採非常之急進求愛，有非常之收穫與非常之發展，誠亦非常時代之傑作矣。

二、赴科長家談特黨事，知科長為秘書問題，書記長不肯力保，甚傷腦筋。范秘書為進行書記長事，亦進行甚力，■中不免摩擦也。勤特六年之基礎，果毀之於一旦，誠可惜矣。科長囑在中央注意及設法，當力為設法也。（下午在新橋洗浴）

三、今日返新，知本部遣散費已發，余得三月遣散費及補助旅費，共計貳萬二千四百元，適購西裝壹套之價也。三月份代金照發，亦得貳仟玖百元，米留作招待王淑芬之用。家寶則作價千伍百元也。此次赴新，志毅等兄弟押歲錢千伍百元，秘書家千元，科長家伍百元也，加淑芬處壹仟五百元，失賬伍百元，既為伍千元矣。晚宿特黨焉。

2月19日

一、晨與家寶、育興共在老翁家早餐，略談育事及代謀家寶友事。伊等對我之每講潤枰較差為不對，余乃坦白解之「伊實尚可也，然為減來日人家之批評計，先稱較差，然後當可諒之矣」，伊等然之。

二、今日未請假，原擬清早趕赴部中，但以育興事，似須謁人助其玉成，以償吾對友人之願望，乃允彼等約，共赴科長家中一談。十時許開始，迄午後二時始得結論「決定近期進行結婚，畢訂婚與結婚於一事」。三番磋商，終不得決，育興誠多疑而寡斷矣。科長及太太促余助於■氣，結果終得伊倆之五小時磋商後，同意籌備結婚，即護士學校亦將放棄再談，待婚後如何為斷耳。並決定由鎮釵告伊父母親後，擇日約李科長及育興一談，以便決定進行之一切手續與佈置。育興之所疑而不決者，經濟也，然先訂婚後結婚，經濟更浪費而無法可想也，似則不如早婚為急也。鎮釵既談婚事，則讀書無心矣，既訂婚矣，則三年之護校，決難讀畢。難畢之前結婚，則讀一、二年何益？況婚後決無工作之自由矣。育興與我共事貳次，且屬同學，此事助於前，尚美於後，吾之願如斯，天下有情人願皆成眷屬矣。

三、在小龍坎大光百貨商店閔恩佑經理處訂買之西裝壹套（江陰青陽人），以不合實用，擬改購其他物品，但以伊已付去全部衣款，祗可仍買耳。白日看已稍舊，但信用如斯，仍照付而取回之。在小龍坎候車久，最歡喜之手帕遺失，可惜！不如早贈育興為美矣。遲遲至四時始得候車入城，抵部已晚飯。一天未請假而返，吾心誠愧，然為助人之計，余復何言哉。

四、得潤枰電匯款萬伍千元，擬明日提取。合計尚存款近貳萬許，擬即選購新大衣壹件，亦足為恆久之紀念也。

2 月 20 日

一、午前提潤枰電匯款壹萬伍千元，並發快信告之，為紀念起見，移款訂製呢大衣壹件，定價為貳萬貳千元，當付定洋壹萬伍千元整。

二、科中同仁知我有錢，即日由武愛民兄移去貳仟元，朱佩鑫壹仟元正。

三、公事亂而心煩惱，外加本日午後人事室送來代理助理幹事通知，更為生氣，差不多想撕了去完事。中國人祇講私情，不講能力與經驗，實在生氣之至，私意即行離去，決心不幹政工和黨工了。總以人情上說不過去，所以轉告鄭霖此意，始悉乃本部慣例，新用人員勢必先行代理三月，而候正式任用也，心始稍平，暫置勿論也。

四、潤枰對我倍愛，心時至感。來信告代購手錶一只，而我則將來款自置大衣，誠愧對伊矣。建立在赤誠相愛上的感情上，實在是愛的最高表現。她使我幸福了人生，美化了理想。

2月21日

一、下午輪值監廚，敷衍而已。科長來，伊案以簽准晉支少將薪及代理秘書矣。告育興事，謂結婚已不可能，伊母反對，決仍入護校攻讀，以便擇日訂婚也。鎮釵頗堅持結婚，曾以此與爭執甚烈也。

二、接鳳樓兄信後，赴晤劉志義兄，巧遇於街，暢談甚快。彼堅囑人事處工作也，我意中亦願赴該處工作也，不知能如願否？赴中周晤鳳樓，並付前欠中周款七百元，談甚洽而快。

三、返於兩路口某酒肆與家寶共飲，彼甚豪興，一杯暢飲而盡。

2月22日

一、接潤枰信，知匯款囑購紅色衣料，以預示結婚之用也，但我已逕訂呢大衣用矣。擬日後集款再代選購，或西裝拍賣後代選購之。

二、晚飯，科長與金正鈞同志請客，豬肉及燉肉大吃一頓，頗可口。發燦如信，告仍擬赴人事處工作，希代全力設法之。

2月23日

一、發徐燦如兄信，堅囑仍在軍政部人事處謀一工作，擬脫離此間也。

二、晤劉永川送來秘書信，囑催端木■特派員公文，當即由楊專員匯川催辦後帶回新橋。便復希俊、育興兄信，囑安心進行，並寬慰鎮釵也。

三、發正錕兄信，囑與希俊連絡。補面盆及皮鞋各一，腳上皮鞋又破，即待補充矣。

四、鄭霖（總幹事）與朱佩鑫（幹事）對於兵役部公文程序之處理意見相左，乃各懷私見之主張也。鄭喜控制幹事，故皆有反感焉。

五、研讀曾文正公家信之治身篇，頗有所得，覺己之涵養不足，與肝火太盛，皆是敗事與傷身者也。

六、例行公文到今年後全部納正軌，已無一件積壓矣，思至為慰快。僅年終考績案待決定辦法後辦理耳。原擬來此一週內清理完畢，迄今延長三週，此實科中業務太亂之故也。

2月24日

一、科長晉升少將代秘書案代為催辦，終於下午下班辦完，親取。伊此次總算如願以償矣，但後勤特黨之黨部如何，仍一問題也。

二、本科公文之多，以人員之少，洵可稱一人辦二人事矣。但辦事草率，及不得納入正軌，誠憾事也。新特余與家寶晉升案，迄未辦理，誠至引憾。

2月25日

一、晨起，原擬返新橋晤李科長及帶回發表之公文，但候車不得，折返。中午楊可達兄來訪未遇，至以為悵。

二、午後赴克誠兄處談天，誠樂事也。沙選才兄與姚蕙小姐之婚事已進行至白熱階段，沙已預備六、七萬元之準備金，但克誠代伊估計，最少需十四、五萬元乃可也。余意竭力節省，或可八萬元應付矣。此事有待日後沙、姚之再度洽商也。

三、談家鄉事，告意誠生兒，與彼生兒相差僅十餘天耳。兄弟俱慶得佳兒，更適樹德先生五十歲之壽，誠可喜矣。此信係志春伯給潤枰者，潤轉來此，伊本人則尚未接家報也。談潤枰事，仍主速謀調渝，然後設法進行準備。十月十日為最理想之時日，房子等均可全力相助解決，謂南岸黃頤白處或可設法也。但能雙方家庭寄二、三十萬元存渝，以充婚後家庭基金，則似可有幸福也。至婚禮不妨簡單也。

四、赴軍政部晤徐燦如兄，談赴該處工作事。伊竭力盼我前赴，並出示過去已簽呈繕好，以我來中組部故緩呈耳。當即與處長再談，約於星期二晉晤處長後決定可也。

2 月 26 日

得燦如兄送來信，囑今晚五時後即晤處長，乃如約赴晤，結果似印象頗佳。至伊則堅囑來處協助，以努力共同之事業。

2 月 27 日

一、原講好今日由燦如兄簽辦後呈處長批准發表，前以無懸缺之故，擬以少校附員發表，今則以二科新撤少校科員某，即以二科科員調處長辦公室服務也。余以過去既以追隨副團長志願，且已深得伊各級高級幹部之愛護，追隨工作達二、三年之久。此次來渝工作，原以俟機追隨為目的，故決心乘此時緊密追隨，以償宿願，免再走冤枉之道也。況燦如兄老同事，共同奮鬥，實更理想。黨工原為過渡性質，寧能誤我前途哉，故決捨即將晉升之中校幹事而就人事處之少校也。今日處長事特忙，據告未惶批辦也，但決無問題，此事可自信也。蓋燦如兄曾以去留力爭也。

二、李科長敬伯來，對後勤部特黨部之改由後勤政治部兼辦，甚表不快，仍擬設法活動也。保證書帶來，對晉升案是否辦理未提，我夫復何言。我也不想升官發財，擇我乾淨之路自力奮鬥可耳。

2月28日

一、清晨李科長來，告改勤黨由政治部兼一事並無定案，且端木傑副部長竭力主張仍設特黨部，並已商得陳部長同意。今來持端木代特派員之名片，晉謁鄭炳庚書記長商洽一切。似此特黨可勿改動矣。李科長仍囑留新幫忙，並告即保中校可耳，但余去軍政部心切，或未必去也。

二、赴軍政部人事處，知人事處已由副處長簽部長矣，當可不生問題也。余去此之心已決，急圖清理現有公事，以便手續了然也。

三、近日之事較少，以案無積壓，隨到隨辦，心身甚覺輕快。

3 月 1 日

一、與業衍璋、壽槐庭、羅家寶四人共進午點，費洋壹仟元，藉此以聯絡感情也。來日到軍政部後，伊（壽）在七處十二科主辦軍政部軍文，亦可洽商較便也。

二、赴兩路口政治部晤劉志義，伊在副部長辦公室（袁守謙）任中校秘書，年終即晉上校矣，近攻讀高考書籍，可佩。去軍政部事，伊堅決主張，故我更想去矣。

三、晚晤毛鳳樓於中央周刊社，暢談恆三小時，對伊之家世事業及戀愛經過，皆有報告。我對伊甚佩也。

3 月 2 日

一、午前潤枰自筑電匯來壹萬元，午後在上清寺中國銀行提出，即赴上海森昌制服店取呢大衣（人字呢），付尾數柒仟元。潤二次共匯來貳萬伍千元，皆為我所用，日後擬稍儲為伊購料之備用也。

二、赴上清寺理髮，價壹佰五十元，以某部名義而較廉故也。

三、晚飯後將皮箱壹只送下石版坡黃克誠兄家寄存，此以放中組部實太整頓不週，恐遭意外之失也。

四、在林森路遭遇黃紱與盧炳權貳兄，知來部找余也。余於克誠兄處稍談，並請代覓會計女同志為老毛介紹外，即赴軍政部人事處。

五、黃紱兄出示燦如兄囑轉文件，知我事突生意外，此乃「幹訓團」三字所致。查與劉處長雲瀚面談後，一切甚佳，當即簽呈並由伊親批「繕呈」——少校級——帶回留作紀念。但在正式簽呈時附之履歷有幹訓團字樣，處長即不快，查詢期別，嗣由燦如兄告以四期，並堅請如何——直頂太甚——結果伊成見太深，竟批上尉級用，否則作罷。伊本人之反覆如此，誠亦奇矣怪矣。吾人以本領做事，學籍何由？況大公至誠，乃吾人之用人原則，吾亦未嘗以此學籍而謀進身之階也。劉處長之心胸未免太狹矣，我則坦然，果能赴後勤特黨，則仍可賜我中校也。但燦如頗不樂，似對我甚抱歉，實亦無所謂也。天下之事，其不如人意者，固十常八九，吾人惟有堅忍耐煩而已。

3月3日

午時張銓來晤，並同進便飯，散步時決定共返新橋一行，乃乘資委會便車，於三時半返新橋。首抵思信兄處，談特黨改組及人事編配事，所見相同。伊擬升代總務科長，我亦擬晉升中校或代科長，方願返部也。飯後即赴李科長家，談勤特及特黨今後作風等，余表示果人事能刷新，兼晉升中校，或願返新特，否則決赴軍政部人事處。蓋論功行賞，我應升中校宣訓科長，況年資亦足矣。旋赴秘書處，亦談特黨事。返後並與育興談鎮釵事及勤特等事。余以不願黨務工作常幹，決脫離中組部，幹後勤部或軍政部也。

3月4日

一、分晤周正琨、楊文達、周希俊、廖弘、李生祥等諸學長，有贊成來勤特者，有主張即就軍政部者，余為此亦至苦考慮矣。然以人事關係言，則勤特實新舊皆協調，最能自由發展，即來日轉入後勤總司令部亦較易也。

二、本日下午一時，開戰幹團一、二、三、四團聯誼大會，勤戰開旅行車入城參加焉，大會之來車僅後勤耳。余即乘車返渝，並在巴中停後待家寶兄乘之。

三、午後一時半開始大會，於陪都青年館舉行，熱鬧空前，並歡迎二團張副團長任民、母團桂教育長永清訓詞，懇切之訓詞，至為感動吾人。而桂教座之勉勵有加，譽為抗戰後之最優秀青年集團，僅此次十萬青年可比擬。對於學籍問題，表示負責向陳副團長、胡長官、唐教育長冠英，及張副團長等分別同時向團長簽請解決，並囑銓敘廳擬辦法送核。謝泌同學擔任一團之主席，演說響亮，殊屬難能。

四、與文祺在四六九晚點，並談勤特事。訪燦如，並晤彭岡政，至以可慰。人事處因黃紱辦事不力，頗引副處長不滿意，致應嚮介紹其他人員，並謂我事僅批以上尉試用後，再以少校錄用，以示大功云，特囑黃紱找我解說。我則實毫無芥蒂也，返勤特升中校後，亦可隨時轉入軍政部也，況鄉居實較有利乎。勤特工作似較有意思，決以晉升返新為原則也，並擬介駱駿來此工作也。張振東或介入特黨可也。

3月5日

一、接潤二十七日信，知近曾患唎，至以為念，囑注意休養身體。決可在一月內決定我之工作後，立刻設法調來渝，即辭去郵局工作，亦所不惜也，至來渝後之準備，盼能提供意見參考也。態度明顯，所以慰其病中之苦也。

二、特黨存在時之編制，據楊專員明表示，已接軍特江秘書及胡科長之表示，擬照兵工署編制組織，分設二科，科長係中校級，似則返新大有科長希望也。我能晉升中校時，決仍返新橋，以徐圖調整也。今日發范秘書、李科長信，請堅主仿省軍隊特黨組織，設專人廿三員，秘書則兼宣訓科長，如此則我可代理科務矣。發思信兄信，對勤黨工作活動頗多商討。發駱駿、希俊兄信，對余事盼能注意。

三、發劍公信，囑轉勤黨時便中向周處長、鄭書記長說項並提挈，以償追隨副團長之願，可能時盼能調部中服務。對陳壽昌兄事，特別提及，並告勤總譚衍慶兄缺，及軍政部二科有少校缺，盼能設法轉為介紹也。成否則天意矣。

3月6日

一、張詮來晤，並知與董玉田同志係老同學也，暢敘至快，並託帶信桐哥，俾伊深知我之近況也。董善相術，對余頗佳評，但謂卅四、五歲時應防友人在經濟上拖累，恐須大失財也，最好能筆筆清楚，力避經濟往來。我中年頗有權力，甚合吾意，能發胖而雙頰豐滿則更佳矣。並謂多子女，妻以時帶身旁為好也。

二、午後中組部區黨部開始競選六全初選代表，競爭白熱化，各顯神通。結果主任秘書駱美奐、普黨處副處長張子揚及普黨學校科科長楊西崑三人當選，而以女界聞名之陳參政員逸雲竟以三票之差落選，可謂慘矣。余以未辦黨籍轉移棄權，甚可惜也。

三、發家信，告近況及擬十月十日在渝成婚，徵詢家中是否同意，但成否尚須看準備如何耳。發潤信，囑安心在筑，一切以身體為第一也。

四、填任用審查表，擬送任用審查，但仍以辦理甄審以爭取合法之從政資歷也。

3月7日

一、劉永川來，科長帶來復信及年終考績案，思信與我及家寶之晉升案，或不成問題矣。擬囑易幼祿兄簽辦，如成功時，當決心返新部服務也。對科長人選及從速遣散老弱人員，皆獲贊同實施矣。

二、與鳳樓暢談，並告事業之理想，及以將來組「忠誠出版社」等計劃。兩方志趣相投，前進之雄心，誠不愧為志士矣。對婚前婚後，亦有檢討及也。談中周，知董君淮兄亦代銷中周，至慼。余今後或仍將為中周努力推銷，以為老毛建立事業基礎。

3月8日

一、考績案請易幼祿兄辦理，即簽由處長親核，未知能批准否？

二、人事室今日報到，送審擬暫緩辦理，以便先辦從政甄審也。

三、老翁來，知周秘書時中入中訓團高級組受訓，有調陝為專員希望云。

四、赴跳傘塔看電影，美國新聞處者。片中多美國偉大處，吾人落後實多，今後急應迎頭趕上也。電影散場時秩序大亂，有人故意擁擠，誠不思議之惡習慣矣。

3月9日

一、余等之晉升案奉准，從此中校之目的已達，可努力奮鬥三年矣。即余誓志中校而後結婚之希望，亦可順利達成矣。

二、部中一月份膳委會舞弊，經成立清查委員會查賬，民主之精神充溢，查出舞弊甚巨云，此種民主精神可佩。

三、科中同仁打牙祭，每人貳百元，我代墊買，並加肉一斤，此乃連絡感情之法，以利他日之請調回新耳。購肉四斤贈克誠兄，以為星期日之暢飲也。

3月10日

一、我軍支緬境臘戍，英軍入緬瓦城，緬戰入坦途矣。

二、膳委會清查會提出清查報告，當眾宣佈，毫無情面，此種精神殊佳。發生此事為可恥，能公開此事為可喜，甚望澈底辦理焉。清查會委員皆善演辭，不愧中黨部之工作同志也。

三、擬「忠誠聯誼會」簡章，擬返新後主持此事之進行，以六政為主也。

3月11日

一、晤毛鳳樓兄，相談組織「忠誠服務社」事，志趣頗相洽也。有志竟成，一旦返新時，當集吾力以赴，成敗固不計較。

二、赴克誠處，未遇。赴緝熙伯處，又未遇。赴陳國楨處，巧遇門口，邀赴國泰看電影，遇沙榮存兄及太太，太太並不美麗，但據國楨兄告婆媳頗不睦。她係齊魯醫大畢業，生一女後即不能工作，女子多讀書何用哉。孫翊風夫婦來，余以「黑天鵝」看過，未入電影場。赴容民處，又未遇。再赴許夢陶處，十年渴望者一敘，不得償。旋即驅車返克誠處晚餐矣。

三、克誠兄處「馬將」成為應酬行為，實亦至累人者也。原擬同觀「重慶屋簷下」一劇，彼為方城未果，我即轉赴馬。在林森路巧遇燦如兄，告晉中校事及商壽昌事，伊囑快告壽昌，待一、二月後能得一範圍，大家努力同事可也。旋晤緝熙伯，談澤民劃款事，決以貳萬至貳萬伍千元之間解決，或擬請張文伯先生調解協助也。

四、「重慶屋簷下」寫盡重慶之萬惡，面面觀實在駭人矣。我決以後郊居為理想也。

3 月 12 日

一、總理逝世紀念日，陳部長立夫講精神總動員，講辭生動，比喻貼近，發人深醒。茲摘要一二如後：

甲、立志最為重要——志即精神，亦即信仰，即是力量，一切事業之成功，皆志之所向成功之。志——即自我控制，亦即學問，能自我控制，朝一理想目標努力的人，即是有學問、能立志的人，也就決無不成功之道理。

乙、根據新的發展，新的作風，吾人應準備在個別的崗位上求對黨貢獻，不能以黨務為職業，而應以事業視之。黨務人員不應是通才，且應該是專才，舉例說，我們同志不僅須有破壞的革命精神——通才所能為（例拆大禮堂），更應有建設的革命精神——專人所能為（例如做各部份分工的工程師與技工）。所以我們要適應時代，做時代的中堅幹部，做時代的建設的專才，絕不可落伍於時代，而遭淘汰，否則是太可恥。

二、沙曉峯兄急用款壹仟元。杜來信，並抄寄「明天」詩集寄意深情也。成熟的女孩子，到了果熟蒂落的時候，真教人不摘不可。楊育興與李鎮釵的事，恐不能逃避，「其進速，其退也更速」之定律，多情男女，可戒！

3 月 13 日

一、高朗來，仍為選舉事，以副座欲得辦法也，結果得之。

二、勤特懸而未解決，特快信李科長及思信兄建議逕先報核也。易兄已簽派胡日疇為勤特中校支上校薪科長，且已批准辦稿矣。胡係留日訓練班畢業，可以同學連絡也。

三、方樟根來晤，並同赴衛戍部副官處一晤。彼稱四明小學有教員缺可謀，擬即囑伊設法，使潤之早日來渝也。曹荃兄處亦囑代謀，為雙十節之準備計，非積極來渝不可矣。取添印照及一寸登記照，尚可。一寸照乃紀念潤枰來款做新大衣所攝，以示永不忘也。

四、司振東兄約酒敘，樂應之，作來部首次之敘談，對於個人抱負及志趣，皆有申述。余堅告返新勤意，彼則力勸在部工作，能稍久待以免失卻與各方連絡之良機。

3 月 14 日

一、接潤枰信，告與盟軍為友而玩，余頗不快，蓋此乃余所深惡者也。昨晚在酒吧間見洋人與中國女人玩，我即內心不快，今得潤告伊亦與洋人玩，我豈能不生氣乎。當即寫一信與伊，通信以來之第一封不愉快的信。雖彼出自至誠自覺而悔於告我，但我愛之切，不能諒也，故有以責之。

二、接張銓兄自昆來信，囑代取西裝。當於晚赴克誠兄處商妥後，決於十八日代為取回，至於如何處置，可請伊信告也。潤枰來渝事勢須提早，否則以熱情而好奇之驅使，身心將不得為安矣。

三、訪許夢陶晤之，伊已任雲南省經濟委員會駐渝收花處主任職，乃中國銀行所派者也。自青年會中學畢業，考取中國銀行，迄今已七、八年之久，近況較我為佳也。伊已於上年聖誕節與武進鄭采舫女士訂婚，當即贈我訂婚照壹份，以相互交換也。

3月15日

一、本部業務之混亂遲慢，至以為憾。我來此已逾半月，但薪津尚不可得結算，甚為惱怒，我之脾氣亦因此而愈燥也。

二、本部人事之複雜，可由本科觀之即得。本科約略分之如下：

（一）科長——黃文超—武愛民
（二）鄒建中—鄭　霖
（三）處長——朱佩鑫—王席青
（四）楊明——金成鈞—高瑞康
} 王貽蓀—羅家寶

3月16日

一、羅恆來晤，知自西安一戰區返渝，將赴中央團部工作，並告張主任秘書肇融亦在編審室擔任秘書云。

二、張紹基來晤，擬返新特工作，並告范秘書升書記長無問題。楊育興來晤，未遇。吳若萍囑赴伊處談。

三、接柳克述先生來函，告當便向鄭書記長及周處長提及陳壽昌兄事，遇機當可轉介，至引為慰。伊近來派擔任青年軍慰問團團長，政治■活較過去為積極矣。

四、克誠兄為「貓貓」做滿月，計到客人達三桌，共卅餘人，甚為熱鬧矣。聞同鄉馮龍章擬返滬轉祝一行，屆時可帶照片返家矣。張銓之西裝，決與克誠商洽後，先以貳萬元代取。

五、接李光、柯雲霄、許偉雄謀工作信計三件，苦於應付矣。

六、返新事不決，亦為苦矣，將待屆時最後之取決也。

七、潤告與盟友觀劇，坦誠則可欽，但過分自由，實欠佳矣。來信總覺太富情感，幾近淫蕩之詞，今後來往信件，似宜注意相欽與重蓄禮道之風尚，此所以防患杜漸也。

3月17日

一、對於潤與盟友為友壹節，另一方面看，亦屬平常之事，我實不必以此事太認真考慮，然出乎至誠之愛，伊當可諒也。

二、購白布壹丈五尺，乃理想之被裡也。易幼祿要分一半，實使我為難矣，強人之所難者，實至困矣。

三、赴克誠兄處，原擬取張銓西裝，結果未及製成，稍帶方可也。在伊家時，適俊彬與友方城戲，一局即輸達四千五百元，克誠稍詢，伊頗不快，顯於色矣，伊性太剛，尚待多磨也。余與克誠漫談家庭事務，伊亦有妒性存心，致以女傭一節，伊亦表不快矣。俊彬尚少吃苦，幸克誠輔之，甚願伊能今後力求趨溫愛矣。

四、漫談前途事業，克誠則軍需與將來實業均可，獨我惶惶不可得固定之路線，思以力隨劍公則較理想也。

3月18日

一、應陳國楨兄約，赴望龍門四號新新印刷公司，計到謝泌兄、陳尚麟兄、孫德先先生、孫翔風先生等七、八人。除暢談一切外，並談論集資設「新新」糖果店、冷飲部、書報部等議題，並經決議接盤林森路、望龍門與太平門之間之杏花樓一店，計共須計資金叁佰萬元，應籌貳佰貳拾萬，應實支現款壹佰貳拾萬元。當場經孫翔風先生之同意，投資貳股六十五萬元，餘由國楨、泌兄籌現款七十萬元，至其他友人則月儲貳千元，每月以一人收款，即以此貳萬元投入為股本也。余承邀參加，當竭誠意助樂成，以共觀厥成也。

二、陳尚麟兄初次見面，擬入運戰局人事室擔任中校股長，正接洽中。伊乃澄邑之老戰團同學也，為澤民劃款事，並囑無錫同鄉會就近調查協辦解決。當日即在新新聚餐也。我之去留事，亦經與泌兄計及，總以返新為較佳也。潤枰事亦托伊協助之。

三、在江陰旅渝同鄉會遇吳永才、孫心粹，即在永才處便餐晚飯，並託辦澤民劃款事。沈光示在交部出版會，似可連絡，並囑寫短文以紀念鄉風第二期之出版也，或擬一試之。晤鳳樓，知為志願軍傷神也，伊堅囑返新橋，我亦擬如此取決矣。鄒宗毅來晤，適未遇。

3月19日

一、舉行國父紀念週，部長、副部長均未出席，臨時由李翼中秘書主席，全場精神之散漫鬆懈，誠屬「亡黨現象」，余至感不安也。

二、接偉哥信，知三月中將生產，鎮平已赴開遠讀書矣。祝平衣物拍賣後，曾託萬元赴昆作偉生產費用，互助之精神，至可佩服矣。祝三每月匯貳仟元，充伊零用，亦足感矣，余苦未能助伊等也。張銓來信，稱款即匯。

三、為青年志願軍少數規避情事，今日總裁召集聽訓，凡前中抽而未入營者，或未自動簽名參加者，皆在召集之列，其中情節較重者，即當場扣留交軍法辦理。據云總裁對此事大為震怒，凡聽訓之人，一律限期自動入營受訓，否則決以最嚴厲之處分也。

四、范秘書再度囑查六全代會選舉事，經商周科長介天同意，先送回複選地區，晚則商抄初選名單。此事先後設法，尚能達成任務，亦倖事耳，未審能中選否？告科長、秘書返新之決意。接偉來信，知五月中生產也。

3月20日

一、科長來，知勤特由陳部長兼特派員，劉慕曾秘書處長兼書記長，似甚理想，我返新之志更堅矣。

二、潤來信，知與盟友玩乃高尚之社交耳，但「玩」太甚，總宜稍靜為宜。月入叁萬許，較渝我三倍矣。

3月21日

一、科秘又來，對副座競選事及勤黨事皆有商洽。新橋盛傳我返任科長，乃家寶昨日戲言之故也，我則並無此野心。倖進乃劍公所惡，我亦不願太負責也。

二、接周從斌（青選）自滇來信，述近年離戰通後之奮鬥情形，倍受感觸，決乃以之呈閱教座，兼以勤戰記錄（六次）呈閱。對戰通擬請併入軍事大隊或六期一總隊皆可，未審教座許可否？

三、補發二月份米代金（每斗450元）及本月份代金，得九千許，但不足購一較佳襯衫也。苦矣，公務員之待遇也。

3月22日

一、奉派第一次擔任膳委會採買，大蒜百元壹斤，雞蛋廿三元壹個，菠菜十五元壹斤，可見物價之昂矣。自購雞蛋廿枚。

二、發桂教育長、希俊兄、周青選（從斌）等兄，教座函提出戰通事。

三、周科長介天係宜興人，頗善處，今後擬多連絡。此次范秘書囑辦六全各事，皆得伊之協助，能迅速達成任務也。今日送回重慶、成都、貴陽三複區單位及配額名單。

四、壽昌來信，告現尚代少校，已決來渝矣。我當全力相助也。能得少校，即已足願，我愧任中校，更何敢倖進謀科長乎。

3 月 23 日

一、本部經發軍政部後勤總司令部特別黨部中校幹事任用書奉到，我盼望晉升中校後苦幹三年之願望可實現矣。

二、接潤妹信，對我十四日信頗表引憾，使伊難受。但此乃真誠坦白的態度，無庸在愛之前以自欺欺人也，果以真誠相期者，當能諒解。潤能完全認識此點，更使我倍愛矣。

三、武愛民兄為私助同學，竟不顧大前題而毀滅公文以自行簽辦，此事頗引鄭霖、朱佩鑫、黃科長之非議。似宜婉勸今後注意改進，勿必太露骨而遭人言也。

3 月 24 日

一、紹基兄來，囑先打報告處長，以便有機代為簽辦。同仁集款打牙祭，每員貳佰元，豬蹄、藕塊大燒壹缽，亦稱快矣。

二、發交通部陳參事大銓先生快掛一信，請伊能懇請郵政總局調杜潤枰妹來渝區工作，亦姑試之耳。

三、赴克誠兄處，知姚蕙與沙選才兄事進行甚進步，已準備結婚矣，至以為快。克誠兄囑同鄉帶回法幣伍萬元，擬請帶有誠來渝讀書，我愧無以助弟妹矣。張銓西裝未取，談「新新」事，伊甚贊成投資，擬貳人投資拾萬元也。

四、訪陳國楨兄，以近日奔波太甚，致臥床發熱。房子等已籌妥，已定下月五日開幕矣。伊太不清醒，與翔風先生稍談即返。

3月25日

一、育興兄來，談與李鎮釵事順利進行，至以為快。告返新橋之決意。

二、與興及寶參觀高龍生、汪子美之「幻想曲」，公教人員「共叫」，「兒同」命不同，諷刺與幽默，寫盡重慶社會可憾矣。

三、再晤國楨兄，並晤承鄴兄，知「新新」已可實現計劃，頗以為慰。有國楨主持此事，並可以此聯絡蘇籍同鄉，實至佳之事。決擬投資拾萬元，與克誠各伍萬元，由我名義參加之，未審能力及否。

四、與欽文伯晤吳永才，並晤沈光示，商談澤民劃款事，尚有頭緒。今後同鄉會諸君，似亦擬多連絡也。

3月26日

一、補領貳月份薪津四仟捌百元。加洗與潤合攝照放大六寸壹張，價壹仟四佰元，美術二張、普通二張、余二寸美一、普三張，共陸佰元整。

二、午前訪謁張主任秘書肇融於三民主義青年團中央團部編審室，相晤至快，倍為關切。對返勤特事頗贊同，即以名片介謁劉書記長慕曾，並稱與周處長兆棠、楊專員明頗善，可屆時囑准回新也。

三、晤普黨處顧專員丹華，甚快。伊澄南門人。對伊來處事甚願協助，赴新事亦贊同，允屆時請龐處長向周處長允請返新，至以為快。

四、午後開科務會議，科中同仁僅十餘人，而勾心鬥角，牢騷與相互攻擊，即十分露骨，至為浩歎。楊專員明正直，稍可佩。如此環境，更非余所樂願久居矣，擬近期內返新謁劉處長後，即提四月中返新橋工作也。

3 月 27 日

一、周處長兆棠脾氣甚大，尚欠涵養也，本日二職員遲到辦公，竟條諭各記過一次，所有請委人員也一律奉批不准。公事皆任性幹去，那能合乎常理呢？

二、後勤總部特別黨部的編制已經確定依照兵工署了，特派員陳部長兼，書記長劉慕曾兼，范秘書已無希望。我擬廿九日返新一行，以便晉謁劉處長，決定返新一節。

三、今後軍隊黨務已生嚴重的存在問題，部長指示說：「今後軍隊黨部組織至為重要，軍隊中如何不採用黨部形式，而能達成黨的任務問題，軍處及各小組會議亦應研究。」依以推論，年內特別黨部是一定要取消的了。

3 月 28 日

一、本日領薪金，照加成數卅六倍發給，並預支下月份九仟元。

二、得潤枰信，知手錶、戒指、襯衫已請賈漢儒兄帶渝，本科汪傳增同志已自筑先返矣。

三、赴望龍門晤國楨兄未遇，新新股本尚欠靈活，要放大做去，似以五百萬資本為基，並以「公司組織法」為合理。與翔風先生談，伊如此主張，我亦大致同意也。克誠與余擬投資廿萬元左右，未審能實現否？

四、決定明日赴新橋一行，以取決是否返勤特也。

3月29日

一、晨赴新橋，晤育興兄，伊今日與科長赴李家，商定於四月六日訂婚矣。晤李科長，晤談勤特事。赴勤總晤希俊兄，並介謁劉處長，商談勤特及返新工作事，暢談印象似佳。簡秘書返家未晤，可惜。陳壽昌或可設法在勤總工作也。

二、晤范秘書，商談返勤特事及端木副部長選舉事，伊當助我返新也。與姚蕙姊妹在思信家晚飯，甚歡。談投資事，伊決自行設法做買賣，借我萬元，以便投資用。

3月30日

一、接潤枰信，寄來敏哥全家照片及潤近照壹楨，我亦寄去加洗照片。張銓寄來貳萬元，即提出交克誠兄處。

二、晤克誠兄，西裝已取回矣。談中央醫院、高灘岩房屋事，擬由月芳、克誠及我三人合買來共同經營，並決於星期日返高視察後決定一切。

3 月 31 日

一、羅家寶當選為米食團主任委員，硬是要得，可乘時訓練負責，展開連絡機會，也可發動攻勢也。

二、整日處理公文，辦稿卅餘件，可謂累矣。

三、赴鳳樓兄處，贈我照片壹楨，告或擬從軍也。談黨務活動，不啻開一小組討論會也，並約星期一共訪張主任秘書於青年團編審室。

四、返新之意甚堅，發信科長，堅請返部工作也。贈沈書記長合攝照壹楨。

4月1日

一、原擬赴高灘岩者未果，午前乃在部發各信，並寄家書壹通，附寄敏月哥合家照，及我之近照各壹楨。

二、午後赴克誠兄處，已赴「馬特約商」處打牌，旋赴該處，得閱大批晨報。世運我吃零分，誠見我國諸事之落後，運動尤然，而日本之能在世運得分獨多，可見誠東方民族之優強者矣。便餐菜豐，豈窮公務員能逆料。

三、赴新新公司，仍未遇陳國楨兄，為悵。但得談「中國聯合出版股份有限公司」章程，知原擬之新新公司已改以文化事業為中心，但仍附設糖果、西點二部也。資金籌足壹仟萬元，門市部擬先開幕也。

四、我決先投資伍萬元，與克誠共之，並盼能列入發起人之列，然後儘力拉祝塘同人參加。能由我拉入伍拾萬元股票，則來日或有擔任理監事人之希望也，如此則與蘇鄉人士連絡較利矣。擬議中則黃頤白、黃貽清、錢德昇、華緝熙、翁思信、沈澤蒼、徐燦如、陳壽昌、毛鳳樓等皆可參加。

五、返新之心甚切，未審能實現否。

4月2日

一、赴克誠兄處，談及黃熙民與錫女友訂婚後，今逗留筑市不返，致引起黃貽清等介紹人之責任問題，並已用女方一、二十萬元，且先行同居，伊實太無理由與太失信用矣。囑潤枰調查之情形，尚未得來信也。

二、接陳大經先生信，潤枰事可特別留意設法。又多一希望。

三、晤戰地處同鄉石莊人陳新猷兄，知祁祖英先生在南溫泉海泉路一〇九號經營百貨業，甚以為快，即快信之。

四、送伍萬元赴陳國楨兄處，談頗暢。伊致力事業奮鬥，精神可佩，近已病而復病眼疾，皆操勞過度故也。

五、與緝熙伯暢敘，並研究前途事業，得益甚深。伊努力積極之努力奮鬥精神，可堪吾人欽佩無已。

4月3日

一、張銓西裝帶回後，送包新弟科長轉昆矣。

二、育興來，代籌萬元，八日訂婚也。我事新橋決調回，未知處意耳。

三、晤沈光示，澤民事可二萬元解決，約在八日前。談潤枰事，伊亦可幫忙，同鄉會擬十五日開會也。便晤繆主任吟聲，談介陳壽昌兄事。

四、張紹基兄來，我果返新橋，擬介伊在處工作，接替我之工作也。今日擔任採買，成績甚佳，自慰。

4月4日

一、簡勁來函，謂可為壽昌幫忙。余意壽昌能到勤總，則來日我必亦可到勤總矣。復附簡歷貳份。

二、潤枰來信，告敏哥將搬房子，並希望調儲匯局工作。為前事已引起伊之創痕，今後似應善為慰勉，勿使傷心。從來通信未提及「淚」字，此次乃開始矣，伊亦情真矣。

三、高端康與武愛民為使用傳令兵，險打架起來。羅家寶與易幼祿為購物，亦生誤會。科中流日不利，與人事上之相左，使我求去之心愈切。

四、兒童節下雨，兒童何處可樂？兒童命不同，更多感。

4月5日

一、寫信給黃科長交趙述明，擬返新橋後勤部之原委。伊仍囑安心服務，並告該部或將撤銷也。紹基兄來，無果而返。

二、彭全金來，伊赴新運總會勵志社服務，為沈書記長介紹。談及過去部中人事，與郁文祺家庭事，余傾聽之。

三、赴江蘇青年協會，參觀該會第廿二次座談會。由吳聞天主席，到十六、七人，情緒並不熱烈，有散漫之趨勢，尚不及勤誼會熱烈也。對該會負責人——組織——謝孟哲——上清寺儲匯局羊宗秀——都郵街儲匯局助理秘書——總務——之熱忱，尚為欽佩。並與謝同志閒談甚多，貢獻意見不少也。——並簽名與簽到簿。

四、伙委會羅家寶之吃飯發生問題，飯不夠吃為最大關鍵，可見此事不易辦理也。飯廳一時秩序欠佳，余擬設法助其工作也。

4月6日

一、讀曾文正公嘉言類鈔，自愧無一足以自慰者，而私心纏繞，尚不能自解？貽乎？將何以澄其中之私也。

二、晚飯遲赴飯廳，性急神搖，竟洩精滿褲，危矣哉？何以自救健康也。

4月7日

一、赴五四路正和銀行參加戰團同學代表會討論學籍問題，由鄭濤、王寒生等提出報告，余亦提出意見，迄十時散會返部。

二、研讀曾文正公嘉言鈔，頗有心得，得力修養之處多矣。

4月8日

一、赴新橋參加楊育興與李鎮釵訂婚禮。先赴辦公廳，適遇部長訓話，迄十時半。晤周希俊兄及簡勁秘書，並留午餐，至以為感！

二、赴中山室主持訂婚禮事，布置及招待等事宜進行順利。由端木副部長證婚，范永炎、高勝東介紹，到來賓劉書記長等六十餘人。熱鬧之場面，空前之儀式也，余心中故為引慰。

三、赴沈書記長家，致候近好，友甚多，談甚短。告已介張紹基接我職務，並云昆明戰時服務團主任某（同學）需黨務幹部，如願往亦可介紹，否則返新與留處亦皆可。

四、晚在科長家略談特黨工作未來情形，勤特環境似較過去為佳，惜工作幹部已無，無從發揮力量矣。劉秘書處長對余調回一節，似多考慮。余為此悵悵，或不願返新矣，但李科長堅囑，似人情難卻也。

4月9日

一、自新橋清晨即返部中，知漢儒兄已返部，住 14 號宿舍，我 13 號之隔壁也。潤帶來錶壹只，開關稍損，襯衣壹件（彼訂婚穿用），金戒壹只，襪則忘矣。談頗快。

二、今日為潤生日，我與家寶在四六九吃麵為祝。我無禮物贈用，而伊在今日送我大批禮物，誠感萬分。午前發潤書致賀，並寄合攝照貳張，並告楊、李訂婚盛況。

三、本科武愛民兄喜為人情而作過份之非法協助，此事甚引科中同仁之不滿，而本科之主管人事，同仁皆不能奉公守法以行，至愧。人事之制度不易建立，政治何期清明哉。

四、晚與家寶看金粉世家於社交會堂。觀夫金家之末落，人世之變化莫測，則一旦之名利，何足沾沾自喜耶，女流之愛虛榮更可惕焉。

4月10日

一、接潤枰信，知購高灘岩房事頗表贊同，可設法拾萬元，可惜中止進行矣。赴交部晤沈光示先生，託代謀潤枰調渝事，或有希望也。

二、與沈先生談澤民劃款事，知大華秦昶毓又生變化，不允出貳萬元解決，真是豈有此理已極，商人之可恨屬甚。余等決心設法強力解決矣。赴緝熙伯處，未晤，擬同鄉會時再作最後決定。

三、育興兄來函，調部公事已批准，或可近日內送部進行返新矣。鄉下空氣稍佳，得安心自修，亦樂事也。

四、晤許夢陶兄，贈合攝照片壹楨，匆促赴校之攻讀精神深佩矣。晤徐慶雲兄，知劉處長赴新疆矣，伊擬入學員隊（軍需校）受訓也。同時晤羅恆兄，伊在中央團部服務處，近況亦佳。晤許玉瑾姊，略候近好。晤克誠兄，告熙民兄情形，對伊之情節，不勝引憾！晤陳國楨兄，聯合已準備就緒，可與新新牛奶場同事開幕矣。國楨兄等之創業精神，亦可佩也。

4月11日

一、清晨李秘書來，知我調回公文仍未奉批，僅係簡秘書轉告范參議已批，轉輾傳誤也。人事編制工作迄未開展，中央亦未呈報，且仍有撤銷之議，實屬■矣，皆非之事實。

二、武愛民同學以科長學生關係，藉此招謠撞騙，非法處理公文，誠令人失望。今毛病迭出，已遭科長反感，勢必短期離此矣。

三、軍隊黨部六全代表今日開票，本處總動員執行開票業務，由上午迄深晚十二時，始得初步複選區之清算。對於開票業務之技術問題，毫無研究，散漫而易生弊端，至引為憾。端木傑票數尚佳，或有中選希望也。

4月12日

一、接潤妹八日長信，無限愉慰。伊已匯款至昆，至以為快，八日我適為育興兄訂婚而最愉快也。發潤信，告近況一切。

二、范永炎來，談端木傑競選事，我當量力助之也。

三、接同鄉會函，囑擔任十五日春季聯誼會幹事。

四、張紹基兄來，知原擬赴軍政部之中尉書記，已被司長另補他員，僅早到職數小時耳。伊之倒霉亦及矣。

五、參加江蘇青年協會第二度聯誼會，到馬元放先生、吳聞天先生等——沈光示先生、陳新猷、郁祖慶等同行皆到會。沈先生告潤枰事已囑同事幫辦轉儲局人事處查缺設法調渝區工作，果能有缺，可無問題也。羊宗秀兄等皆在郵界工作，似可多加連絡也。

六、馬元放先生報告江蘇六全代表已選出，計有鈕長耀、鈕永建、馬元放、祝平、張九如、葛建時、李壽雍等十人。馬先生並提出「對於本黨組織方面之意見」壹份，請大家商討。余以原則與辦法混亂，曾提出通盤重加調整之討論，頗為同志注意及採納。晚，擬提出書面修正案，迄中夜未成。

4 月 13 日

一、晨在巴中附近壁報欄讀報，忽遇英文重慶新聞週報記者王作民女士，突告美總統羅斯福逝世消息，並為作民意測意起見，請立刻不加思索說出感想。余以此事突然，乃答「如確有此事，則不勝遺憾」矣。返科，曾對此事與同志研討，不久，則該社發號外證實矣。今後國際大局影響至巨，吾人不勝憂然。

二、老河口陷敵，國內戰情忽欠佳。

4 月 14 日

一、接潤枰信，知匯昆款退回。我早知偉意必有退回也，偉青之貞潔精神甚可佩欽者，深為桐哥得賢妻慶也。潤能今後步偉青後塵，則吾願足矣。

二、老河口光復，杜魯門繼位美總統，對華政策不變，甚慰。

三、周處長兆棠發賀六全軍隊代表信，余以字太蹩腳，不勝代繕之力，愧甚。今後此方面加緊努力，不容緩也。

四、與家寶看「金粉世家」續集，獲教訓甚多。

（一）老式大家庭之弊太多，易生事端。

（二）子弟易落伍，養成遊手好閒之徒。

（三）上不正則不效，偏亂則家教墮矣。

（四）家丁傭僕之可惡可畏。

（五）自由戀愛之盲目危險。

（六）女性之善妒與愛虛榮。

（七）男性之固執與好色易變。

（八）母愛之偉大深摯。

五、與家寶散步，回憶勤特時之做人做事，尚多自慰。今日之社會亦云亂矣，君子自重則足歷慰矣。

4 月 15 日

一、參加卅四年度江陰旅渝同鄉會春季聯誼會，擔任招待及記錄職務，到同鄉百餘人，開會於七星崗江蘇同鄉會來蘇堂。由章楚主席，沈光示會務報告，薛曉昇先生、高俊百、祝平先生、張豐曾先生自由演講，語重心長，甚富意義。會後薛曉昇、黃貽清、薛星東、華緝熙、沈光示等先生至大井巷特七號江陰同鄉會吳永才先生處商討革命掌故、今後同鄉事業、調查困苦故友等事頗詳，甚富價值。祝平先生講述之江陰光復史，薛先生並允校注也。

二、赴大華商店，責詢秦毓昶先生華澤民劃款事，由薛星東、陸明雲同赴。結果伊允出貳萬貳仟伍百元，但須華澤民自取也。為富不仁，與商人之奸滑，可惡甚矣。晚赴薛星東先生家便餐。

4 月 16 日

一、第一度想起「生日」來，請漢儒、振東、愛民寢室吃麵。武氏衣料弄壞而去，不勝悵然。

二、漢儒覓房子，見屋尚未蓋好，即紛爭預租矣。每季一小間壹萬伍千元（四月），可謂艱而困難矣，房子問題。

三、成漢告周委員起鵬、胡委員慰返筑，要否帶東西潤枰。以此告克誠，伊乃主張帶物至筑脫手後匯外渝方，或可稍圖微利，但能否請帶及順利辦到，實一問題也。此事由克誠酌辦之。

四、接芸芳妹上年十二月五日來信，知偉姊告去筑與潤妹訂婚消息已知矣，家中歡樂，甚慰。穎弟仍習商，以減開支也。

五、後勤總司令部特別黨部調回公事已到部，考慮再三，不知孰好孰是，苦矣哉。得一較好之工作崗位實難，如上青天矣。曾與顧專員丹華、家寶、振東、漢儒、席青等再度考慮，莫衷一是，將靜待周處長之裁定可耳。

六、與漢儒漫談本部環境及軍黨情形，複雜之情形，余深不滿。堂堂總部人員，不能一心一德於工作，徒事紛爭私利，無怪黨務之江河日下也。

4 月 17 日

一、接潤枰信，頗富文藝興趣，喜我為太陽，我亦喜伊為月亮。

二、接陸大譚森兄來信，邀赴該部任宣訓科科長。但事實我除返新橋外不可能矣。近日焦慮後勤得失，以早離此汙穢環境，則亦佳也。

4 月 18 日

一、此次義務助端木競選，出力甚多，儘力所為，聊盡對長官之忠誠耳。

二、與家寶談心，追憶特黨舊日情形，感懷無已，實亦牢騷甚多也。

三、張紹基兄來，知接我工作壹事尚無希望，但已允調我返部，楊專員擬另調湖南某來部也。今日起即可作返新準備，能否順利努力幾月，則視命運以決也。

4月19日

一、我調回公事已奉批「可」，能返新橋努力半載，頗為慰。

二、接沈光示電話，告杜潤枰調渝事已得劉澄漢幫辦及曾副主任慶謀允為優予設法，可無問題。即快函告潤妹設法之。此次諒可必成矣，衷心甚快。

4月20日

一、擔任菜之採買，與家寶同往，並改四菜為三菜。決心做事，但求無愧與謀公共福利，當無飲愳也。

二、科長對武愛民兄之離職頗遺憾，但未能克盡厥職與對科長負責，實深抱憾。

4月21日

一、赴城，先赴大華商店通知華澤民星期日來解決劃款問題。旋抵克誠兄處，■■■被邀赴中聯社樓上馬家雀戰未返，我亦同在馬家晚餐。可知家寶之累後，終日反喜他赴娛樂為快矣。太太失望，勢之必然，奈何！

二、中國聯合出版社正式開幕，書籍、糖果、西點部皆已全備矣。陳國楨兄之奮鬥精神，至可佩慰。

三、赴緝熙伯處，暢談參加社會活動及發展前途辦法，雙方意見頗洽。我甚鼓勵伊之從速開始政治活動，以便爭取時效也，並先從同鄉會爭取理事地位及參加江蘇同鄉會及江蘇青年協會開始也。對於故鄉祝塘，亦擬圖有聯誼加強——決合力籌組祝塘旅外同鄉會於重慶，首先開始調查工作，以求戰後回鄉運動及在外互助之辦理也。

4月22日　蘇軍進軍柏林市區

一、晨自緝熙伯處返部。午前在家整理祝平先生前日同鄉會演講辭，草率完成，擬午後訪晤時之面請校正也。

二、午後赴同鄉會協助辦理「鄉風」之分發事宜，永才先生之熱心鄉事，甚感，緝熙伯與澤民亦到。五時赴大華商店解決澤民劃款事，一件煩事總算了結，心中引慰。在外能助同鄉一二，亦自為內心之快樂也，但賠錢化神，則損失不小，總盼將來造福家鄉，則於願足矣。訪祝平先生，迄九時未晤，悵然而返。

4月23日

一、整理祝平先生報告詞，擬整理後送復蘇或江蘇青年發表，並先請祝先生及薛曉昇先生校正，未審能如願以償否。

二、晚與陳新猷兄參加市府謝君韜兄處之約會，商談馬元放、祝平先生之競選中委問題，決定：（1）江蘇青年發特刊——偏重馬、祝二同志之宣傳；（2）中央日報發專論；（3）新民晚報登訪問記；（4）利用國際新聞社記者名義鼓吹；（5）發佈歸漢記廣告；（6）提案——；（7）江蘇青年協會擴大晚會，提請全體會員協力；（8）指定同志負責連絡工作等。迄十時返部。

4月24日

一、赴過家樓謝東山兄處辦理青協工作，發通知書召開臨時座談會，討論黨政問題及商討如何協助本會當選之六大六代表競選中央委員。

二、潤無信來，念念。中央團部選舉代表，柳主任是否選出，甚以為念，擬即日一晤也。

三、祝平先生來部，於戰地處與陳新猷兄晉晤，並略談青年協會對於馬、祝、于三先生活動競選之計劃，頗得祝先生讚許。余並送閱上年徐雨蒼先生介謁之函件，及此次同鄉會之紀錄。該紀錄擬請先生校正後，於青年刊物刊載也，未知能如願償否。今後加強連絡，似不可忽，並告華緝熙伯前日晉謁及浙代可能活動各節。

四、鄭霖購魚肝油事，又得姚小姐通知改為魚肝油精矣。即請鄭兄辦妥手續後寄新橋。

4 月 25 日

一、張主任秘書肇融（季良）來科，知柳主任於日前中央團部十五名代表中選出矣，至以為慰。原擬今日赴團部探謁者，竟先來矣。全代名冊早已準備送壹份參考，即贈主任秘書壹份，以後有機時當代主任效力也。

二、張紹基兄案經簽請改派軍委會幹訓團特別黨部為同少校幹事，我實竭盡最大之努力矣。已經鄭霖及科長批可蓋章，諒處長亦能順利通過。能成功則可對得起張兄及沈書記長矣。

三、近日擬緩返新橋，以待大會後返新也，能得參加大會職員，尤屬理想。謝泌兄來，囑告「黨員總考核辦法」，並談張九如競選事。

四、美國舊金山舉行之四十四國「舊金山會議」開幕，由美總統杜魯門廣播開幕詞，到中英美蘇四國首席代表：中國外長宋子文、美國務卿斯退紐斯丁、英外相艾登、蘇外委委員長莫洛托夫，與會全世界和平代表壹十餘人，舉世矚目之未來世界安全關鍵會議從此揭幕。

五、法「貝當」將返國受審，老淚縱橫，不堪當年。

4 月 26 日

一、劉志義兄來，知被派後勤部特別黨部中校幹事，後日將同事共同奮鬥矣。政治部派兵工學校政治部中校政治教官。

二、周希俊來信，亦告劉志義調新事，約星期日參加戰團官生茶會。

三、與家寶赴跳傘塔參觀美新聞處電影，甚佳。

四、接潤枰信，知十一日至廿日間小恙，頗以為念。她一心想來重慶了，成熟的愛已不能再遠離得太遠，否則相思是太苦了。我也深深的明白，願全力實現她的希望！相信這次的請調，應該可以成功的為成功而祝福！！

五、十時睡，春夜惱人，實在眠不得，相思紛紛。潤所說「更美，至樂，更甜的時候」，我真能無感呢？春情勃發，不能自禁，余殆陷入情海，恍然與潤相樂，然潤究苦不在身邊也。美！樂！甜！仍僅假想耳。但我涓涓而精流，慾不自禁矣。到此境界，乃知人生食色之同等重要，無怪伊之急來渝矣，否則不遵自然要求而發展，恐將耗身體之強健矣。

六、讀大公晚報，武大教授「費鑑照」已故，不驚愕然！此後故鄉失一先進，抑亦力學而不注重身體健康之戒也。

4月27日

一、發潤妹信，似太情癡矣，情不自禁，竟爾洩精，常此以往，恐傷身體。貽蓀！宜力戒慾念之過份衝動也。接潤廿三日發信，附致芸妹信及抄「我的太陽」一曲。

二、發四月份生活補助費，合計代金為壹萬陸千三百八十元整，除借支尚得壹千玖百元。

三、參加江蘇青年協會臨時座談會，討論馬元放、祝平二同志參加競選之方式問題。到廿六位同志，進行甚熱烈，歸納分為：（一）宣傳、（二）提案、（三）連繫、（四）採訪四小組進行，並擬在上清寺區黨室設一臨時辦公處，以利接洽。

四、晤范參議，討論副座競選問題，伊已有基票三張，且有回教集團可恃，擬介馬、祝東南集團換票，並與劍公連絡。東北方面單成儀亦可連絡，先取實力派交換，似為最經濟。提案亦重要，擬代草一獨特之見之提案也。

4月28日

一、午前接范參議電告，已與吳紹樹等代表談及與劍公換票問題，吳等甚重視，並願約馬元放先生一晤。旋馬、祝來部，即函介謁范參議後商與副座連絡事。

二、接徐志英姊來信，知未能到新疆，以哈匪為亂，至酒泉後折返甘肅蘭州，現寓蘭州益民路一一八號附十四號，攜帶與撫育三小孩在異地，誠苦矣。鶴亭亦以工作不能回蘭州探親，即復信勉之。

三、午後約謝泌兄赴中央團部訪鄭森棨學兄，並取青年團代表名單，未果。旋晤羅恆及黃華，又訪張主任秘書肇融，乃談劍公競選進行事項，並提供參考人員之連絡。囑訪李康吾秘書，經與張主任秘書等同赴中秘處，但以事關機密，未能如願抄得，為憾。三青代表則抄來壹份存查矣。

四、晚參加江蘇青年協會擴大生產會，藉代歡迎江蘇代表本會會員馬元放、祝平、于錫來、于懷忠、朱斅成、汪茂蓀、吳紹樹等七同志。會場進行熱烈，先後由于代表懷忠、汪代表茂蓀、祝代表平、馬代表元放發表演說及誠懇之謝意，余擔任記錄。前澄邑特派員張銘順亦到會，乃專校時之局長，現任社會部福利司第五科科長云。

五、余尚未去，而科中為此缺已生意見。今天之人事紛紜，誠至極矣。志義兄已去新特黨■，將成同學之試金石矣。

4 月 29 日

一、楊文達兄來晤，略談勤總情形，新人不熟工作而驕傲，致形成新舊戒備情形，至以為憾。

二、赴馬元放先生處便中午飯，繼至華僑銀行談澤民劃款至沈先生處，決自七月份起月劃伍千，家中劃貳萬元。祝平貳千五百元代收，擬即寄綦零用，匯滬不便也。談祝平競選事，緝熙伯或可一助也。

三、參加正和銀行戰幹一團同仁茶會，到桂教育長、陳介生、張璇等，計國民黨六全代表共有五人，甚望教座能選出也。

四、赴克誠處，談祝塘旅外同鄉會組織事，並囑購潤枰衣料壹件，以壹萬貳千元為限。錶化五百元修好，帶回使用。

4 月 30 日

一、一世豪傑之意大利墨索里尼業已棄市於意北米蘭城市中心區，遭萬人唾罵殘■，英雄安在哉？希特勒亦傳槍決於柏林市中心區動物園內，但尚未經證實耳。

二、希姆萊已首次向英美提出無條件投降，但英美須其向英美蘇同時提出，傳聞已二次提出矣。歐戰結束，瞬間之事，遠東大局已最為世界注視，吾人將何以自勵乎。

三、接潤妹信，謂不能設法遞呈請調。為她們做事真難矣。

四、赴中央團部，張秘書病，未晤，劍公忙，未與談，助黃華繕寫全代名冊。柳劍公此次能競選成功，實為至禱，擬多所■助，但不願親晤為悵耳。

五、購茶軟蓋皮箱壹只，價五千貳百元。

5月1日

一、一世英雄之希特勒，已在柏林動物園陣亡（又傳自殺說），較之墨索里尼稍勝一籌，遺命杜尼茲繼任元首云。

二、中委競選白熱化，應江蘇青協會之邀，幫馬元放先生辦理競選工作。主其事者有謝君韜、謝東山、陳新猷、孫有光、王振先等同志。歸漢記曾大批分贈全國代表也。

5月2日

晤黃華及主任秘書，對劍公競選決全力協助，是乃我衷心所願也。端木副部長處亦代連絡互助，以拉攏回教代表也。晉晤劍公，囑分頭接洽後開列名單可也，但避免情■及與貪汙份子合作為原則。今晚助寫全國代表名單及中監委名單壹份。

5月3日

英軍進佔仰光，緬戰已近尾聲矣。謝祺來約談戰通事。約范參議晤馬元放未果，進城晤緝熙伯亦未果。在中央團部代抄劍公代表駐地全份，此係向顧先生丹華抄得者。

5月4日

一、與范參議訪馬先生（小半）談連絡事，繼至華僑銀行談連瀛洲等五代表與祝平、劍公連繫事。至中國出版社談周厚鈞與劍公連絡事，均有成績。

二、晚應謝琪、唐忠業邀談通信隊同學連繫事，頗快慰。決由忠業兄調查登記後加登連繫，並多多茶聚也。

5 月 5 日

一、大會開始，於今日行開幕式，下午停開。掃蕩報特輯頗富本黨歷史價值，樂為剪貼成冊之。赴中央團部，與主任秘書略談一切。

二、午後陳國楨兄來商劍公與周厚鈞連繫事。精神較困，鼻流血一次。

三、發信潤枰及葛飛——學禮——先生，請設法代貴州局轉呈總局核辦也。

5 月 6 日

一、赴華僑訪緝熙伯未晤，甚悵。晤鳳樓兄，知衍慶兄處囑君淮來中央團部未成功，好機會錯過，殊可惜。

二、訪克誠兄，夫婦皆忙馬將牌，殊以為憾。晤國楨兄，知已通知周厚鈞先生矣。中國聯合出版社經營欠佳，有努力之需要也。

三、晤黃華，知六全代會主席團發生包辦情事，已引赴黃與陳之爭矣。吾人之希望能產生黨之有力幹部即可，但總以有為者為主也。

四、在克誠兄處談到潤枰給克誠信，字跡潦草，不易辨認，行文亦欠通暢，似有不合，擬通知今後較注意也。

5月7日

德國向英美蘇無條件投降，歐戰正式結束。

5月8日

一、朱佩鑫兄為女人哭笑無常，耗資已達卅萬元。愛情建築在虛偽的金錢上，有何價值。

二、晤石莊朱雲和同志，伊為石莊民校第四期受訓而未畢業者。晤談石莊情形，知昔日走邪路之周廣文、彭生榮、孫用賓之流皆已被人殺死，無一善終。報應顯然，誠值人深省。

5月9日

六全大會日趨緊張，柳秘書長克述、馬元放、祝平、端木傑，皆有甚高之希望。余決盡力協助伊等互助也。

5月10日

一、面晤柳秘書長及端木副總司令，懇請雙方交換事宜，甚屬順利有望。

二、大會選舉中委辦法已通過，決應自由競選辦法也。

三、接文祺信，告要返新任社會服務處總幹事。

四、參加青協星期座談會，討論籌募基金、復員救濟等問題。

5月11日

一、與黃華進城，晤燦如及衍慶兄，並得傑超來信，至慰。

二、華僑銀行黃總經理與柳先生交換事，可能交換十票。周厚鈞壹票，亦決可交換（周係陳立公嫡系，組織甚強）。

三、晚赴■處代繕機要文件，旋謁晤劍公，商交票問題。鄭組長森棨兄亦在場，伊負責最多也。關於端木事，柳決全力支持上層，並囑轉票■人。當即於晚十時謁端木報告，經商通力合作事宜。

四、再吾來信，四月份已列入名冊造報薪津，可稍補助矣。近月為劍公等奔走，損失不少，僅精神可慰耳。

5月12日

整日為觀光六全大會側面活動為忙，亦生平之首舉也。

5月13日

晨赴馬元放家後，與王維能、王振光、陳新猷、謝東山、孫有光等在馬家午飯。閒談江蘇歷屆選舉情形及經歷，頗可為今後之參考，十年後吾等恐亦將競選矣。

5月14日

晤王紹曾、馮書耕、薛幼恭、沈士傑、王寅、陳新猷等國專同學七人於公園路十號新生實業社二樓，甚以為快。紹曾先生囑謀張篤倫競選監委事，與馮書耕、薛幼恭赴人和區 37 號，晤祝兆奎先生。

5月15日

一、此次因身親歷競選中委之幕後活動，故對於本黨各小組織之派系關係，頗能探悉一二，增進個人之認識不少，政治集團之錯綜複雜已至極矣。

二、李秘書來囑能早返新橋，此以軍政部特黨部急赴新橋視察也。但科中以大會期人事不得異動，新職尚未簽准，勢不能即離。余擬大會後暫二日在新工作，一日返部處理即可。

5月16日

鄭總幹事霖（號雨生）呈請辭職，業經奉准。可知軍黨前途已無希望，惟有自求前途耳。

5月17日

一、鄭兄轉囑暫留本處服務，以靜待改組，余對此正考慮中，但軍黨結束，已勢在必行耳。

二、六全大會決議軍黨處在三個月內結束，似則我似不必返新矣，黃科長亦囑勿必返新也。

5月18日

一、近日為柳秘書長克述、端木副總司令傑、馬元放、祝平等先生活動競選較忙，已全力集中於此矣。此或可稱余正式之政治性活動開始之紀錄也。

二、與黃華、羅恆等談柳秘書長生活，高潔清苦，誠足吾人效法。青年團方面兼職不兼薪，僅恃軍政部中將咨議與立法委員之薪津維持。黃秘書曾說本日晚餐在柳秘書長家中，僅四季豆及白菜各一，燉肉圓子湯一盌而已，此種刻苦精神，殊可深欽。

三、晤張秘書肇融，與談劍公及後勤部等一切情形。與之討論是否返新壹節，伊亦主暫留中組部，然後設法可也，余意以在軍政部則較佳也。

5 月 19 日

一、晤黃克誠，告第一被服場有換廠長消息，伊囑代探，並詢于瑩瀓之出任消息。彼意如能連絡則較佳，並盼我亦能入該廠工作，擔任人事股股長甚適合也。

二、晤徐燦如，略談一切，及赴新疆事。關於于瑩瀓情形，亦探明為趙志垚幹部，果成事實，則囑劍公介紹可無問題云，但徐盼能在劍公處或人事處服務也。後勤部由張副處長麟汝及廖課長分任人事處正副處長，似可仍返亦可也。

5 月 20 日

一、與錢德昇先生談成立祝塘旅外同鄉會事及戰後工作事，對於近月之轉變工作，亦徵詢意見。伊意以繼續黨務或學習庶務管理皆可，並盼隨柳克述先生較有希望。

二、午時在克誠處午飯，俊彬性情急燥，每以不如意時，即對女傭及發埋怨之辭，我頗窘之，但克誠甚能忍耐也。夫婦欲保長期之感情彌篤，實屬不易之事，好在吵吵鬧鬧，亦年輕夫妻之常情，並不致影饗家庭之樂也。

5月21日

一、接潤枰五月十六日信，知葛飛先生允為轉請陳股長准予請調渝區工作，至以為慰。

二、此次中委改選，頗多不滿者，據聞棄權者有百餘人之多。本部黨員訓練處李處長文齋同志則竟繳還黨證於總裁，並痛陳改選經過之鄙劣云。人之於名利競之也烈，何有「革命」精神？

三、柳秘書長競選中委成功，為正式執委之一，至可慶喜。我開始政治活動即告勝利，亦足自慰矣。計代交換端木傑五票、■■票六票、馬元放交換陸票、祝平交換伍票、黃樹芬交換陸票、龐鏡塘、葛覃等拾叁票、周厚鈞壹票、鈕永建壹票、張篤倫貳票，共計肆拾伍票。

四、晤黃華、羅恆，談及六政同仁敘餐事，經商請張秘書同意行之，此以：（一）一年一度之敘餐也；（二）賀主任之膺選，以節約其個別接見之時間；（三）同仁互助連誼；（四）歡送徐燦如同志赴新疆服務。■商定由黃秘書超人及董德明主持之，擬明日訪黃秘書取決也。

五、此次柳秘書長開始競選之事務工作，悉為戰團同學鄭組長森棨、黃秘書華及余三人主持之。吾人能得其篤信及追隨秘書長工作，實至幸矣。

5 月 22 日

一、六全代會選舉中委名單揭曉，柳克述秘書長以一七七名膺選中執委，馬元放亦膺選執委。澄邑祝平、高凌百二同志皆未選出，至憾。端木傑費了九牛二虎之力，落了個空，亦謂慘矣。

二、赴軍政部晤黃秘書超人、譚秘書衍慶，商六政同仁聚餐事宜，進行甚圓滿。

5 月 23 日

一、返新橋特別黨部到職，內部整頓及人事皆已調整齊全，工作亦能順利進行。適遇劉書記長慕曾亦到黨部視察，當與諸同仁、學長詳談一切今後措置，要在爭取時間，以求工作表現。

二、與李秘書詳談新環境與新形勢下之準備工作，對工作亦有檢討。

5 月 24 日

一、午前正式辦公，擬下半年度宣訓工作計劃，並供李秘書為午前召開之宣訓科科務會議之討論。

二、午後分訪衛生署姚蕙及運輸處蔣淇堯（華）、萬隆勛、楊德安、楊文達、陳琳、潘明紀、王月廷等學長及老友，並應蔣兄邀，在運處晚餐。

三、約簡秘書、貝常清、劉志義、駱駿、楊文達、楊宗晉、蔣華、萬隆勛等同至高灘岩軍政部婦女工作隊，周希俊兄之老大姊徐慧先生處暢晤，快極。

5月25日

一、在後勤部領五月份薪津壹萬貳千元，副食費貳千捌百元，又補領二、三月份代金叁仟元。還翁思信壹萬元。

二、午後返部，知潤枰請調成功希望甚大也。

5月26日

一、晚參加六戰區政治部來渝同仁聚餐，並慶柳主任克述膺選中央委員。到丁心浦先生、劉先雲先生及張肇融等二十八名，頗為暢敘且富意義。吾戰團同學佔二分之一，至以為快，余之得實際主持成功，亦引自慰。

二、與淇堯、正權、鳳樓談六政來渝同仁合作事，皆贊我主張。我決心盡吾力之所能組織戰六政同志，為母團同學建立新作風、新自信、新信仰，以展開戰團同學之新局面，副團長與劍公為不移之政治路線也。鳳樓努力文化崗位，我頗主張之。

三、本處以受結束影響，同仁精神皆散漫矣。

5月27日

一、午前與簡勁、羅恆、劉志義赴張肇融家談黨政問題，對陷區中共問題多所檢討對策。旋外出請早點。

二、午時赴打銅街「大鴻元」，參加歡宴沙榮存同學赴美國考察航政（一年半至二年）。到鄭濤、謝泌、朱國斌、陳尚麟、陳國楨、萬斯年、余霞、劉先生

（老廣東）及余與沙先生等，頗盡賓主之歡。旋與余霞與鄭濤又赴重慶牛奶場吃「冰淇淋」，並商沙先生證明書件事，余當盡力為之。

三、接潤枰信，知由筑轉呈已不可能，須總局逕呈也。郵政刻板工作，可謂傷神矣。接曾荃信，知來重慶工作，潤枰事或可在四川省銀行設法也，赴晤未敘。晤黃天喜於林森路「維新」鞋店，彼已為數百萬之皮業之老板矣，至以引慰，亦可喜也。惜伊人喜賭，似不十分振作，今後宜善導而合作之。

四、國楨事在翔風先生專擅下，發展甚困難。自己缺少資本，做事到處受人之氣。擬代籌頭寸，商之克誠兄未果，伊夫婦皆作方城戲，生活已非革命青年之純潔矣。

五、廿八、廿九日勤黨特忙，囑返新橋，擬與黃科長商之。此時勢所利，得意外得五月份雙薪，非始料之願也，然亦二年來努力勤黨之貢獻所暢也。今後調整勤黨責職所在，仍當戮力赴之。家寶大衣被竊，誠倒霉。

5月28日

一、午前返新橋後勤總司令部特別黨部，科長未盡同意，余即逕返，實亦情勢之所迫也。返新工作緊張，整日為準備幹事會報所忙也。

二、談及政治部與特黨部改組問題，萬、劉與秘均有同感。

5 月 29 日

一、午前出席後勤總部特黨部幹事會報，余擔任宣訓報告，儼然取得代科長之地位矣。

二、黨部自李秘書、萬科長斯年、劉代科長志義及余等擔任要角後，已皆全部為母團同學矣，殊可喜。惜時期太短，不能從事工作表現耳。但劉秘長對工作頗感興趣，仍力求展開，至為可喜也。

三、召開勤戰聯誼會第七次會於特黨部，男女同學到會廿八員，熱烈情緒，至可引慰，亦至樂可也。

5 月 30 日

一、晨趕返新橋，乃所以免為人所譏議也，科長頗諒。

二、接潤信，知請調又生枝節。天下事誠難意料，復慰潤妹，當再求設法也。

三、赴晤曹荃未遇。晤燦如，知擬赴新疆矣，談來日赴人事處及返後勤部人事處事，伊頗幫助也。對伊銓廳事，又查明請槐庭兄協辦也。

四、軍被廠廠長由羅楚材接任，應克誠約相商去就問題，並代詢羅先生歷史，以便參考，原則以不動為主也。

5 月 31 日

一、晤沈光示及沙曉嵐，談潤妹請調及赴人事處工作事。

二、晤曹荃兄，談該行人事糾紛問題，及談做人做事之態度問題，暢敘至樂，誠快事也。

6月1日

發潤枰信，附請調報告貳件，囑蓋章後寄渝作最快請調之努力，並盼以能艱負共同奮鬥未來之理想事業。

6月2日

一、參加朱佩鑫兄與屠莉芬女士婚禮於百齡餐廳，到賀客百餘人。但朱兄係二度重娶，故同仁精神並不熱烈也。

二、赴軍政部人事處與徐燦如先生、黃紱兄漫談，對政治及黨務及人事方面，頗多感慨之議論。

三、十一時返部，悉謝科長昭德被汽車碾死。午後尚歡天喜地吃酒，不旋踵而犧牲於市黨，可憾也甚矣。

6月3日

一、昨天育興帶來五月後勤部代金陸仟〇八十元，我則開了兼職兼薪的惡例，然勢之所賜，姑受之耳。

二、志義兄擬晉升中校科長或上校，並盼主任組員以上之工作。好高騖遠之心太甚，難矣哉。

6月4日

一、午前與本處同仁赴城送謝故科長昭德之靈赴江北浙江會館暫厝，赴■者有馬超俊太太沈慧蓮先生及周處長兆棠等，迄正午自臨江門碼頭返部。

二、午後四時許，潤枰之同學凌琦鈺及李素琴來玩，談甚歡，陪至兩路口吃鮮橘水壹瓶。伊等已第三度來晤矣。

6月5日

一、昨晚參加社會部劉振鐘同學等召集之戰團同學茶會，在■社新廈二樓孫方同學處舉行。余對同學之不能精誠團結，每會總無結果，深以為憾。

二、患感冒，精神不適。適韓廣明兄來部，談及郵政請調事，知伊太太駱瑞華亦係同事郵政自筑調渝者，乃請青協馮克昌先生協助者，擬屆時亦請其協助也。

6月6日

一、李秘書來晤，知勤特尚擬維持至八月底，現工作仍照常開展中。我之工作問題，似費考慮。返新橋恐已不成功，但勢亦難以為情也。即返不可，留亦無味，真是兩難矣。

二、晚放電影，忽以放映機被撞爆炸，秩序大亂，小孩被踏，受損及什物甚多，可憾。

6月7日

一、接廖■德信，知昆明同學有戰團通訊處，擬成立刊物出版會。重慶同學最無團結，至可浩歎。

二、赴佩鑫兄家，知屠莉芬女士係常州鄭陸橋人也。與金成鈞散步，談及人事間之趨炎附勢，好人被欺，誠難做也。

三、與金正鈞太太談婚姻問題，伊之見解頗正解，伊可謂賢妻良母型者矣。

6月8日

一、接蔣華信，囑可設法運輸處工作，但須沙榮存介紹方可，晚赴晤未敘。赴張秘書家與太太談天，至多感。

二、深晚，南區公園下面大火，延燒達二小時許，重慶誠多難矣。

6月9日

晤榮存兄，請介謁李科長鶴年、陳科長厚吉。

6月10日

一、午後參加江蘇青年協會六月份月會，對於會務之未能緊張推進，會員紛紛提出自我檢討。對辦理監事會及各組之未能盡力開展工作，實為會務停頓之主要原因。旋與馬先生等晚點，並邀明晚參觀國泰大戲院威爾遜總統傳電影名片。返時宿鳳樓兄處。

二、與鳳樓談及同志協作事及戰團同學參加天地出版社事，能有圓滿之協議，至以為快，並決盡力助之。

6月11日

一、參加謝故科長昭德之公祭於重慶■…■，余擔任收件組之負責人。■…■等致祭，備極哀榮，但慘淒亦至極矣。

二、晚應馬先生邀赴國泰看威爾遜總統傳，極佳。美國人民之民主正義精神，至可佩服，■…■。

三、前後勤部副官處長黃曜，貪汙四十一萬元槍斃，

■…■。

四、與黃天喜談戰通及天地出版社事，或可由伊投資若干萬矣。

6月12日

一、午前赴儲匯局提用潤匯款壹萬元。此款原囑購白竹布，但以端五節左右經濟甚挂，恐將移用於應酬矣。

二、午前在上清寺儲匯局保險部晤謝孟哲兄，談潤枰請調郵局或儲匯局事，知甚為困難也，能逐部調整最好，否則一氣呵成，恐多問題矣。

三、午後代擬潤枰請調報告並繕之，擬於端五節後請沈光示先生試為進行之。

四、晤鳳樓，並分晤天地出版社李經理清曉兄（南京人，政校新聞班），伊係鳳樓南京遺族學校同學及戰後文化崗位之同志，約晤後擬進行代謀天地出版社集股事。繼即晤黃天喜兄，談投資天地事及戰通藉此連絡事，至以為快。今後協助天喜與鳳樓兄在文化與工業上成功，至可慰也。

6月13日

一、返新橋，分晤倍學姊、李秘書及蔣華兄，並擬晤運輸處李科長鶴年、陳科長厚志，進行運輸處工作事宜。對於天地出版事，及五人合作事宜，擬返新與希俊及華洽商。

二、午後三時返新，六時抵新橋，老翁已自萬縣營商返，當能順利，稍慰。旋晤鐵輝兄，知黨部發生事端矣。

三、赴李秘書家，知詹再吾與張東木做生意買豬案被揭發，並為張厚菴所■，事已不可收拾，至可引憾。

6月14日

一、在李秘書家午飯，午飯後晤蔣華兄談工作，並同晤希俊於高灘岩，並謁劉書記長，囑抄送結束辦法也。

二、午後特黨事急轉直下，李秘書晤劉處長後，即決定詹再吾撤職，李秘書亦移交與張曾復科長接替。貳年努力結果如斯，竟為一二小人葬送前途與令譽，亦可嘆矣。然則，李秘書失察姑息之咎，固亦不能自辭矣。

6月15日

一、午後晤周科長鶴年，談運輸處工作事，以無缺，或稍困難矣，成否可靜待也。政擬介華，未知可能否。

二、返新原係快樂之事，豈料傷心至此，可恨也！小人之不可共處？

6月16日

一、接張銓信，竟妄為欺人之言，可憾！然仍容忍寄還之，並以文正公語共勉之。欲人之相期知己難矣，況與小人相處，恆以利害為首，誠有損無益也。

二、近覺個人太不努力，今後擬急起直追，把握時候努力也。

6月17日

一、與欽文伯談組織祝塘旅外同鄉連誼會事，並擬進行調查居外同鄉之動態也。

二、與欽文伯談事業與經濟問題，覺積儲之重要。決貫澈與潤妹前談辦法，於年底前積蓄拾萬元也，並即立交伍千元為起，以示決心也。

三、與克誠談李敬伯事，至為可憾。談希明兄事，知■用念餘萬後甚愧，現已入警訓班受訓也。晚宿克誠處。

6月18日

一、紹曾兄證明■寄來，並囑妥為運用。

二、駱駿寄來黃天喜用證明書。

三、侯澈寄來醫用處方箋。

四、發沈光示、羊宗秀信，進行潤妹請調事宜。

6月19日

李秘書敬伯來，談此次變故之多方原因，則丁科傳琳之從中破壞亦一也。社會為鬥爭的，夫復何言。知擬赴萬縣直稅局任秘書，余意贊同也，駱駿則可暫留耳。

6月20日

一、謝琪兄來，知伊定於廿六日在小龍坎結婚，屆時擬前赴也。

二、胡鎮西來訪，通隊老官長也。談頗暢，述滇西反攻情形及我軍新裝備後之絕對優勢壓倒敵人戰況，至為歡慰。物質力量之重要與夫科學之方法實為今日戰爭之首要條件也。

三、潤數日無信來，念念不置。

6月21日

一、連日天雨，氣候轉涼，農事與人物皆大利也。

二、晤交通部機要室陳參事大經，請代轉杜潤枰妹調渝報告，蒙允設法，該室董弟德及徐中幹先生皆識也。

三、潤數日無信來，至以為念，又快信詢之。

四、沈光示囑草擬江陰善後調查，擬仿宜興者辦理之。並詢是否赴資委會對外貿易局工作，伊可介紹也。

6月22日

接潤十七日來信，心中疑愁頓釋。潤性太沉默善愁，頗慮之。

6月23日

一、近日渝市霍亂流行，余為防疫計，摒絕一切外出，心神較靜恬也。

二、午後赴中央圖書館搜集江陰統計資料，知民廿四年時約有十五萬戶，七十五萬人口也。

6月24日

一、整理祝平弟木箱什物及整理之，知毛線衣被竊，至為可惜。

二、沈光示及吳永才來玩，並晤江陰善後救濟事宜。毛鳳樓來談，為五人協商及天地事作磋商。

6月25日

楊育興、楊元運、郁文祺先後來晤，知李科長敬伯決赴萬縣工作也。育興擬邀鎮釵共赴萬縣直接稅局工作，並於於七、八月中即在萬縣結婚矣，余至誠默禱其幸福即慰矣。楊元運赴印遠征軍後即入新一軍司令部工作，此次則請假返渝，工作無恆，殊可惜也。文祺弟擬挈妻赴萬，余深物質至苦，以舊襯衣壹件贈之。

6月26日

一、赴小龍坎上土灣晤胡哲文女士，伊乃潤枰至友也，相交四年情，深似姊妹。對潤枰一切告我頗多，伊重情感、忠實樸實、刻苦耐勞為優點，善疑、苦思、沉默、多感為缺點。今後似宜善導其心境開廣、樂觀、活潑，以求身心之寬慰也。

二、赴侯孜興老先生處漫談專校情形，至以為快。

三、參加謝琪與聞美蘭之婚禮，並任男賓相也。迄晚九時許返渝，精神至困。馬車抵牛角沱，馬亦困將倒也。

6月27日

一、中秘處發填黨務工作人員轉業志願書，余填軍政部、交通部、政治部三志願也。黨工已到末路，趕快轉業為好，但徬徨不知何從為宜也。

二、草擬江陰善後救濟資料，久勿動筆，至以為苦，愧甚。

6月28日

一、朱佩鑫強邀來會，余苦無力量，且勿為心所願結納之同志，故更為索然也。伊邀午麵，亦婉辭謝之。

二、接鄭濤邀七月一日正午請客，朱國斌兄並告擬結納同學共同前途也。

三、發蔣華、楊文達、廖希賢、黃天喜，徵求天地出版社股款。

四、赴中央團部聽吳文藻講「什麼是美國精神」，結論為「青年精神」分析為「自由精神」、「拓荒精神」、「人道精神」、「實驗精神」。吳先生為江陰同鄉，國內知名之社會學家，講詞甚佳。

6月29日

一、草擬之「江陰善後救濟各項問題參考資料」脫稿，計十行紙十一頁，內容尚稱豐富，惜修辭太差耳。余未草擬此類文件，頗以為苦，誠熟則巧，疏則困矣。並即送交交通部沈專員光示，以便油印送善後救濟總署之參考也。

二、接潤枰信，知近月心情不寧，未卜何故也。對於家庭頗懷念，對於流落異鄉尤多感觸，頗以為納悶云。去信善慰之，並謂「愛之快樂，即我之快樂，愛之痛苦，即余之痛苦」，以求其寬慰也。

6月30日

一、接潤妹信及月姊信，對婚姻問題提出結婚日期，使我真難具體答復。未能來渝一也，經濟未備條件二也，自己事業無成就，生活無保障三也，余實恐愧對潤妹於婚後耳。

二、接壽昌、正權老友信，頗快慰。與金銘之談女同學事，牽及徐慧破壞萬斯年婚事壹節，信疑參半。

三、高秉坊處死刑，大官貪汙者可以戒矣。

四、聽胡秋原先生講「國際形勢與中國外交政策」。

先父王貽蓀先生事略

王正明 王貽蓀、杜潤枰長女 改寫

先父王貽蓀先生，字雨生，江蘇省江陰縣人，民國七年三月五日生。手足八人，雁行居次。尊翁仲卿公，任祝塘鎮永平鄉鄉長，熱心公益，先後創辦北山頭、大河頭國民小學，協辦華巷、徐巷小學，嘉惠鄉中子弟，得以成材。並開設「王暢茂」糧行，助農民賣穀，再碾成白米轉售滬上，或代客購糧，均需代墊款項，得利時即來結帳，虧損時不見來人，無法追索。門市均升斗小民，待以舉炊，購米多數賒欠。仲卿曰：「救人之困，人豈負我，不必強之也。」先父幼承庭訓，服務社會，樂善好施之志，早發其端。江陰長涇初中畢業，入無錫國學專修學校進修。後考入江蘇省公民訓練師資養成所，初任教江陰縣夏五鄉民眾學校，復創辦石莊鎮民眾學校，受任校長，從事民眾教育工作。

民國二十六年抗戰軍興，江陰即將淪陷時，奉令結束校務，隨仲卿公撤往武漢，參加了湖北省鄉政幹部人員訓練班，結訓分發江陵縣任鄉政指導員，輔導全縣鄉政建設工作。二十七年離職，入戰幹團通信隊受無線電技術訓練，二十八年考入軍事委員會戰時工作幹部訓練團第一團（後改敘為中央陸軍軍官學校第十八期政治科）。畢業分發至湖北恩施見習，因成績優異調回第六戰區司令長官部政治部，負責人事行政業務，兼負戰區特別黨部組訓，復任重慶後方勤務部特別黨部文宣工作，又轉調中央黨部組織部軍隊黨務處。以工作努力，勤奮好學，深得長官器重。抗戰結束論功敘獎，獲頒「勝利勳章」，為不可多得之榮譽。

戰後復員，先父在南京三民主義青年團中央團部編審室服務，主持《青年模範叢書》出版業務。繼調中國國民黨中央執行委員會青年部幹事，負責學校文化宣傳。迨大局逆轉，奉召至海軍總司令部服役。三十八年攜眷來臺，居高雄左營。先後任海軍供應司令部人事科長、辦公室副主任、代理主任等職。

民國四十四年郵電黨部成立，即由海軍退役，北上臺北，任職黨部，歷充各組總幹事，直至退休。先父任內，專注於協助郵政、電信事業之發展，整理郵政、電信工會，創立電信黨部，協助郵電婦女組訓，推展郵電勞工補習教育，提高素質及升遷機會。籌辦全國自強郵展及四海同心郵展，並推動巡迴郵展和郵票上船活動（募集新、舊郵票，展示和贈送；藉董浩雲先生船隊流傳全世界各角落，以宣傳中華民國）。指導各縣市郵局成立地區文化工作隊，舉辦各類文藝、運動活動，提升文化素養、促進彼此情誼。創辦《郵光》雜誌，出版《郵光》叢書，宣揚郵政業務。並為維護郵電協會產業及增進員工福利，不遺餘力。

先父一生熱愛教育、關心教育，民國四十八年在臺北縣中和鄉創辦私立中光幼稚園暨托兒所，請胞妹王芸芳女士擔任園長，期間備嘗艱辛，歷時三十年，培育地方子弟無數，達成以教育事業服務社會的心願，亦為其公務外最重要的志業。

先父於七十二年五月退休，稍卸重擔，乃偕先母赴國內外旅遊，不僅飽覽寶島各地風景名勝，更遍及美、歐、澳、南非、東亞、大陸等地，見聞所及集成《環球采風》一書。先父好學不倦，定期參加由中華文化復興委員會主辦的文學研究班，上課研讀、聆聽學者專論，從不缺席。拜書法家王愷和為師，勤練書法，臨池無間，尤善「蘭亭」，悠遊藝事，其樂無窮。此外，擔任臺北市江陰同鄉會理事，編輯《江陰鄉訊》，贊助「故鄉子弟獎助學金」，嘉惠鄉人後輩。也參加中華郵政退休人員協進會義務工作，擔任「會訊」的撰寫與各方的報導，分享郵政事業的進步。並鼓勵退休人員組成集郵委員會，定期聯誼，交流集郵訊息，協助推展集郵活動。

先父與先母結縭五十七年，鶼鰈情深，親朋稱羨，體健神清，民國九十一年先母仙逝，遽失良伴，心傷之餘，遂大不如前，且行止維艱。九十八年八月底因呼吸道感染緊急送醫，住院二十餘日，癒後轉入醫院護理之家療養。不意十月十四日溘然長逝，嵩壽九十有二。

先父個性剛正，樂觀進取，勤學奮勉，任事果敢，不畏艱險，認真負責；為人溫文敦厚，謙沖為懷，提攜後進，助人為樂，眾所敬重。

後記

王正明

王貽蓀、杜潤枰長女

在整理掃描完成父母親在抗戰期間，由生活費的支援到相識、相戀、結為佳偶的信件後，正準備打成電腦文字檔時，無意間看到一只父親特藏的箱函。內有數本陳舊的書冊——父親的和母親的日記，以及父親在湖北受鄉政幹部訓練的結業手冊、受電信訓練的一本工整的通信隊無線電報技術筆記簿等。

當打開那本袖珍陳舊的練習簿仔細一看，竟是母親民國二十八年一月一日到十二月十七日，是她在與父母分手，獨自留在長沙九五後方醫院擔任看護中士工作半年後的日記。裡面密密麻麻用蠅頭小字，鉅細靡遺的記載了她那年的生活點滴及感想。一個十七歲初二肄業的少女，以細小且生澀的字跡和語句，但整齊的按日（並以火水木金土日月標記星期）記下那物質匱乏、變動年代的種種。母親唯一有次向我說道：「我在醫院後撤行軍時，在荒山野嶺的山路上，碰上生理期，當時用品粗糙且無法即時更換，走到大腿內側因乾血磨破皮，疼痛到寸步難行。後得醫官將其載具——轎子讓給我坐，才得解脫痛苦。」這是母親刻骨銘心的抗戰往事，也激勵我日後遇上生理狀況不再喊苦。在日記中讀到這段文字時，再三重讀，掩卷感嘆母親的耐苦，不禁留下淚來。

在後撤途中，母親終於得知教育部將在貴州銅仁創辦國立三中，收容流亡青年免息貸款[1]就學。毅然辭職前往爭取就學機會，歷經辛苦等待及轉折，終於考取復學初三，並直升完成高中學業，還考上貴陽醫學院——她當年繼續升學的目標。可惜僅就讀一學期，終因戰事嚴峻，郵路不通與家鄉通訊中斷，財務接濟不上，忍痛休學。為謀能獨立生活，考取郵政郵務員，使生活安定下來，而成為母親終身的職業直至退休。在這段艱苦的求學路上遇上困厄，母親就會以外祖父留給她的話：「耐苦耐勞、守職勤儉。」激勵自己努力突破困難、堅持自己的信念，令我敬佩不已母親朝向目標的毅力。另外在日記中常提到的一件事——日軍漫天無差別的向平民聚集地區的轟炸。無知、無辜的百姓和受傷的士兵，身家財產的損害和犧牲，讓她深切痛心，充滿著悲憫之心，更加深我對日本侵華的憤怒。

父親民國三十年的日記也是本泛黃封面鬆動的練習簿，我立時找張白紙加固，便於日後翻看。這是父親考入軍委會戰幹團第一團第六期[2]結訓後，分發見習開始的日記。他把每日重要事件如分發調職行軍的經過、收到家書的興奮、重要讀訓心得、身體狀況、與同事及兵士的相處、待人處事原則與態度、心情感觸……等，都仔細逐一記下。最後並附有大事記，讓我很快就明瞭父

1 在母親的高中畢業證書上，蓋著貸款國幣 1623 元零角五分的印戳，背後貼著一張教育部頒發國立中等以上學校貸金償還辦法。

2 軍委會戰幹團為軍事委員會戰時工作幹部訓練團之簡稱，現都歸入陸軍軍官學校學生。

親在二十六年離開家鄉，奔赴後方的前後行止，以及求取知識和新出路的努力，終於皇天不負苦心人，投入正式軍旅，參與抗戰行列，繼而展開記錄人生的日記工作。他的日記持續到手無法握筆書寫小字[3]為止，都妥為保存。

此次編輯出版的日記，我僅閱讀了母親二十八年和父親三十年一半的內容，父母親的字跡有的很好辨識，有的則相當困難，編輯們非常辛苦的一一打印出來，我深深感佩與感謝！記得我看到父親在大事記中提到川湘公路二千公里的行軍[4]，在三十年元月，因戰幹團結業分發湖北恩施見習的川鄂公路行軍，到六月見習期滿調回四川黔江六戰區工作，再次沿川鄂公路行軍返回。特地去翻找出地圖，一一比對途經何地？確實是那時代中國人為抗戰而走的一小部分路啊！在見習期間遇上疫病流行，據說是傷寒，死了不少新兵，父親亦被感染，發燒吐血，後得大哥及同鄉的救濟，獲取極缺乏的藥物而痊癒，但落下瘦弱的體質，直至中年後才逐漸好轉。另

3 父親於八十四歲，母親過世後出現較明顯的巴金森症狀，執筆已不能書寫五字以上的字句，愈多字愈不成字形，即封筆不記日記。但仍能執毛筆寫中、大楷字，直至九十歲才停止毛筆習字。

4 川湘公路行軍，是父親二十七年受完鄉鎮人員訓練分發湖北江陵，工作一年餘受大哥力邀去廣西桂林另謀出路發展，與同時離職的二位好友轉往湖南沅陵，準備南行。不意大哥因大嫂已安抵昆明，離桂前往會合，且戰事亦延燒廣西而作罷。父親在沅陵發現正巧錯過戰幹團的招生，無奈只好先加入戰幹團的通信隊，學習無線電技術，駐瀘濱受訓。於二十八年四月奉令轉往四川綦江訓練。四月十五日沿川湘公路出發，至五月二十一日安抵綦江，完成二千公里行軍至四川綦江禹王廟，十一月完成基本教育，並展開實習，表現優異。十二月底得知戰幹團招生，在戰通隊請假獲准，前往應甲級試，得隊中唯一錄取者，終於謀得貫徹入團的初衷。

有件事是父親曾提起的：在戰幹團受訓期中，同學間發生異黨案，彼此間提報為共產份子，父親亦被列為嫌疑者，尚幸未被關禁閉，最後全身而退。當時對共產黨非常敏感，因此有部分同學遭難。父親很感慨的表示在紛亂不安的局勢中，人們互相不信任產生誤解，而彼此傷害，實為一大憾事！

父親自日軍侵入家鄉，離家奔赴大後方起，與親人聯絡收取的信件和大伯轉交的親人信件，三十年以後的日記和相關文件、證件等，以及母親的日記、證件和信件，他都妥善裝訂收存，隨身攜帶，跟著遷移，由江蘇江陰夏五鄉、石莊鎮，湖北武漢、江陵、恩施，湖南沅陵，四川綦江、黔江、新橋、重慶而江蘇南京，再渡海來到臺灣高雄左營，臺北市仁愛路、北投區、新北市（臺北縣）中和鄉、新店區，遷移、搬家不下十餘次，次次都完好如初。雖不幸於七十二年的九三暴雨，慘遭水淹損失一批日記、相片，但文件、信件都及時搶救未有損傷，真是大幸！這批編輯了父、母親在抗戰時的生活記實日記，每每翻看，字字如畫面呈現眼前，感受他（她）的經歷與傷痛，不是我輩所能想像的。回看那個時代，這些隻字片語或許能給歷史留下一些跡證，現能編輯成書，也不枉父親辛苦的保存與收藏。

民國日記 90

王貽蓀戰時日記（1944-1945）

The Diaries of Wang Yi-sun, 1944-1945

原　　著　王貽蓀
編　　者　民國歷史文化學社編輯部
總 編 輯　陳新林、呂芳上
執行編輯　李佳若
封面設計　陳新林
排　　版　溫心忻

出　　版　開源書局出版有限公司
香港金鐘夏慤道 18 號海富中心
1 座 26 樓 06 室
TEL：+852-35860995

民國歷史文化學社 有限公司
10646 台北市大安區羅斯福路三段
37 號 7 樓之 1
TEL：+886-2-2369-6912
FAX：+886-2-2369-6990

http://www.rchcs.com.tw

初版一刷　2021 年 12 月 31 日
定　　價　新台幣 400 元
港　幣 110 元
美　元　15 元
I S B N　978-626-7036-55-6
印　　刷　長達印刷有限公司
台北市西園路二段 50 巷 4 弄 21 號
TEL：+886-2-2304-0488

國家圖書館出版品預行編目 (CIP) 資料
王貽蓀戰時日記 (1944-1945) = The diaries of Wang Yi-sun, 1944-1945/ 王貽蓀原著 ; 民國歷史文化學社編輯部編 . -- 初版 . -- 臺北市 : 民國歷史文化學社有限公司 , 2021.12

面；　公分 . -- (民國日記 ; 90)

ISBN 978-626-7036-55-6 (平裝)

1. 王貽蓀　2. 傳記

782.887　　110021637